筹码分布技术精讲与实战操盘

郭晓静 / 编著

中国宇航出版社
· 北京 ·

图书在版编目（CIP）数据

筹码分布技术精讲与实战操盘 / 郭晓静编著. -- 北京:中国宇航出版社, 2021.6(2024.4重印)
ISBN 978-7-5159-1922-5

Ⅰ. ①筹… Ⅱ. ①郭… Ⅲ. ①股票交易－基本知识 Ⅳ. ①F830.91

中国版本图书馆CIP数据核字(2021)第097521号

责任编辑　吴媛媛　　封面设计　宇星文化

出　版
发　行　中国宇航出版社

社　址　北京市阜成路8号　　邮　编　100830
(010)60286808　　(010)68768548

网　址　www.caphbook.com

经　销　新华书店

发行部　(010)60286888　　(010)68371900
(010)60286887　　(010)60286804(传真)

零售店　读者服务部
(010)68371105

承　印　三河市君旺印务有限公司

版　次　2021年6月第1版　　2024年4月第4次印刷

规　格　710×1000　　开　本　1/16

印　张　13.25　　字　数　187千字

书　号　ISBN 978-7-5159-1922-5

定　价　39.00元

让筹码分布技术帮你看清主力的底牌
（代序）

与其他技术分析理论不同，筹码分布理论是一种植根于本土的技术分析理论。同时，筹码分布技术的设计原理与其他技术指标也有所不同，这种技术理论的核心在于通过筹码运动与密集情况分析主力的动向，借以判断主力在出货还是建仓，投资者可根据判断制订交易计划。

市场上，股价的涨跌都是由资金推动的。主力机构由于掌握了大量的资金，在推动股价运行方面，具有散户所不具备的能力。因此，很多股票价格的涨跌，都与主力机构的操盘有关。不过，正因为主力的资金量较大，其建仓或出货都比散户需要更长的时间，这段时间也就为散户的追涨或出逃提供了机会。

但是，主力的动向不会那么容易让散户察觉，因此其诱空、诱多等诸多手法层出不穷。不过，无论主力如何运作，有些东西是无法改变的，即主力在一段时间内的筹码势必会在筹码分布图上留下痕迹。这也是我们学习、应用筹码分布图的原因所在。

由于筹码分布技术被越来越广泛地应用于实战分析，因此很多投资者不免会产生这样的疑问：筹码分布技术是否会失效？答案当然是否定的。筹码分布技术被广泛应用而没有因此失效，原因在于：其一，应用领域的拓展。筹码分布技术不仅在股票交易市场得到了广泛的应用，在期货市场、外汇市场也同样得到了投资者的认可。其二，分析方法的拓展。借助不同的分析框架、分析周期，使筹码分布技术的应用方法与技巧更为丰富，我们在书中就给出了筹码分布技术与其他多种技术指标的组合应用方法。其三，交易策略的拓展。投资者在应用筹码分布技术时，所采用的交易策略也不相同，有的投资者喜欢短线交易，有的则喜欢波段交易，而主力建仓与出货所需的时间以及操盘策略，都很难预测。

总之，我们学习技术指标，重点在于理解和掌握技术指标运行的原理。同时，根据市场环境和自己的交易策略，有选择、有变化地使用。这就如同一部很有用的兵法，主力在读，散户也在读，当散户与主力相遇，那么只有将兵书灵活运用的人才会笑到最后。因此投资者在学习包括筹码分布技术在内的所有技术指标时，不仅要学会这些技术指标的用法，也要不拘泥于这些用法，还要大胆地去尝试技术指标新的应用方法。

在本书中，为了帮助投资者更加准确地识别主力意图，并在趋势判断、波段交易以及短线交易等方面获得更为清晰、准确的交易信号，我们还尝试将筹码分布技术与其他技术指标进行组合，以提升交易信号的有效性和准确性。

对此，可能会有投资者提出疑问：既然单独的技术指标就可以发出买卖信号，为何还要与其他技术指标组合，这不是多此一举吗？其实，这和“股价已经出现反弹，但还要看技术指标”是相同的道理。我们的交易必须以资金安全为前提，单独的交易信号，准确性肯定有所不足，通过多指标的交易信号共振，可以增加交易信号的可靠性。我们将筹码分布技术与其他技术指标结合分析，也是基于这样的考虑，一切为了资金的安全，最大限度地降低判断失误的概率。

股市中，能够获得最终胜利的人，肯定不是看了很多投资理论书籍的人，而是那些懂得将投资理论和技术分析工具结合并灵活运用的人。

目 录

第三章 峰谷形态——经典筹码分布形态解读

第四章 与庄共舞——筹码透析主力动向

第一章

理论解读——筹码分布技术构成及交易含义

筹码分布理论，是指根据股票流动性的特点，对标的股或指数的成交情况进行汇总分析，得出某一时段流通股票的平均持仓成本结构（即各个价位成交股票的数量），从而预判股价未来走势的一种技术分析方法。

目前，大多数股票交易软件都设置了筹码分布这一技术指标。投资者可在K线图界面，点击右下方的【筹】或【成本】等，调出股票的筹码分布图，如图1–1所示。

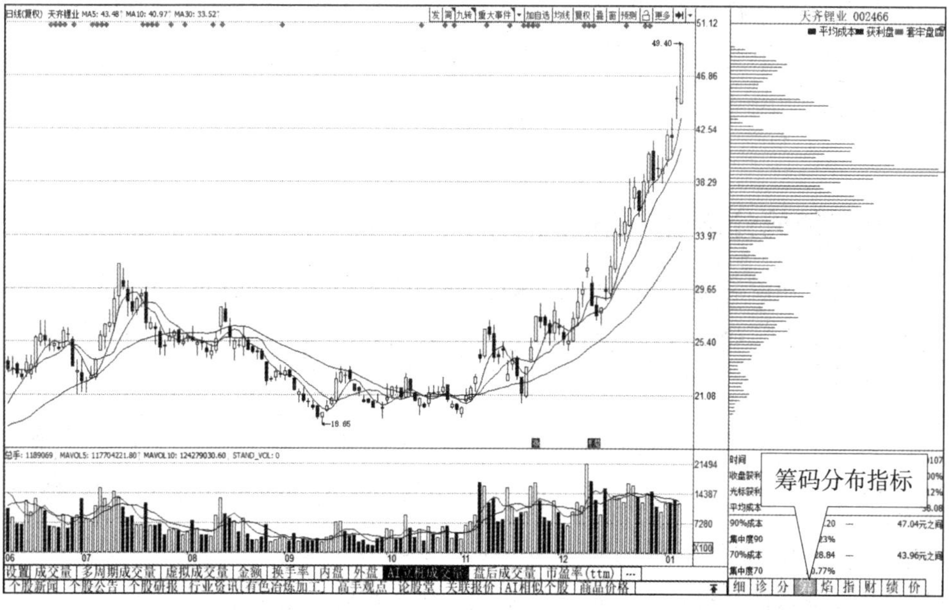

图1–1　天齐锂业（002466）的筹码分布图

筹码分布，从严格意义上来说，应该被定义为：流动股票持仓成本分布。从定义上来看，该技术具有如下几个特征。

第一，以流通股票为主要追踪对象。市场上，股票价格的波动，从本质上来看，就是由这些处于流通中的股票在不同投资者手中流动而引发的。很多大股东的持仓或者处于锁定期内投资者的股票都是不会动的，也不会影响股价的波动。能够影响股价波动的其实都是市场上的流通股票。

第二，以股票的持仓成本为核心研判对象。也就是说，该项技术以市场上流通股票的平均持仓成本为研究对象。其实，市场上很多技术指标都以平均持仓成本为研究对象，比如均线，但像筹码分布理论这样研究市场上所有流通股票的平均持仓成本的分析工具很少。

第一节 筹码分布理论的基础

与其他技术指标不同，筹码分布理论是一种土生土长的技术分析方法。近年来，随着股票交易软件的不断升级，投资者获得的筹码分布数据越来越接近真实情况，筹码分布理论以及应用也取得了很大的发展。

一、筹码分布理论的价值

筹码，即流通股票，筹码分布研究的自然也是关于流通股票平均持仓成本分布的情况。一般来说，我们分析市场上流通股票的平均持仓成本，有如下几方面的意义。

第一，了解整个市场上投资者的平均持仓成本与股价的对比情况。一般来说，当前股价若高于大多数投资者的持仓成本，股价上涨遇到的阻力相对较小，毕竟大家都处于盈利状态，没有必要放着挣钱的机会不要；反之，当股价低于大多数投资者的持仓成本，股价上涨就会比较困难，下跌反而更为容易。一旦股价出现反弹走势，就会有解套盘涌出，从而导致股价重新下跌。这也是为什么大家认为，只有大多数散户割肉离场了，主力才会拉升股价。主力拉升股价前，一定已经对市场上的持仓成本进行过透彻的分析，他们是不会为散户作嫁衣的，只有大部分散户割肉了，他们才会入场。因此，对于投资者来说，了解持仓成本分布非常重要。

下面来看特锐德的案例，如图 1–2 所示。

图 1–2　特锐德（300001）筹码分布图

特锐德的股价在2020年12月启动了一波振荡上升走势。2020年12月24日，该股股价在前日上攻的基础上收出一根小阳线。投资者观察此时的K线图和筹码分布图可知，该股股价在创出新高的同时，站到了筹码峰的上沿，说明此时大部分投资者都处于盈利状态，股价未来继续走高的概率很大。

第二，熟悉具体的成本分布情况。这是筹码分布理论最核心的应用。借助筹码分布技术，投资者可对整个市场的持仓成本分布情况有所掌握和了解，清楚哪些价位成交了最多的股票，这些价位无疑将成为股价未来运行的重要支撑位与阻力位，投资者在制订交易决策时，就可以有所凭依。

下面来看中远海发的案例，如图 1–3 所示。

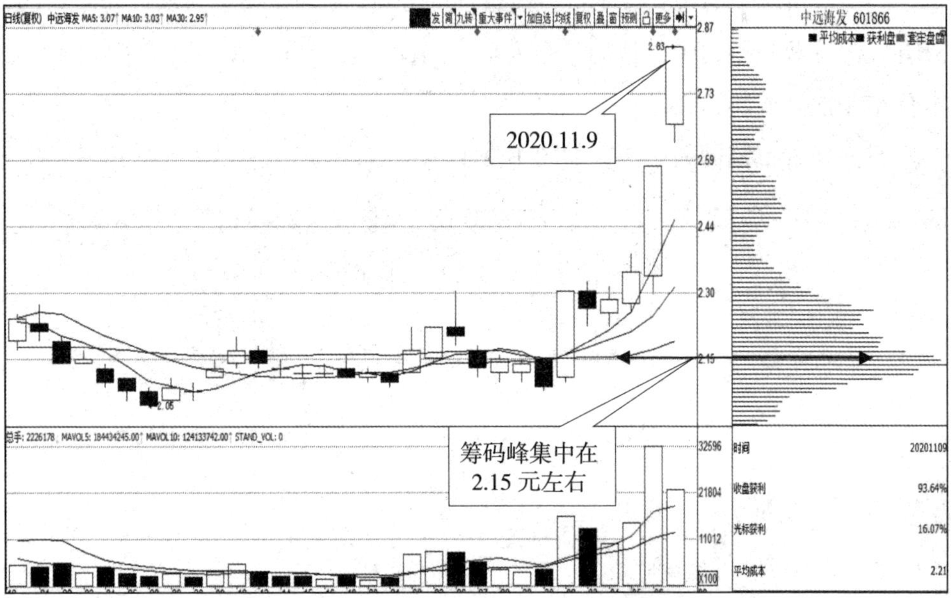

图 1–3　中远海发（601866）筹码分布图

中远海发的股价在 2020 年 11 月初启动了一波振荡上升走势。2020 年 11 月 9 日，该股股价在前日涨停的基础上，再收一个涨停板。对于很多投资者来说，股价的未来方向充满了不确定性，毕竟股价涨幅已高。不过，观察此时的持仓情况可知，该股的持仓成本主要集中在 2.15 元左右，说明该价位可以作为此波段股价上升的基础价位，只要该筹码峰没有向上移动，投资者就可以持股待涨。同时，若股价出现回调走势，也可能在 2.15 元左右的位置获得支撑。

第三，通过当前股价与最多成交价位之间的距离，判断股价未来可能上涨或下跌的幅度，为投资者确认入场点提供支撑和依据。

下面来看苏常柴 A 的案例，如图 1–4 所示。

苏常柴 A 的股价在 2020 年 11 月初经过一段时间的横向盘整后出现上涨走势。2020 年 11 月 9 日，该股股价大幅上攻。此时，投资者可借助当日的筹码分布情况来判断股价未来的阻力位。通过观察筹码分布情况可知，该股在5.22元左右的位置筹码较密集，意味着在此位置聚集了大量套牢盘。未来，该股股价上升到附近时，很可能会因为该位置的套牢盘解套而遇阻回落。

基于以上判断，投资者可将该位置看成未来的一个重要阻力位，并做好减仓准备。

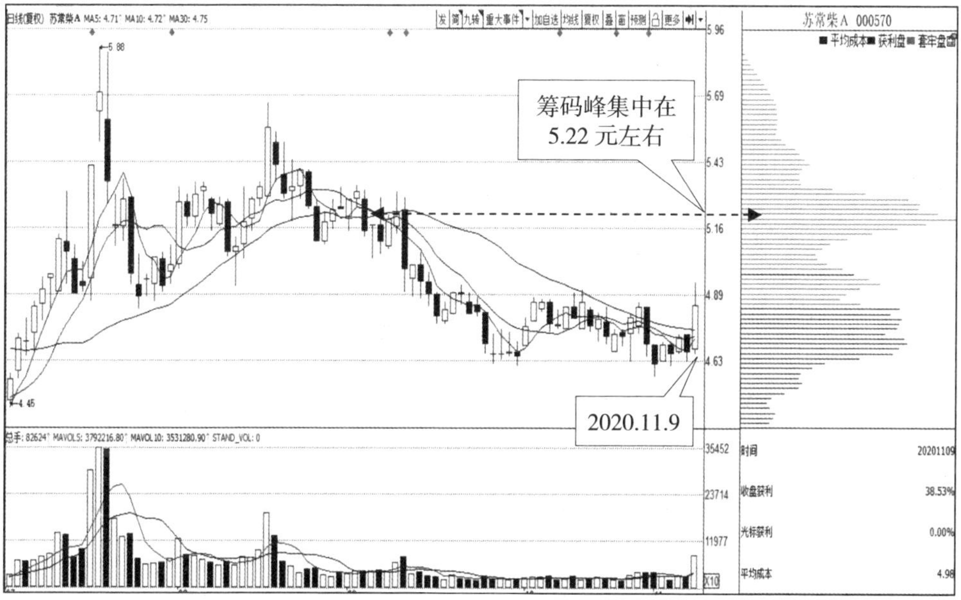

图1-4　苏常柴A（000570）筹码分布图

二、筹码分布的形成及运动

如前所述，筹码分布反映的是流通股票的平均持仓成本分布情况，即在某一时间点上，投资者持有的所有流通股票的买入价格分布情况。

1. 筹码分布的形成

假设某只股票在市场上的流通盘为1000股，截至2021年3月1日，市场上的投资者以10元每股的价格买入的有500股；以10.5元的价格买入的有100股；以11元的价格买入的有200股；以11.5元的价格买入的有100股；

以 12 元的价格买入的有 100 股。该交易日收盘价为 11.5 元，那么，该只股票的筹码分布图将呈现如图 1–5 所示的形态。

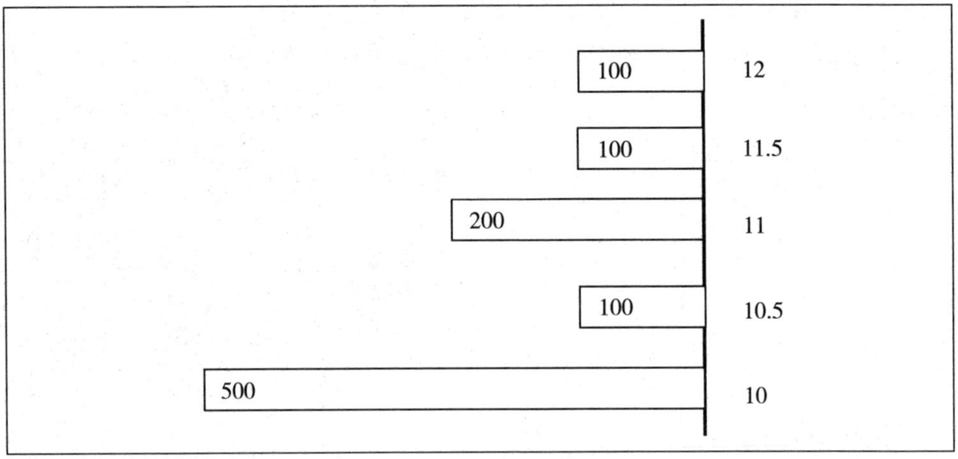

图 1–5 最简单的筹码分布图一

图 1–5 就是最简单的筹码分布图。通过该图，可以看出该日市场上投资者的持仓成本分布情况，即在 10 元的价位聚集了最多的筹码，如果股价处于 10 元上方，那么，在 10 元位置持仓的投资者就很有可能是主力，因为他们持有最多的筹码，且不会因为股价的上涨而轻易卖出手中的股票。

2. 筹码分布的运动

在市场上，无论股价上涨还是下跌，股票都会在不同的投资者之间进行流动。随着股价的波动，投资者持有（买入）股票的价格以及数量也会发生变化。

我们还以先前的股票为例。假设到了 2020 年 3 月 3 日，该股的股价已经上涨到 13 元。那么，市场上投资者的持仓成本也会发生一定的变化，先前买入股票的投资者可能有一部分人选择卖出。例如：

以 10 元价格买入股票的投资者卖出了 400 股。

以 10.5 元价格买入股票的投资者卖出了 50 股。

以 11 元价格买入股票的投资者卖出了 100 股。

以 11.5 元价格买入股票的投资者卖出了 50 股。

以 12 元价格买入股票的投资者卖出了 50 股。

此时，市场上卖出的总股份数为 650 股，那么，买入的股票总数也会是 650 股；市场上投资者买入股票的具体数据如下：

以 10 元价格买入 0 股，加上原有没有卖出的 100 股，合计 100 股。

以 10.5 元价格买入 0 股，加上原有没有卖出的 50 股，合计 50 股。

以 11 元价格买入 100 股，加上原有没有卖出的 100 股，合计 200 股。

以 11.5 元价格买入 100 股，加上原有没有卖出的 50 股，合计 150 股。

以 12 元价格买入 100 股，加上原有没有卖出的 50 股，合计 150 股。

以 12.5 元价格买入 150 股，合计 150 股。

以 13 元价格买入 200 股，合计 200 股。

那么，截至 2021 年 3 月 3 日收盘，市场上的 1 000 股流通股的持仓成本分布就会如图 1–6 所示。

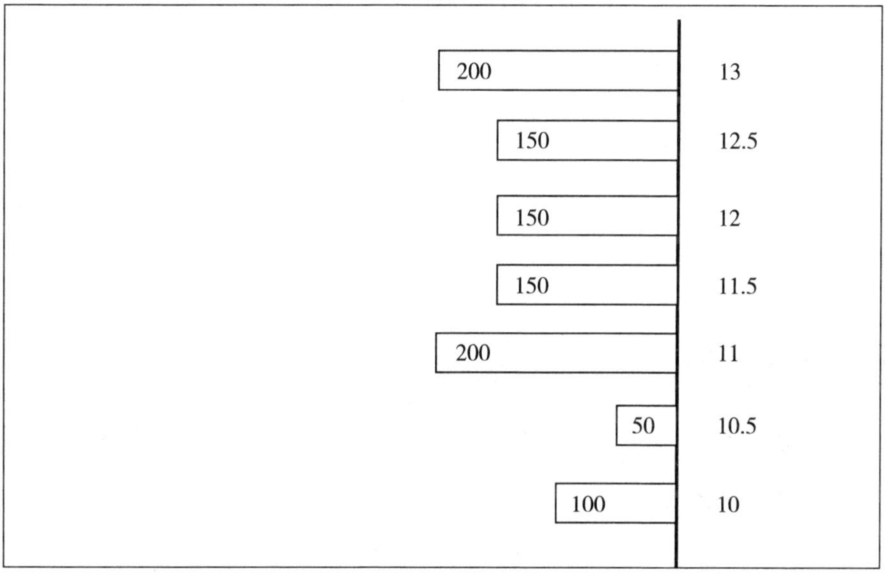

图 1–6 最简单的筹码分布图二

通过对比图 1–5 与图 1–6 可知，随着股价的上升，以 10 元价格买入股票的投资者卖出了最多的股票，这也比较符合投资者止盈离场的特征。同时，由于股价已经由 10 元上涨至 13 元，即股价涨幅达到了 30%，对于以 10 元价格买入股票的投资者来说，这已经是一个非常诱人的涨幅了。因此，图 1–5 中底部筹码峰开始松动并向上发散，就是一个非常正常的流动。

图 1–5 与图 1–6 可以看成一个理想化的筹码分布与流动模型。借助这个模型，投资者可以非常清晰地看出，随着股价的波动，投资者选择卖出或买入后，筹码分布随之变化的过程。同时，通过股价的波动与筹码由密集到发散的过程，也可以发现两者之间存在一定的关联。针对这种关联的研究，就是我们研究筹码分布技术的初衷和目的。

当然，在市场上，无论是普通的投资者还是股票交易软件发行商，都无法获得最准确的筹码交易数据，比如以 10 元买入股票的投资者在何时卖出。因而，股票交易软件设置的筹码分布指标所依据的数据，其实具有一定的推断成分。正因如此，个别交易软件绘制的筹码分布图会存在一定的误差。

第二节　全景展示筹码分布图

大家在股票交易软件中调出的筹码分布图，实质上就相当于图 1–5 和图 1–6 的细化和放大，因此，在对筹码分布图分析方面，也需要更加细致和专业。

一、筹码分布图的基本组成部分

股票交易软件不同，筹码分布图的呈现形式也有所不同，但总体上区别不大。

1. 条形筹码分布图

条形筹码分布图是最常用的筹码分布图形式。比如在同花顺软件中，当投资者点击 K 线图右下方的【筹】后，将打开一个条形筹码分布图，如图 1–7 所示。

在股票交易软件中，筹码分布区被一条横线分为上下两部分，这两部分用不同的颜色标示，其中上半部分表示处于亏损状态的筹码，下半部分表示处于盈利状态的筹码。两种颜色中间的分隔线就是该交易日收盘价所在的位置。横条线中还有一条比较明显的黑线，这条黑线就是均价线。用光标在 K 线图上左右移动时，会显示不同交易日的筹码分布图。

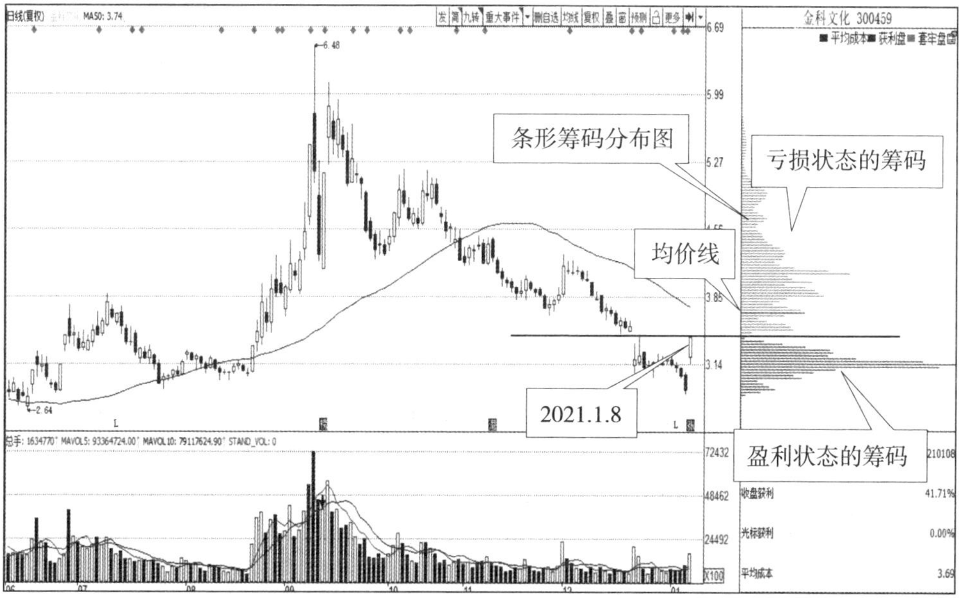

图 1–7　条形筹码分布图形态（同花顺）

通过图 1–7 可以看出，截至 2021 年 1 月 8 日，金科文化的大部分筹码集中于底部区域，形成了一个较大的底部筹码峰。1 月 8 日的涨停板让股价大幅高于底部筹码峰，未来股价继续走高所遇的阻力相对要小一些。

2. 火焰形筹码分布图

除了条形筹码分布图外，在很多股票交易软件中，还提供了火焰形筹码分布图，如图 1–8 所示。

火焰形筹码分布图与条形筹码分布图的最大区别在于，给出了不同周期的筹码分布状态，一般会细分为 5 日前、10 日前、20 日前、30 日前、60 日前等周期的成本分布情况，并分别以不同的颜色显示。通过火焰形筹码分布图，可以查看不同周期的筹码分布以及流动状况。

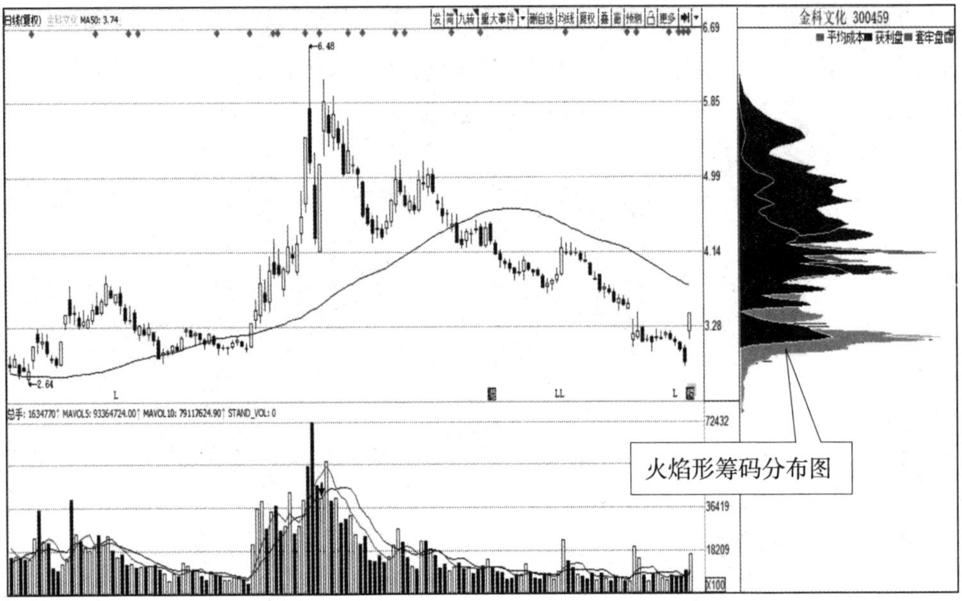

图 1-8 火焰形筹码分布图形态（同花顺）

从整体上来看，火焰形筹码分布图与条形筹码分布图并无明显的区别，两者的筹码分布形态也是一致的，只是火焰形筹码分布图在时间和周期上进行了细化。一般来说，我们在分析筹码分布时，条形筹码分布图就可以满足需求，因而，本书讲解的筹码分布技术也是以条形筹码分布图为基础的。

二、筹码峰的形成及交易含义

在筹码运动过程中，必然会在某一价位或多个价位附近形成明显的筹码峰。这些筹码峰就是我们进行筹码分布研究的主要对象。

如图 1-9 所示，德力股份的股价经过一段时间的上涨后，在 2020 年 12 月 7 日达到了阶段高点。此后，该股股价在顶部区域出现了横向振荡走势。随着股价在顶部区域的振荡，该股的筹码迅速向振荡区域密集，并 2021 年 1 月 8 日形成了典型的主筹码峰。

图 1-9　德力股份（002571）主筹码峰

1. 筹码峰的形成及特征

如果投资者逐日查看该股股价 K 线以及筹码峰的变化，就可以发现以下几个特点。

第一，随着股价在顶部区域振荡的时间增加，顶部筹码峰越来越大，且形成主筹码峰的态势越发明显。

第二，某一交易日的成交量越大，对应的筹码峰增加得越明显。

第三，随着顶部筹码峰的逐渐增加，底部筹码峰逐渐萎缩甚至消失。

2. 筹码峰的交易含义

随着股价在顶部或底部区域振荡，筹码峰逐渐形成，其交易含义包括以下几项。

第一，筹码峰特别是形成较为明显的筹码峰，说明在此位置有较为明显的成交量放大情况。

第二，该筹码峰出现在低位，说明有大量割肉盘涌出，主力则趁机吸货，未来存在反弹或反转的可能。

第三，该筹码峰出现在高位，说明主力利用高位振荡在派发筹码，待主筹码峰形成，即主力出货完毕后，股价存在下行的可能。当然，也存在新庄入场，旧庄离场的可能。

第四，股价位于筹码峰下方时，若股价出现上升走势，则意味着该筹码峰位置存在大量套牢盘，一旦股价上涨至该位置时，可能会面临较大的抛盘压力，未来下行的风险较大。

第五，股价位于筹码峰上方时，若股价出现下跌走势，则意味着该筹码峰位置存在大量承接盘，一旦股价回调至该位置，可能会有较多的承接盘入场，未来股价止跌企稳的概率很高。

三、筹码谷的形成及交易含义

有筹码峰，就一定会有筹码谷。筹码谷，本身是相对筹码峰存在的形态。在股价上升或下跌过程中，若在某一价格区间停留时间较短，比如，拉升或下跌时迅速通过，甚至以跳空方式通过，就可能在该价格区域附近形成筹码空白区域。在筹码分布图上，相对于筹码峰而言，就会形成明显的筹码谷，如图 1–10 所示。

诺德股份的股价自 2020 年 12 月中旬启动了一波快速上涨走势。随着股价的振荡上升，该股的筹码分布呈现了两个明显的筹码谷形态。

从股价 K 线走势图上也能够看出，2020 年 12 月 21 日的筹码谷的形成与股价跳空上涨有直接的关系。当日，股价直接跳空高开高走，并以涨停报收。在价格跳空区域，自然不会有成交，也就不会有任何筹码分布。2021 年 1 月 4 日，该股再度高开高走，但由于股价曾经到达过该位置，因而该位置的筹码是先前遗留下来的。从 2021 年 1 月 7 日的筹码分布图来看，相对于两侧的筹码峰来说，这部分遗留筹码数量稀少，因此呈现出筹码谷形态。

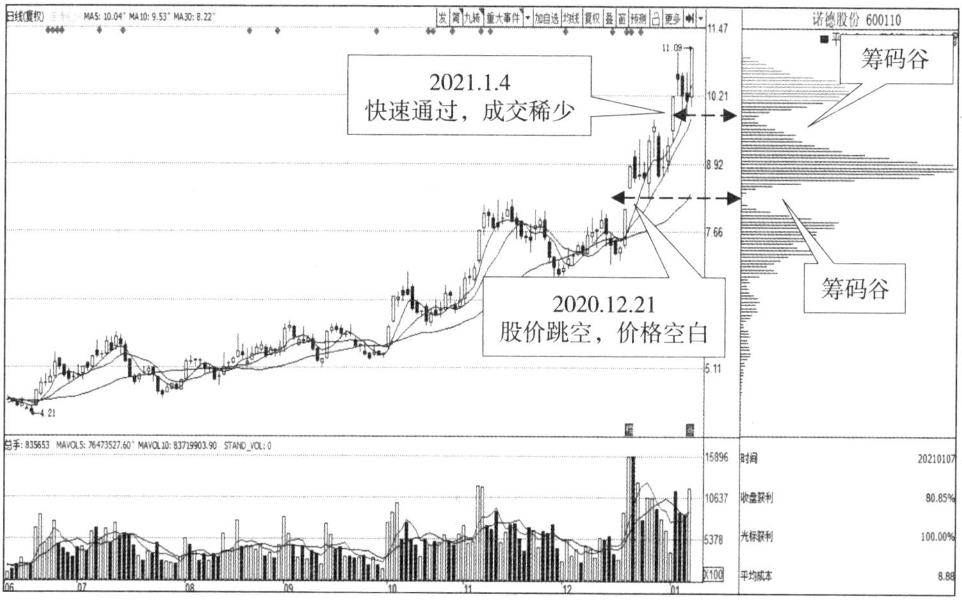

图 1-10 诺德股份（600110）筹码谷

1. 筹码谷的形成及特征

相对而言，筹码谷的形成原因比筹码峰简单得多。一般来说，筹码谷具有以下几个特点。

第一，从本质上来说，筹码谷是由于成交稀少造成的，因而筹码谷的出现多是由于股价在此位置停留过于短暂或没有停留。

第二，股价跳空空间越大，筹码谷的区域也就越大。

第三，筹码谷中所谓的筹码稀少是相对两侧筹码峰而言的，并非绝对筹码很少。在有些情况下，筹码谷中的筹码可能会多于非筹码峰区域的筹码量。甚至可能出现筹码谷中的筹码量大于小筹码峰筹码量的情况，如图 1-11 所示。

天际股份的股价在 2020 年 11 月初启动了下跌走势。2020 年 11 月 16 日，该股股价大幅下行，在 K 线图上留下了一根大阴线，与此同时，该股筹码分布图上出现了一个典型的筹码谷形态。对比该筹码谷中的筹码量与其他区域的筹码量可以发现，该阶段筹码谷的筹码量要大于下方几个小型筹码峰的筹码量。

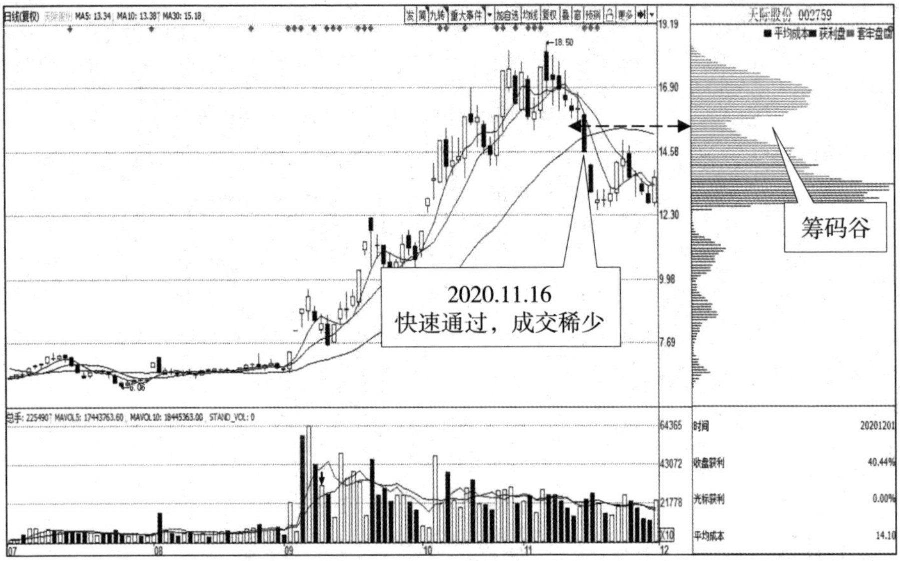

图 1-11　天际股份（002759）筹码谷

2. 筹码谷的交易含义

随着股价的振荡上升或下跌，在成交量相对较少的价位附近，就会形成一个明显的筹码谷。其交易含义包括以下几项。

第一，筹码谷，特别是较为明显的筹码峰之间的筹码谷，说明此位置有较为明显的成交量稀少情况，也就意味着股价在此位置停留十分短暂，甚至没有停留。

第二，出现筹码谷，说明在此价位附近成交较少，因而不具有较强的支撑与阻力作用。当股价再次来到此位置附近时，也可能会快速通过。

第三，筹码谷并非绝对存在，若股价持续在两个筹码峰之间波动，那么，中间的筹码谷因成交量越积越高，也可能会形成一个新的筹码峰，这就是筹码分布理论中常见的“双峰填谷”形态，这个内容在后面还会详细介绍。

四、筹码分布数据解读

在条形筹码分布图的下方，有一个筹码分布数据信息框。投资者可通过对相关数据的解读，详细了解筹码分布的状态，如图 1–12 所示。

图 1–12 东方航空（600115）筹码分布图

1. 收盘获利

收盘获利，是指以光标所指的交易日收盘价为基准线，持仓筹码的价格位于基准线以下的筹码比例。图 1–12 所示为截至 2021 年 1 月 8 日收盘时段，仍处盈利状态的筹码比例为 26.83%。

2. 光标获利

光标获利，是指以光标所指示的价格为基准线，持仓筹码的价格位于基准线以下的筹码比例。图 1–12 中，光标位于 K 线图的下方，已经没有任何筹码位于基准线以下了，因而光标获利的比例为 0。

3. 平均成本

平均成本，是指以光标所指的交易日收盘时刻为基准，在此之前所有买入股票的平均持仓价格。图 1–12 中为截至 2020 年 1 月 8 日收盘时段，市场上所有筹码的平均持仓价格为 4.88 元。

4. 90% 成本

90% 成本，是指市场上 90% 的股票买入价格在某一价格区间。图 1–12 中，90% 成本对应的成本区间为 4.16 元到 5.60 元。也就是说，市场上 90% 的筹码买入价格在 4.16 元到 5.60 元之间。借助该数据，投资者可以了解自己的持仓成本在市场中所处的位置。若自己的持仓成本低于 90% 的成本线，那么，未来操作就会容易得多；反之，则会比较困难。

5. 70% 成本

70% 成本，是指市场上 70% 的股票买入价格在某一价格区间。图 1–12 中，70% 成本对应的成本区间为 4.46 元到 5.28 元。也就是说，市场上 70% 的股票买入价格在 4.46 元到 5.28 元之间。与 90% 成本的分析方法相似，也是供投资者研判个人持仓成本在市场中所处的位置的一个典型数据。

6. 筹码集中度

筹码集中度数值，理论上可以在 0 到 100 之间波动，数值越小，说明股票成本越集中，持仓成本相差不大；反之，则说明股票成本越分散，持仓成本相差较大。

筹码集中度计算公式是：

（区间最高价 – 区间最低价）/（区间最高价 + 区间最低价）× 100%

集中度 90，即指市场上 90% 的筹码所对应的持仓成本集中情况。图 1–12 中，集中度 90 的最高价为 5.60 元，最低价为 4.16 元，那么，筹码集中度 90 的计算方法为：

$$(5.6-4.16)/(5.6+4.16)\times 100\% \approx 14.75\%$$

集中度 70，即指市场上 70% 的筹码所对应的持仓成本集中情况。图 1–12 中，集中度 70 的最高价为 5.28 元，最低价为 4.46 元，那么，筹码集中度 70 的计算方法为：

$$(5.28-4.46)/(5.28+4.46)\times 100\% \approx 8.42\%$$

第二章

筹码运动——发散与密集

随着股价的波动和成交量的变化，筹码也会随之运动，并呈现完全不同的分布态势。发散与密集，则是最为典型的筹码运动形式。

第一节 筹码发散

成交量增加的价位，筹码就会密集；有筹码流入，自然就会在另外一些价位出现筹码流出。因此，最新的股票交易发生后，筹码分布的位置自然也会随之移动，这就是筹码发散。

筹码发散，是指某只股票在一个相对宽阔的价格区间内分布了较多筹码，这些筹码并未形成明显的密集峰。

筹码因投资者的持仓变化而变动，因而，筹码的移动也与投资者持仓的变化密不可分。研判筹码运动时，需要重点关注筹码移动的方向与速度，如图 2-1 所示。

（1）筹码运动与发散的方向。筹码运动与发散的方向与股价运动方向一致。当股价处于上升趋势时，筹码自然会随之上移并逐渐发散；反之，当股价开始下行时，筹码也会随之下移并逐渐发散。

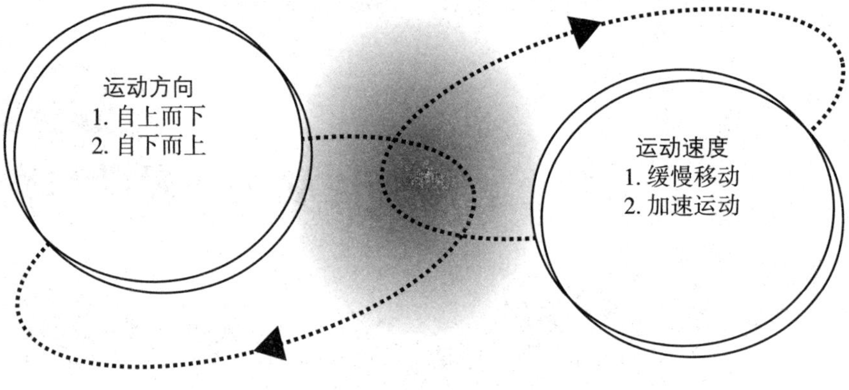

图 2-1　筹码运动的方向与速度

（2）筹码运动与发散的速度。当股价出现加速上升或下跌时，筹码运动与发散的速度也会随之加快；反之，当股价出现长期横盘或者小幅微涨或微跌时，筹码运动与发散的速度也会随之减缓。

基于筹码运动与发散的这两个特征，投资者通过筹码运动与发散的方向和速度，可以看出股价运动的趋势。即当筹码出现加速上移或下移时，说明股价处于上升或下跌趋势；反之，当筹码移动缓慢时，说明股价处于横向运动趋势。

一、筹码自下而上发散

股价进入上升趋势时，随着股价的上扬，筹码会明显地自下而上发散。

图 2-2 所示为上海医药截至 2020 年 7 月 31 日的筹码分布图。从图中可以看出，在 7 月 31 日前，该股股价涨幅不大，筹码主要集中于底部区域。此后，该股股价连续大幅上攻，其筹码也随之快速上移，如图 2-3 所示。

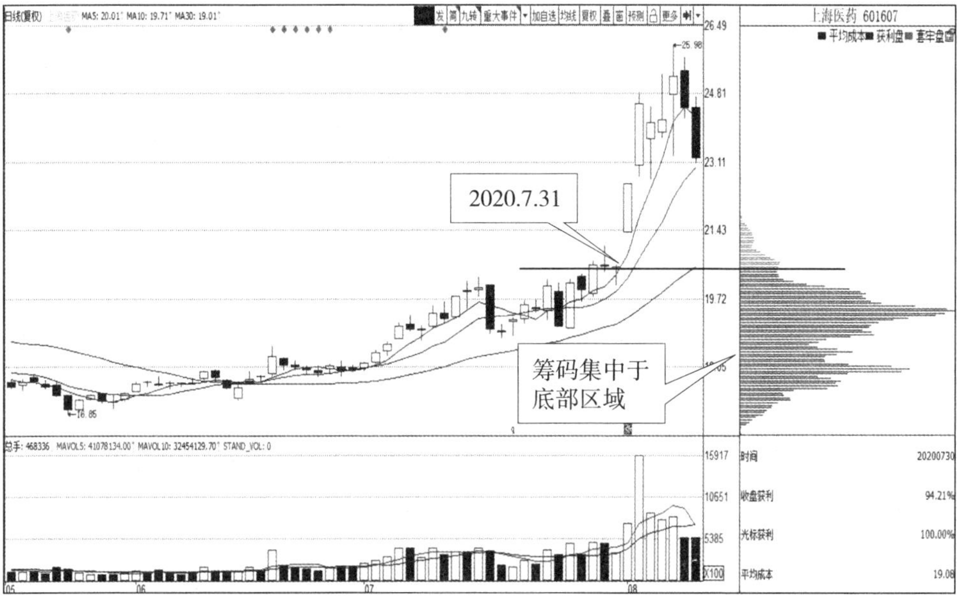

图 2-2　上海医药（601607）筹码分布图一

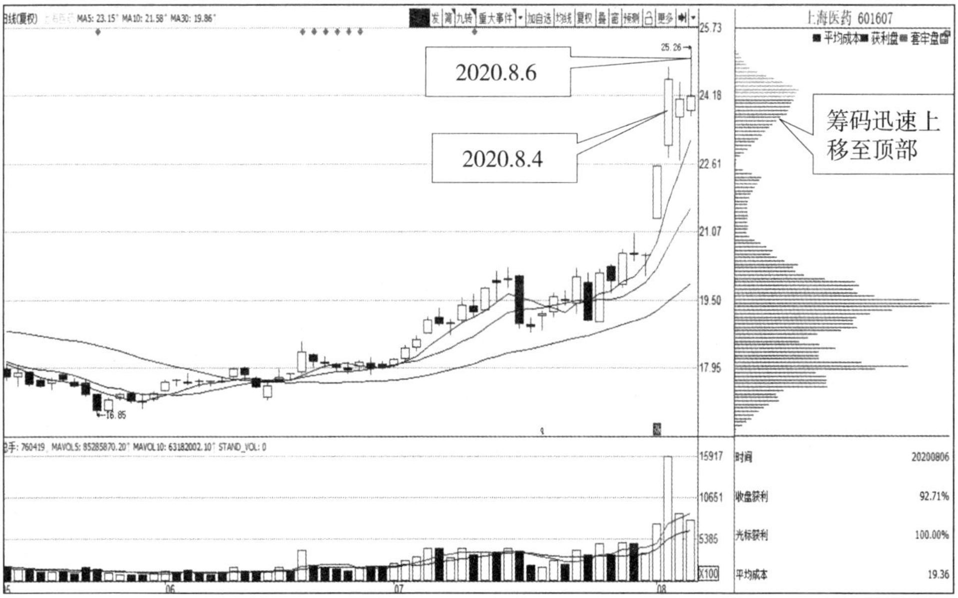

图 2-3　上海医药（601607）筹码分布图二

图 2-3 所示为截至 2020 年 8 月 6 日上海医药的筹码分布图。从图中可以看出，上海医药的股价在 8 月初大幅上攻，该股筹码迅速向上移动。一般来说，当股价出现明显的上攻之后，主力就会开始将手中的筹码转移给散户。换句话说，筹码向上流动的过程，实质上就是主力向散户转移筹码的过程。

从该股的上移与发散过程，可以发现如下几个特点。

第一，筹码发散的速度与股价上攻速度有关。即股价上涨速度越快，筹码发散速度也越快。反之，两者的对应关系也是成立的。

第二，筹码向上运动与发散过程中，成交量多少与右侧筹码峰的大小直接相关。也就是说，股价在某一价位的成交量越大，右侧的筹码峰也会越大。图 2-3 中，2020 年 8 月 4 日该股成交量最高，相应的右侧筹码峰拉长的速度也最快。

第三，当筹码迅速向上发散时，投资者需要关注底部筹码峰的动向。一般来说，随着股价快速上移，底部筹码峰仍未出现明显萎缩或萎缩很小，则说明主力筹码未动，未来继续上升的概率很高。反之，若底部筹码峰消失得较快，则说明主力存在出货的可能，此时的高点可能就是股价短期内的顶部。

二、筹码自上而下发散

股价进入下行趋势时，随着股价的下跌，筹码会明显地自上而下发散。

图 2-4 所示为荣联科技截至 2020 年 9 月 10 日的筹码分布图。从图中可以看出，在 9 月 10 日前，该股股价尽管已经出现了下行迹象，但总体跌幅不大，筹码主要集中在顶部区域。此后，该股股价连读大幅下挫，其筹码也随之快速下移，如图 2-5 所示。

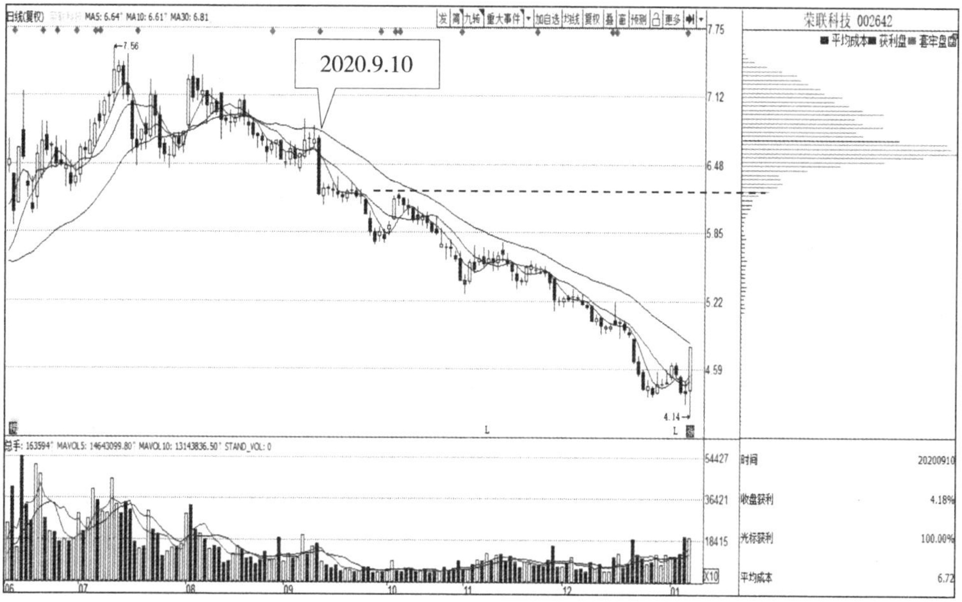

图 2-4　荣联科技（002642）筹码分布图一

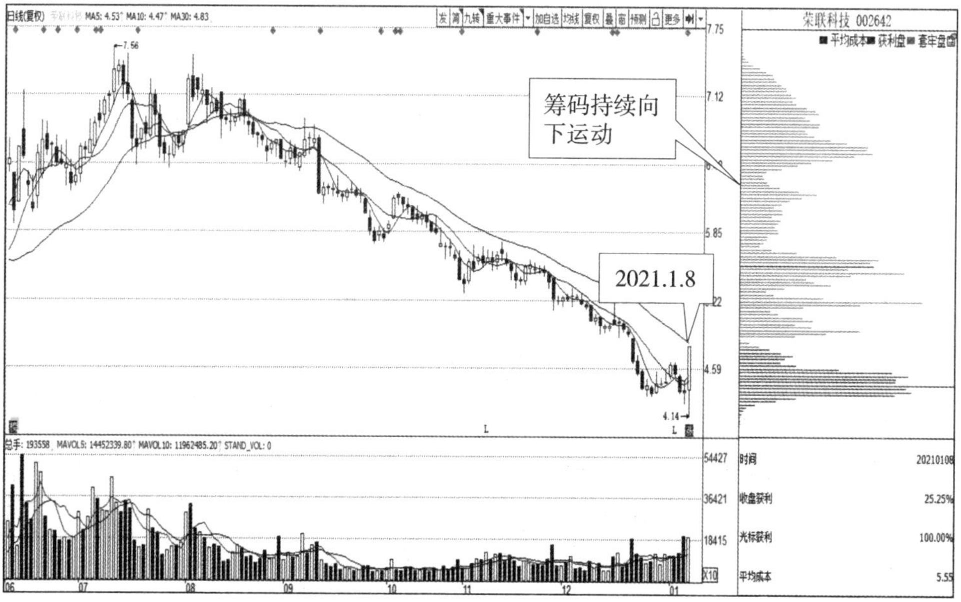

图 2-5　荣联科技（002642）筹码分布图二

图 2–5 所示为截至 2021 年 1 月 8 日的筹码分布图。从图中可以看出，荣联科技的股价自 2020 年 9 月中旬振荡下行，该股筹码也逐渐向下移动。一般来说，当股价出现明显的下跌之后，很多散户就会因股价达到止损位而纷纷止损离场，一些不愿意离场的，也可能在之后的股价下跌途中割肉。换句话说，筹码向下流动的过程，很可能就是主力向散户收集筹码的过程。

从该股的移动中可以发现以下几个特点。

第一，筹码移动的速度与股价下跌的速度有关。即股价下跌速度越快，筹码下移速度也越快。反之，两者的对应关系也是成立的。

第二，筹码向下运动的过程中，成交量多少与右侧筹码峰的大小直接相关。也就是说，股价在某一价位的成交量越大，右侧的筹码峰也会越大。图 2–5 中，2021 年 1 月 7 日和 1 月 8 日，该股成交量较高，相应地右侧的筹码峰拉长的速度也较快。

第三，当筹码迅速向下流动时，投资者需要关注顶部筹码峰的动向。一般来说，随着股价的下移，顶部筹码峰仍未出现明显的萎缩或萎缩很小，则说明套牢盘仍在，未来继续下跌的概率很高。反之，若顶部筹码峰消失得较快，则说明很多套牢盘存在割肉离场的情况，此时的低点可能就是股价短期内的底部。

第二节　筹码密集

筹码密集，是指某只股票在某一狭小的价格区间内集中了较多筹码。也就是说，大部分成交发生在较小的价格区间内。同时，由于在狭小空间内成交量大小不同，筹码峰的大小也会有所不同。

筹码密集的位置，特别是最大筹码峰出现的位置，往往是投资者需要关注的焦点。按照筹码密集的方向来说，筹码密集一般会有两个方向：向两端密集；向中间密集。

一、筹码向两端密集

筹码向两端密集，是筹码分布中最主要的一种密集形式。通常情况下，当股价进入上升或下跌趋势时，筹码都会倾向于向顶部或底部密集。一旦筹码密集达到最大值，往往也就意味着股价当前所处的趋势有终结的可能。

1. 筹码向顶部密集

当股价经过一段时间的上涨，出现了明显的高位滞涨迹象后，投资者很容易就可以发现该股筹码开始在顶部区域迅速聚集，形成一个较大规模的筹码峰。通常情况下，该筹码分布出现密集形态，与主力的出货密不可分。也就是说，当主力拉升一段时间后，达到自己的盈利预期时，就会启动出货计划。

主力出货肯定不是一蹴而就的，往往需要很长的时间，还要考虑外部环境的变化。换句话说，主力出货所需的时间越长，股价 K 线形成顶部所需的时间也就越长，这时候，一些经典的顶部形态就会出现。但如果一只股票属于市场上的热门品种，追涨者众多，每天的成交量很高，对于主力来说，这类股票的出货非常容易，因而，主力往往也不需要在顶部停留太久就可以完成出货，这也是很多暴涨股票的顶部都很尖的原因。

下面来看迪安诊断的案例，如图 2-6 所示。

迪安诊断的股价经过一波上升后，在 2020 年 8 月 19 日到达阶段高点。观察此时的筹码分布图可知，该股筹码比较分散，只在之前股价横向盘整位置密集了较多筹码。

此后，该股股价开始在顶部区域横向振荡，如图 2-7 所示。

迪安诊断的股价在 2020 年 8 月到 11 月初的一段时间内，一直在顶部区域振荡。随着股价在高位振荡，该股的筹码也相应地向顶部区域密集。2020 年 11 月 4 日，该股股价开始大幅下跌。观察此时的筹码分布图可知，该股的筹码大部分已经密集于顶部区域，说明主力出货可能已经完成，未来股价下跌的概率极高，投资者可考虑卖出手中的股票。

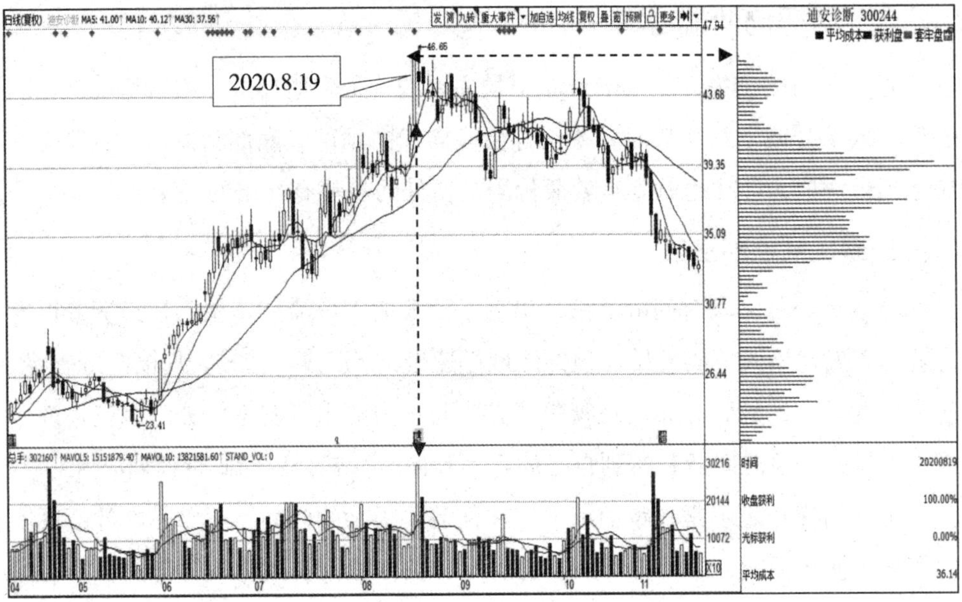

图 2-6 迪安诊断（300244）筹码分布图一

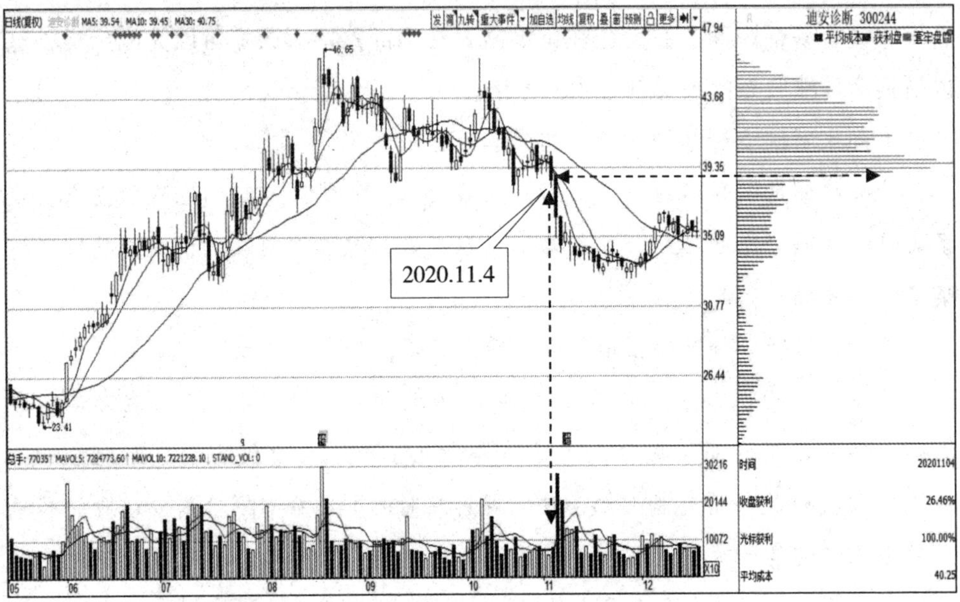

图 2-7 迪安诊断（300244）筹码分布图二

2. 筹码向底部密集

与筹码向顶部密集的情况相反，筹码向底部密集，往往是由于股价处于下行趋势，散户不断抛售手中的筹码形成的。一般来说，当股价到达底部区域后，主力就会入场建仓吸筹。主力吸筹所需的时间不同，股价 K 线在底部停留的时间也会有所不同。比如，有的主力手法比较凶猛，经常采用向下猛烈打压法吸筹，让很多散户因为心生恐惧而卖出手中的股票。有的主力则相对比较“温柔”，采取长期横盘的方式缓慢吸筹。总之，无论主力采用何种方式吸筹，最终都是在筹码向底部密集后才能完成。当然，不排除个别股票因为突发利好等事件，主力紧急拉升一波，再缓慢增加仓位，之后再继续拉升的情况。我们这里不考虑后一种情况。

下面来看海兰信的案例，如图 2-8 所示。

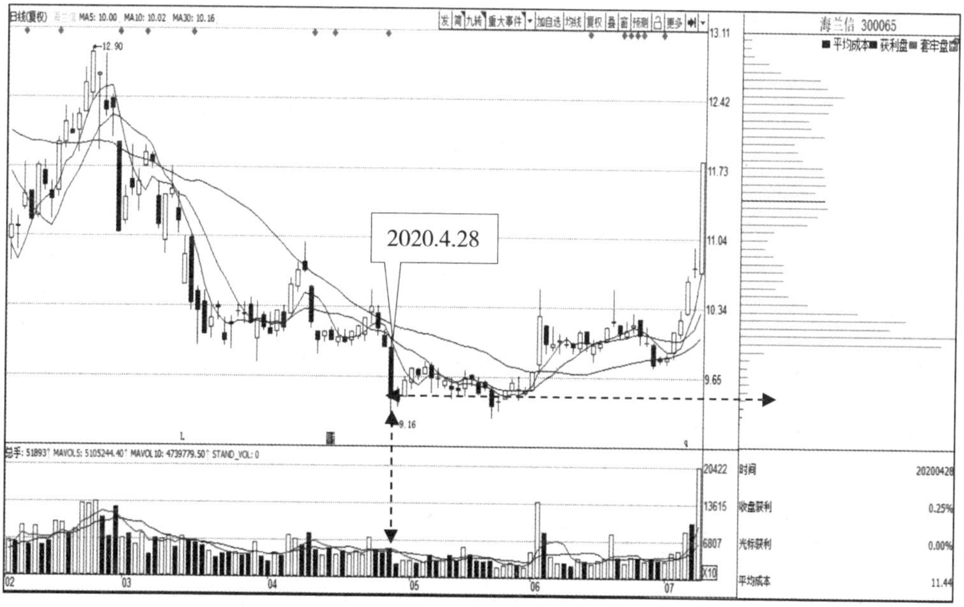

图 2-8 海兰信（300065）筹码分布图一

海兰信的股价经过一波下跌后，在 2020 年 4 月 28 日到达阶段低点。观察此时的筹码分布图可知，该股筹码比较分散，只在 2020 年 4 月 28 日大幅下跌前的横盘位置密集了较多筹码。

此后，该股股价开始在底部区域横向振荡，如图 2–9 所示。

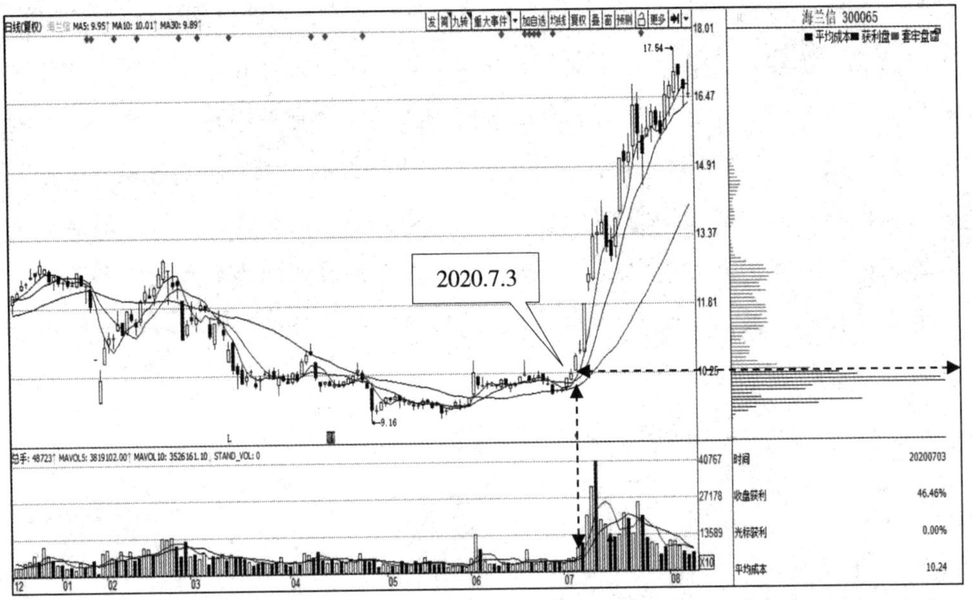

图 2–9　海兰信（300065）筹码分布图二

2020 年 4 月到 7 月初的一段时间内，海兰信的股价一直在底部区域振荡。随着股价在低位振荡，该股的筹码也相应地向底部区域聚集。2020 年 7 月 3 日，该股股价开始启动上升。观察此时的筹码分布图可知，该股筹码大部分已经密集于底部区域，说明主力可能已经完成建仓，未来股价上升的概率极高，投资者可考虑追涨买入股票。

二、筹码向中间密集

筹码向中间密集也是一种比较常见的筹码密集形态。通常情况下，当股价在两个明显的价位附近来回波动时，筹码就会呈现向中间密集的态势。从筹码分布形态来看，这种形态近似于双峰填谷形态。

从本质上来看，这种筹码密集形态也是股价在选择突破方向时出现的一种形态。当筹码向中间位置密集结束，股价很可能会产生新的突破方向。

下面来看丹化科技的案例，如图 2-10 所示。

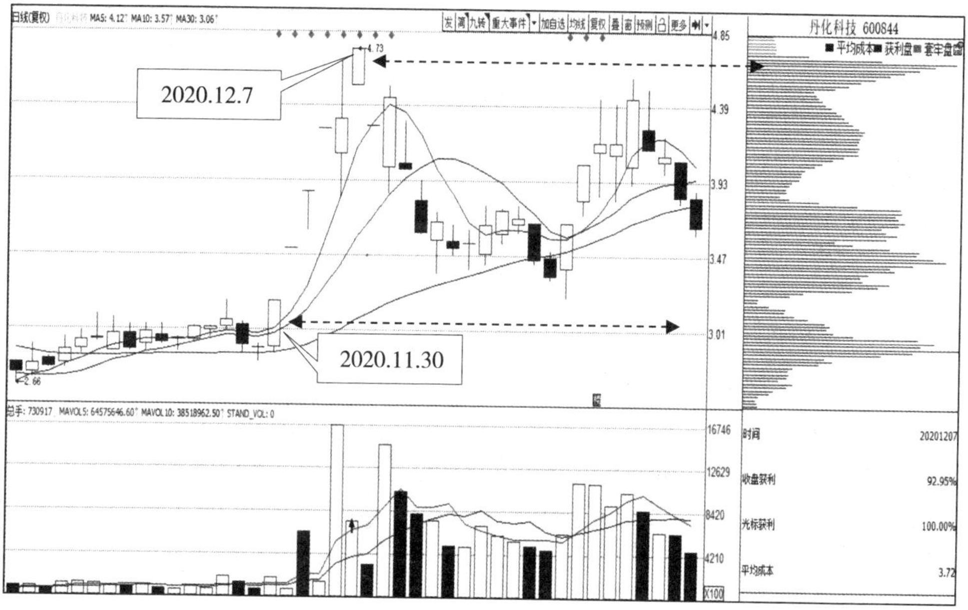

图 2-10 丹化科技（600844）筹码分布图一

丹化科技的股价自 2020 年 11 月 30 日启动了快速上攻行情。随着行情不断走高，该股筹码也逐渐上移，并形成了多个筹码峰形态。2020 年 12 月 7 日，该股股价上涨至阶段高点，其后出现回调走势。从 2020 年 12 月 7 日到 2021 年 1 月 11 日之间，该股股价一直呈现幅度较大的振荡运行态势。

与此同时，该股的筹码也逐渐向中间密集，如图 2-11 所示。

截至 2021 年 1 月 11 日，该股筹码已经在中间区域密集了很高的筹码峰，而两侧的筹码峰几乎消失殆尽。从股价 K 线走势结合筹码分布特点来看，该股存在重新选择突破方向的可能，投资者需要耐心等待更为明确的突破方向出现后再入场。

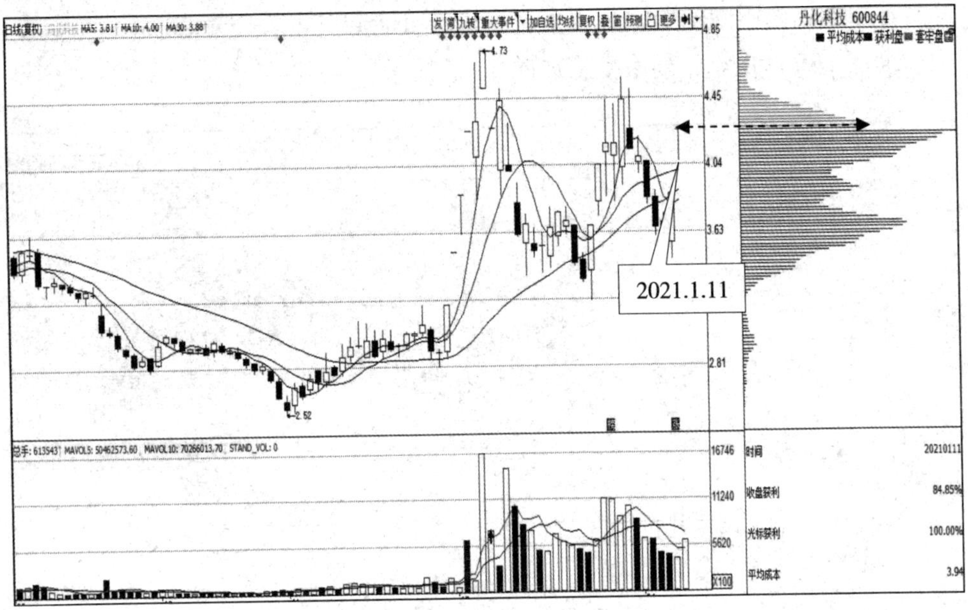

图 2-11　丹化科技（600844）筹码分布图二

第三章

峰谷形态——经典筹码分布形态解读

筹码运动过程中，会形成各种典型的筹码形态，即峰谷形态。这些筹码峰和筹码谷对投资者操作股票具有重要的交易指导意义。

第一节 单峰形态解读

单峰形态是最重要的一种筹码分布形态，也是实战中最需要关注的一种筹码分布形态。单峰形态，是指在某一时间段的筹码分布图上，在一个狭小的价格区间内聚集了较多的筹码，而其他价格区域的筹码很少甚至没有。大家需要清楚一个基本的原则，在市场上，如果没有主力的参与，散户交易的股票一定是杂乱无章的，很难集中于某一特定的区域。也就是说，只要筹码出现了这种单峰形态，背后一定有主力参与。

单峰形态包括低位单峰形态和高位单峰形态两类。

一、低位单峰形态

低位单峰形态，是指股价运行到阶段底部区域时，筹码分布图上所形成的单峰密集形态。在股价波动过程中，投资者有时很难确定哪里是底部区域，但通过筹码密集形态，投资者可大致了解主力的动向以及未来股价的运动趋势。

低位单峰形态的形成大致经历了如下过程：股价经过一段时间的下跌后，很多持股散户开始松动，并不断有人割肉离场，这也是股价下跌过程中筹码开始松动、发散的原因。此后，当股价下跌至底部区域（主力认可的底部）后，主力就会悄悄入场收集筹码。不过，主力收集筹码并不会像散户那样直接买入。由于主力资金量较大，因此多采取隐蔽的方式入场，比如，通过来回打压股价，迫使散户交出手中的筹码。通常情况下，当主力将筹码收集得差不多的时候，往往就是散户对市场绝望的时候，此时，底部筹码峰往往已经很高了。之后，当最后一批绝望的散户交出手中的筹码时，主力就开始向上拉升股价。

底部单峰形态形成过程中，K 线有时也会形成一些经典的底部形态，如 W 底形态、三重底形态、头肩底形态。投资者可考虑将这些底部形态与低位单峰形态进行组合分析，以强化买入信号的准确性。

下面来看联创电子的案例，如图 3–1 所示。

图 3–1　联创电子（002036）筹码分布图一

联创电子的股价自 2020 年 2 月 24 日的高位出现下跌走势，截至 2020 年 4 月 2 日，该股股价已经下跌了很大的幅度。观察此时的筹码分布图可知，右侧的筹码分布图呈现发散分布态势。从筹码分布图上看，此时的筹码并未形成明显的筹码峰，股价走势并不明朗，投资者宜保持观望。

此后，该股股价在底部区域出现了横向振荡走势，如图 3–2 所示。

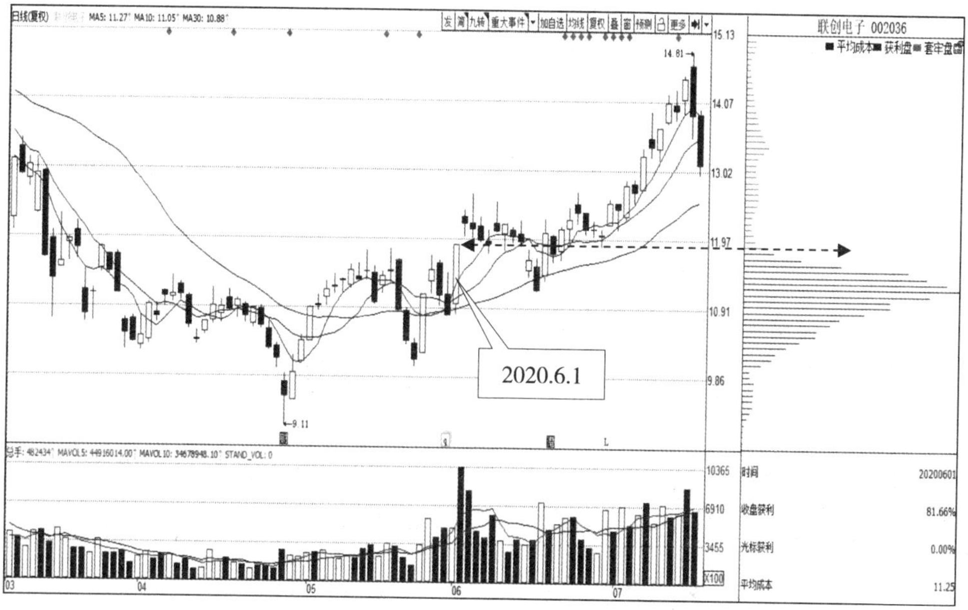

图 3–2　联创电子（002036）筹码分布图二

联创电子的股价经过一段时间的底部振荡后，于 2020 年 6 月 1 日大幅上攻。观察此时的筹码分布图可知，该股的筹码已经在底部区域形成了明显的单峰形态，这意味着主力很可能已经完成了建仓，未来股价启动上攻行情的概率极高。

观察该股在 2020 年 6 月 1 日前的走势可以发现，该股 K 线在此之前形成了明显的头肩底形态，2020 年 6 月 1 日，该股 K 线刚好完成了对头肩底颈线位的突破。从 K 线分析的角度来看，该股未来上攻的概率也是很高的。

低位出现单峰形态，往往伴随着股价 K 线底部的形成。投资者可以利用这一特点进行反向操作，寻找股价的底部，并在底部完成时入场，以收获丰厚的利润。

当然，在入场前，投资者需要等待更为明确的上涨信号出现后才能入场，这些信号包括以下几类。

第一，股价在底部盘整过程中，可能会形成经典的底部形态，如W底、头肩底等，股价可能会突然出现无量下跌的情况，但很快会重新回到整理区间（此信号有时不会出现）。

第二，随着股价的上涨，各条均线开始呈多头发散排列。

第三，筹码分布图中，底部筹码单峰连续增大，且其他区域筹码消失殆尽。

第四，股价很快站到筹码单峰顶部位置，说明股价已经脱离了筹码密集区，未来股价将发动一波上涨行情。

第五，股价上涨后，若出现回调走势，该筹码峰位置会成为股价的一个较佳的支撑位。

第六，有些股票在启动上升走势前，会先向下打压一波股价，甚至跌破底部筹码峰，给人一种股价继续下跌的感觉，然后再连续大幅向上拉升股价。

下面来看四维图新的案例，如图3-3所示。

四维图新的股价自2020年2月25日的高位出现下跌走势，截至2020年4月1日，该股股价已经下跌了很大的幅度，此时的筹码分布图呈现发散分布态势。从筹码分布图上看，此时的筹码峰还停留在高位，意味着很多散户并未割肉离场，因此主力在短期内并不会选择拉升股价。

此后，该股股价在底部区域出现了横向振荡走势，如图3-4所示。

四维图新的股价经过一段时间的底部振荡后，于2020年6月1日大幅上攻。观察此时的筹码分布图可知，该股筹码已经在底部区域形成明显的单峰形态，这意味着主力很可能已经完成了建仓，未来股价启动上攻行情的概率极高。

图 3-3 四维图新（002405）筹码分布图一

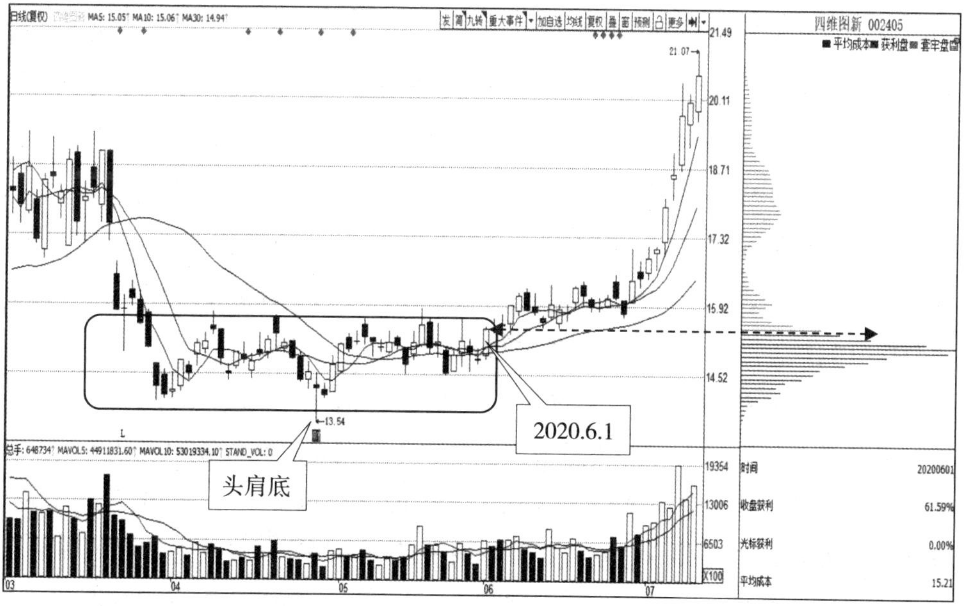

图 3-4 四维图新（002405）筹码分布图二

观察该股在2020年6月1日前的走势可以发现，该股K线在此之前形成了明显的头肩底形态，2020年6月1日，该股K线刚好完成了对头肩底颈线位的突破。从K线分析的角度来看，该K线形成了明显的上攻形态，且各条均线开始呈现多头发散排列。综合以上分析可知，该股未来上攻的概率很高。

二、高位单峰形态

高位单峰形态，是指在股价运行的阶段顶部区域，筹码分布图上形成的单峰密集形态。在股价波动过程中，投资者有时很难确定哪里是顶部区域，但通过筹码密集形态，可大致了解主力的动向以及未来股价的运行趋势。

高位单峰形态的形成大致经历了如下过程：股价经过一段时间的上涨后，基于赚钱效应，很多散户开始入场，主力则趁机派发筹码，这也是股价上涨过程中筹码开始松动、发散的原因。此后，当股价上涨至顶部区域（主力认可的顶部）后，主力就会通过加大股价振荡来完成出货。不过，主力派发筹码并不会像散户一样直接卖出，因为主力筹码过多，因此会采取隐蔽的方式离场，比如通过来回拉升股价，造成股价即将启动的假象。通常情况下，当主力将筹码派发得差不多的时候，就是股价即将下行的时候，此时，顶部筹码峰往往已经很大了。当最后一批认为股价即将启动的散户入场后，主力就开始向下打压股价。

顶部单峰形成过程中，K线有时也会形成一些经典的顶部形态，如M顶形态、三重顶形态、头肩顶形态。投资者可考虑将这些顶部形态与顶部单峰形态进行组合分析，以强化卖出信号的准确性。

下面来看蓝帆医疗的案例，如图3-5所示。

蓝帆医疗的股价自2020年5月中旬启动上升走势，截至2020年6月17日，该股股价已经上涨了很大的幅度。观察下一个交易日的筹码分布图可知，筹码分布呈现发散状态，此时的筹码并未形成明显的筹码峰，股价走势并不明朗，投资者宜保持观望。

此后，该股股价在顶部区域出现了横向振荡走势，如图3-6所示。

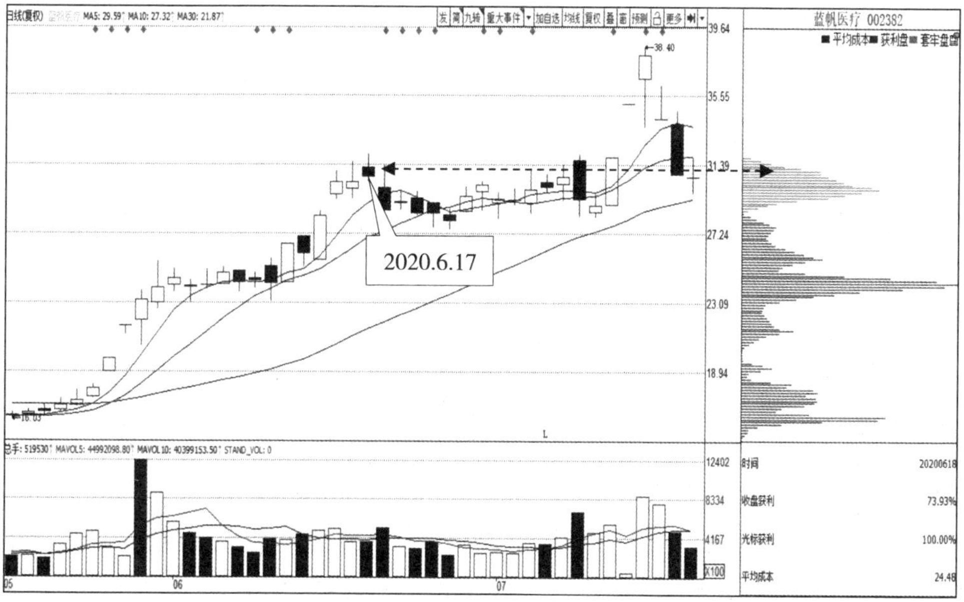

图 3-5　蓝帆医疗（002382）筹码分布图一

图 3-6　蓝帆医疗（002382）筹码分布图二

蓝帆医疗的股价经过一段时间的顶部振荡后，股价K线在顶部振荡过程中形成了头肩顶形态。该股股价于2020年8月下旬连续大幅下挫，观察此时的筹码分布图可知，该股的筹码已经在顶部区域形成了明显的单峰形态，这意味着主力很可能已经完成了派筹，未来股价启动下跌行情的概率极高。

观察该股在2020年8月20日前的走势可以发现，该股K线在此之前形成了明显的头肩顶形态，2020年8月20日，该股K线刚好跌破了头肩顶颈线位。从K线分析的角度来看，该股未来下跌的概率也是很高的。

出现顶部单峰形态，往往伴随着股价K线顶部的形成。投资者也可以利用这一特点进行反向操作，寻找股价的顶部，并在顶部完成时离场，以避免损失。

当然，在离场前，股价K线也可能会发出很多卖出信号，这些信号包括以下几类。

第一，股价在顶部盘整过程中可能会形成经典的顶部形态，如M顶、头肩顶等。

第二，随着股价的下跌，各条均线开始呈空头发散排列。

第三，筹码分布图中，高位单峰形态连续增大，其他区域筹码消失殆尽。

第四，股价很快来到筹码单峰底部位置，说明股价已经脱离了筹码密集区，未来股价将发动一波下跌行情。

第五，股价下跌后，若出现反弹走势，该筹码峰位置会成为股价明显的阻力位。

第六，有些股票在启动下跌走势前，会短暂向上拉升股价，甚至突破顶部筹码峰，给人一种股价继续上涨的感觉，然后再连续大幅向下打压股价。

下面来看先惠技术的案例，如图3–7所示。

先惠技术的股价自2020年9月底的低位出现上攻走势，截至2020年11月6日，该股股价已经上涨了很大的幅度。观察此时的筹码分布图可知，筹码分布呈现发散状态。此时底部的筹码峰非常小，表明底部入场的主力持仓已经很少，主力已经开始派筹了，从筹码分布图上分散的筹码峰也能够印证这一点。

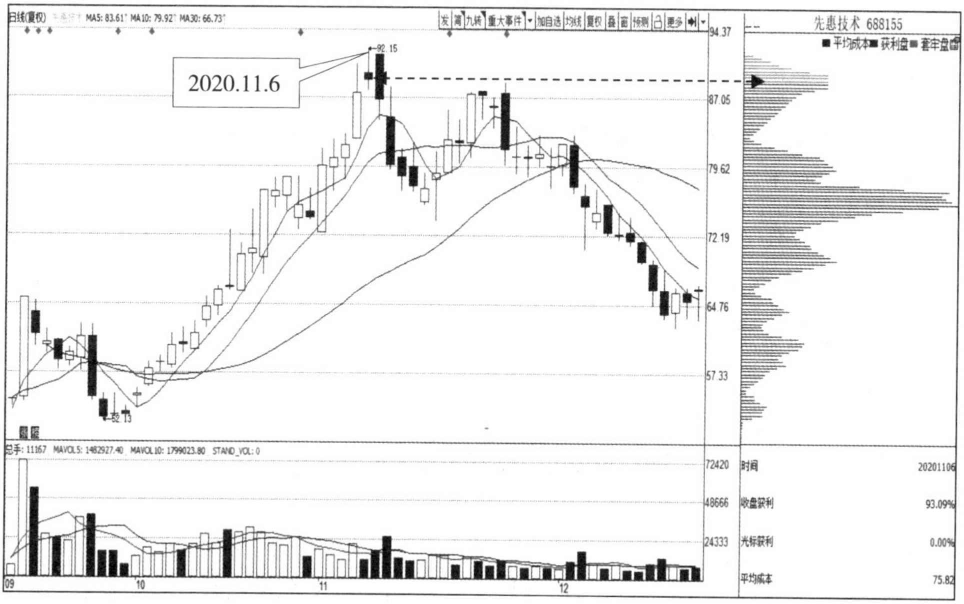

图 3-7　先惠技术（688155）筹码分布图一

此后，该股股价在顶部区域出现了横向振荡走势，如图 3-8 所示。

图 3-8　先惠技术（688155）筹码分布图二

先惠技术的股价经过一段时间的顶部振荡后，出现了下跌走势。该股股价在2020年12月初连续大幅下挫，观察此时的筹码分布图可知，该股筹码已经在顶部区域形成了明显的单峰形态，这意味着主力很可能已经完成了派筹，未来股价启动下跌行情的概率极高。

观察该股在2020年12月3日前的走势可以发现，该股K线在此之前形成了明显的M顶形态，2020年12月3日，该股K线刚好跌破了M顶颈线位。从K线分析的角度来看，该股未来下跌的概率很高。

第二节　双峰形态解读

双峰形态是指在股价上升或下跌过程中，因某一阶段出现回调整理而在中继价位区域形成另外一个明显的筹码峰形态，该筹码峰与低位单峰或高位单峰共同构成了双峰形态。双峰形态主要包括上攻双峰、下行双峰以及振荡双峰三种。由于振荡双峰最终会呈现“双峰填谷”形态，因此放在后面的章节介绍。

一、上攻双峰形态

上攻双峰形态，是指股价在底部区域经过一段时间的盘整后启动上升，此时，右侧的筹码分布图呈现出明显的底部单峰形态。此后，股价经过一波拉升后，在某一点位开始振荡盘整。随着股价的振荡，筹码迅速在该位置密集，形成一个新的筹码峰，不过此时底部的筹码峰并未消失。也就是说，此时是两个筹码峰并存的状态。此后，若股价继续走高，则意味着股价将进入一波新的拉升阶段。

下面来看航发控制的案例，如图3–9所示。

航发控制的股价在2020年3月到2020年6月期间一直在低位盘整。该股筹码不断在底部聚集，形成了低位单峰形态。

2020年7月1日，航发控制的股价开始脚踩底部筹码峰小幅振荡上升。此后，该股上涨势头逐渐加强，说明该股已经启动了一波上升行情，投资者可考虑入场买入股票。该股股价经过一段时间的振荡上升后，再度出现横向盘整走势，筹码又迅速地在横盘振荡区域密集。截至2020年8月3日，航发控制的股价阶段盘整行情趋于结束，此时正好形成了双峰形态，如图3-10所示。

图3-9　航发控制（000738）筹码分布图一

通常情况下，随着股价的振荡上扬，散户会逐渐兑现盈利出局，此时底部筹码单峰仍在，说明底部建仓的主力仍没有离开。

此后，该股股价又掀起了一波快速上升走势，如图3-11所示。

航发控制的股价经过一段时间的振荡上升后，于2020年8月10日创出阶段高点，之后出现振荡走势。此后，该股股价一直在高位振荡。2020年9月2日，该股股价高开低走，收出一根假阴线。观察此时的筹码分布图可知，此时底部筹码已经全部转移至高位，并形成了高位筹码峰，说明主力已经完成出货，未来股价下跌的概率很大。投资者若手中持有股票，应该考虑减仓或清仓。

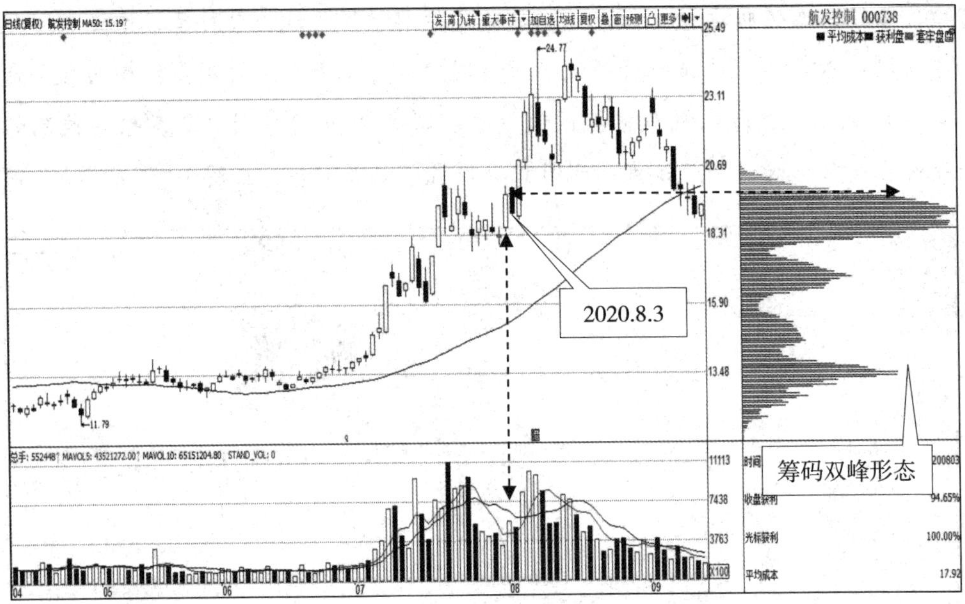

图 3-10　航发控制（000738）筹码分布图二

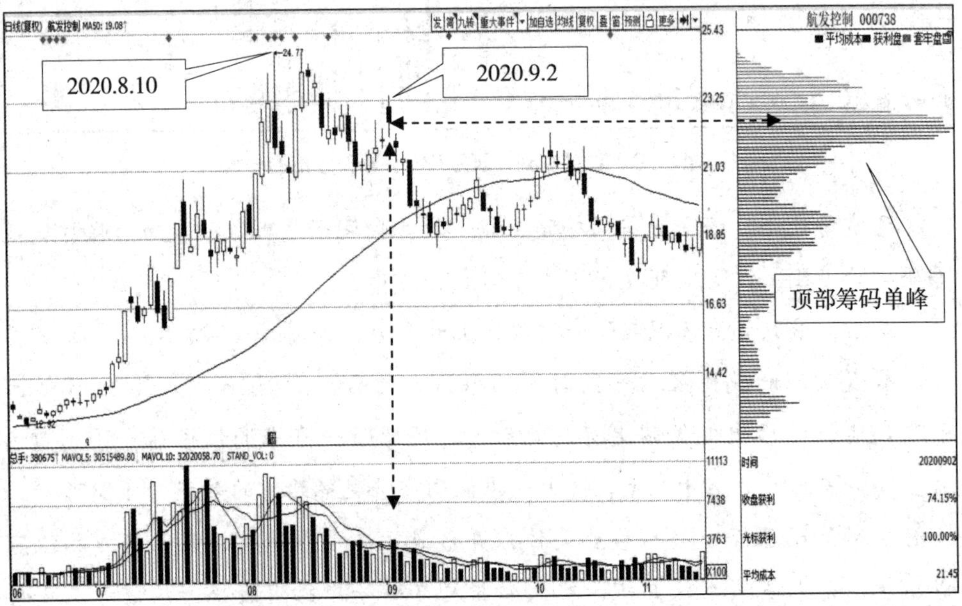

图 3-11　航发控制（000738）筹码分布图三

通常情况下，出现双峰形态预示股价的上涨行情并未结束，未来还有很大的上升空间，投资者仍可继续持股。不过，出现筹码双峰时，股价毕竟已经有了一定涨幅，投资者需要对风险进行必要的防控。因此，在实战中，需要对筹码双峰形态仔细研判。

第一，低位筹码峰的存在，是筹码双峰能够支撑股价继续上升的基础。事实上，当股价上升后，底部筹码峰或多或少都会出现萎缩，但只要底部筹码峰还能保持一定规模，就表明其仍旧可以发挥效力。

第二，第二个筹码峰的形成，多数情况是主力洗盘时留下的痕迹，这是主力为了便于其后拉升股价所做的工作，预示未来的涨势可能会更加猛烈。

第三，股价经过一段时间上涨后出现盘整时，有时会出现无量下跌的情况，但很快又会回到第二个筹码峰的上方，说明主力洗盘已经接近完成，股价即将上攻。

第四，股价重新启动上涨时，往往成交量会显著放大。

下面来看五粮液的案例，如图 3–12 所示。

图 3–12　五粮液（000858）筹码分布图一

五粮液的股价在2019年9月到2020年5月一直处于振荡盘整中。在此期间，该股的筹码不断在底部聚集，形成了低位单峰形态。

2020年6月1日，五粮液的股价开始脚踩底部筹码峰大幅振荡上升。此后，该股上涨的势头逐渐加强，说明已经启动了一波上升行情，投资者可考虑入场买入股票。通过该股底部筹码峰形成过程的分析可知，在股价即将启动上涨的后期，五粮液的股价出现了大幅下跌走势，股价一度跌破底部筹码峰，给人一种股价即将下行的感觉。正当所有的投资者以为股价即将下行时，股价却反向上攻，由此可见主力的狡猾。

该股股价经过一段时间的振荡上升后，再度出现横向盘整走势，筹码又迅速地在横盘振荡区域聚集。2020年10月12日，五粮液的股价阶段盘整趋于结束，此时正好形成双峰形态，如图3-13所示。

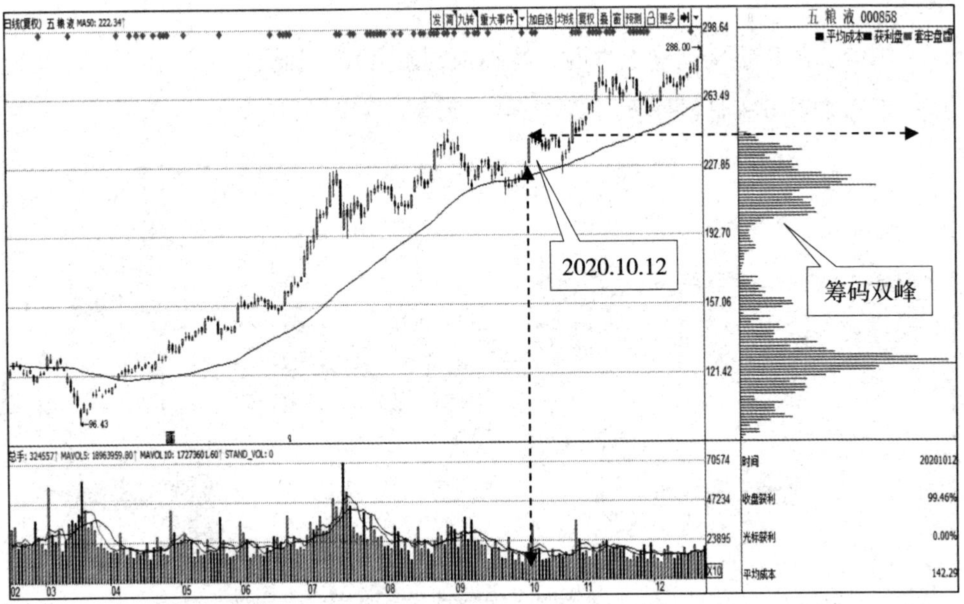

图3-13 五粮液（000858）筹码分布图二

通常情况下，随着股价的振荡上扬，散户会逐渐兑现盈利出局，底部筹码单峰仍在，说明底部建仓的主力仍没有离开。

此后，该股股价又掀起了一波快速上升走势，如图 3-14 所示。

图 3-14　五粮液（000858）筹码分布图三

五粮液的股价经过一段时间的振荡上升后，于 2021 年 1 月 6 日创出阶段高点，之后股价一直在高位振荡。观察此时的底部筹码峰可以发现，该底部单峰仍然存在，只是股价上升途中形成的第二个筹码峰出现了松动的迹象，说明主力资金仍然持仓，只是中途下车的一些资金出现了兑现利润的情形，投资者可继续持股观望。

当然，投资者也可以适当减仓，但只要底部筹码峰未动，一般不宜进行清仓操作。

二、下行双峰形态

下行双峰形态，是指股价在顶部区域经过一段时间的盘整后启动下跌，此时，右侧的筹码分布图呈现出了明显的顶部单峰形态，股价经过一波下跌后，在某一位置开始振荡盘整。随着股价的振荡，筹码迅速在该位置密集形成一个新的筹码峰，不过此时顶部的筹码峰并未消失。也就是说，此时是两个筹码峰并存的状态。此后，若股价继续走低，则意味着股价将进入一波新的下跌阶段。

下面来看天康生物的案例，如图 3-15 所示。

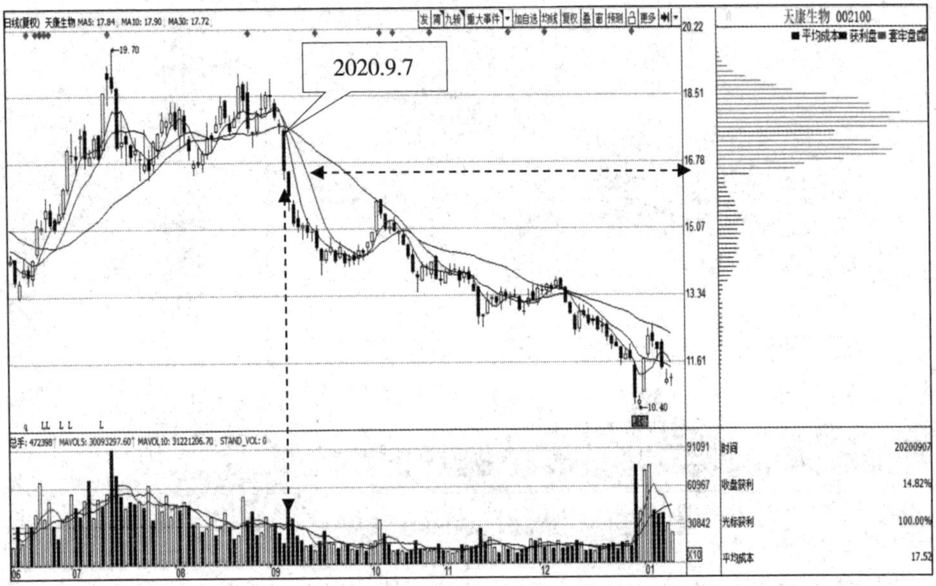

图 3-15　天康生物（002100）筹码分布图一

天康生物的股价在 2020 年 7 月到 2020 年 9 月期间一直在高位盘整，筹码不断在顶部聚集，形成高位单峰形态。

2020 年 9 月 7 日，天康生物的股价向下跌破了筹码单峰。此后，该股启动了振荡下跌走势，仍持有该股的投资者宜卖出手中的股票。该股股价经过一段时间的振荡下跌后，再度出现横向盘整走势，筹码又迅速地在横盘振荡区域聚集。2020 年 12 月 10 日，天康生物的股价阶段盘整趋于结束，此时正好形成双峰形态，如图 3-16 所示。

通常情况下，随着股价的振荡下跌，很多散户会对股价走势比较失望，选择割肉离场。顶部筹码单峰仍在，说明顶部入场接盘的散户并没有割肉。一般来说，只要大部分散户没有割肉，主力就不会拉升股票。

此后，该股股价又掀起了一波快速下跌走势，如图 3-17 所示。

图 3-16 天康生物（002100）筹码分布图二

图 3-17 天康生物（002100）筹码分布图三

天康生物的股价经过一段时间的振荡下跌，于2020年12月30日大幅下跌，之后股价一直在低位振荡。观察此时的顶部筹码峰可以发现，该顶部单峰仍然存在，想要入场的投资者，还需进一步观察顶部筹码峰的运动情况。一般来说，只有顶部筹码峰消失，才是投资者入场的最佳时机。

通常情况下，出现下行双峰形态，预示股价的下跌行情并未结束，未来还有很大的下行空间，投资者仍需继续观望。出现筹码双峰时，股价已经有了一定的跌幅，想要入场博反弹的投资者，还是要尽量保持战略定力，若大环境向好，可少量参与，并严格设置止损位。

在实战中，需要对筹码双峰形态仔细研判。

第一，高位筹码峰的存在，是筹码双峰能够支撑股价继续下行的基础。事实上，当股价经过一段时间的下跌后，顶部筹码峰或多或少都会出现萎缩，但只要顶部筹码峰还能保持一定规模，就说明其仍旧可以发挥效力。

第二，形成第二个筹码峰，多数情况下是博反弹的投资者入场造成的，主力则趁机将手中剩余的筹码转交给入场的投资者。此段时间入场的投资者，就是大家常说的被套在"半山腰"的老股民。

第三，股价经过一段时间的盘整后，若向下跌破第二个筹码峰，则意味着新一轮下行趋势已经展开，手中有股票的投资者宜立即清仓。

下面来看指南针的案例，如图3–18所示。

指南针的股价2020年3月到10月期间一直在高位盘整，筹码不断在顶部聚集，形成高位单峰形态。

2020年10月13日，指南针的股价位于筹码单峰靠下的位置。此后，该股启动了振荡下跌走势，仍持有该股的投资者宜卖出手中的股票。该股股价经过一段时间的振荡下跌后，再度出现横向盘整走势，筹码又迅速地在横盘振荡区域聚集。2020年11月16日，指南针的股价阶段盘整趋于结束，此时正好形成下行双峰形态，如图3–19所示。

图 3-18　指南针（300803）筹码分布图一

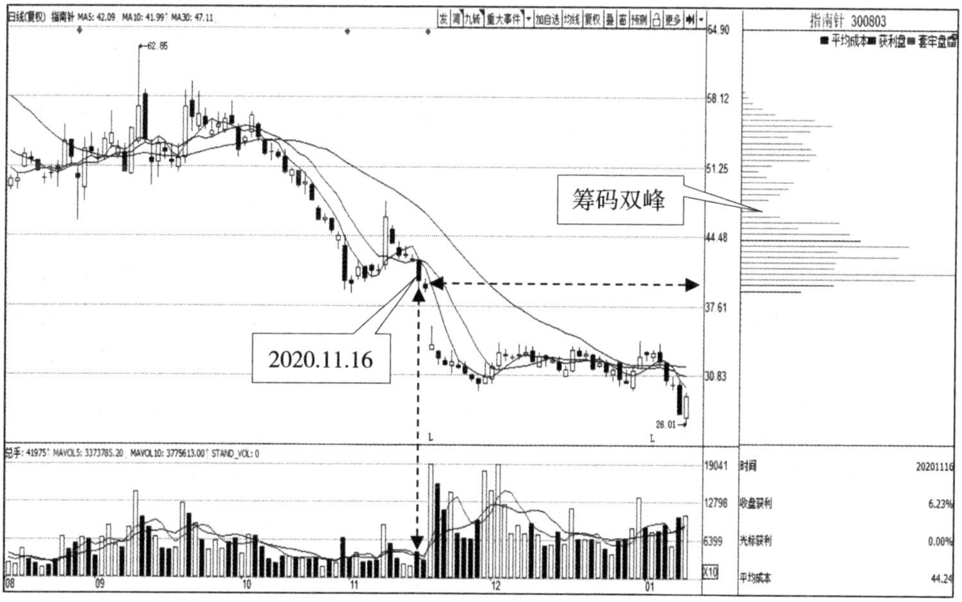

图 3-19　指南针（300803）筹码分布图二

通常情况下，随着股价的振荡下跌，很多散户会对股价走势比较失望，选择割肉离场。顶部筹码单峰尽管已经出现了萎缩，但仍然存在，说明顶部入场接盘的散户并没有割肉。一般来说，只要大部分散户没有割肉，主力都不会拉升股票。

此后，该股股价又掀起了一波快速下跌走势，如图 3-20 所示。

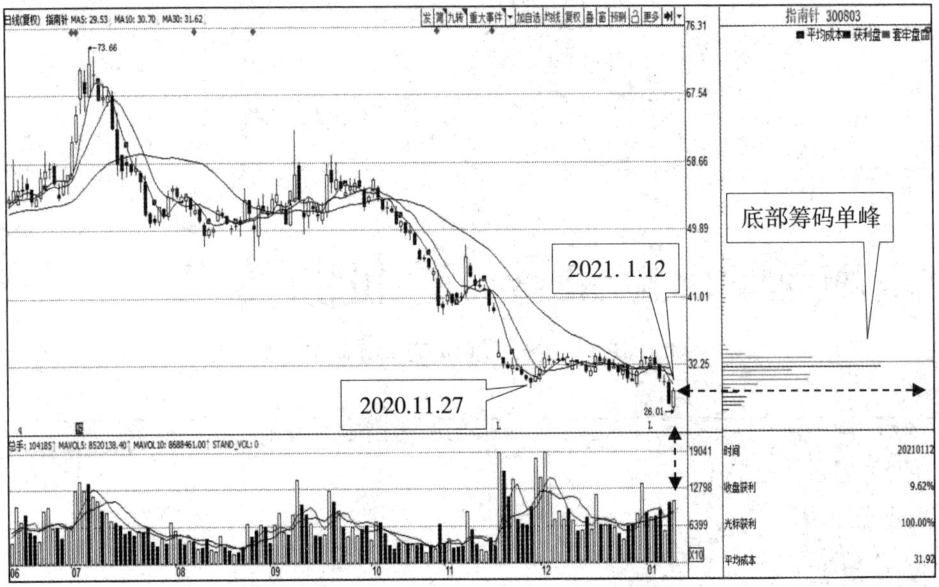

图 3-20　指南针（300803）筹码分布图三

指南针的股价经过一段时间的下跌，于 2020 年 11 月 27 日创出阶段低点，此后股价一直在低位振荡。观察此时的筹码分布可以发现，顶部双峰已经全部运动到底部区域，并在底部形成了新的筹码单峰。

按照一般的技术分析方法可知，当筹码在底部形成单峰后，股价很可能会启动上攻，而该股股价却在 2021 年 1 月 12 日向下跌破了筹码峰。这是一个值得投资者重点关注的现象，持股投资者可先不要贸然卖出，而持币投资者也可继续保持观望。

若未来股价能够反向向上突破筹码单峰，则说明此时跌破筹码峰完全是主力的一个“假动作”，目的是诱空，迫使更多的散户交出筹码。

第三节 多峰形态解读

多峰形态是与单峰、双峰相对的一种筹码分布形态。筹码呈现多峰分布，说明筹码趋向于发散，或者说还没有形成密集的筹码峰，因此，这种形态往往是股价在上升或下跌途中出现的状态。一般来说，多峰筹码多由单峰或双峰而来，最终也会趋向于形成单峰或双峰。整个筹码分布形态就是在单峰、双峰以及多峰之间不断切换，这也反映了市场上筹码在散户与主力之间的流动状态。

多峰形态包括上攻多峰形态和下行多峰形态两类。

一、上攻多峰形态

股价在底部区域横向振荡一段时间后，筹码也同步呈现低位单峰密集形态，这时往往就是股价即将启动上升行情的时刻。

主力拉升股价后，随着股价不断走高，前期进入者往往会选择获利了结。也就是说，随着股价的走高，会有很多获利盘涌出，在筹码分布图上形成若干个规模较小的筹码峰。一般来说，底部筹码峰仍然存在，顶部没有形成明显的筹码单峰，投资者都可以继续持股。

下面来看中航西飞的案例，如图 3-21 所示。

中航西飞的股价自 2020 年 3 月到 2020 年 6 月期间一直在低位盘整。该股的筹码不断在底部聚集，形成了低位单峰形态。

2020 年 6 月 30 日，中航西飞的股价开始脚踩底部筹码峰小幅振荡上升。此后，该股上涨的势头逐渐加强，说明已经启动了一波上升行情，投资者可考虑入场买入股票。该股股价经过一段时间的振荡上升后，再度出现横向盘整走势，对应的筹码又迅速地在横盘振荡区域聚集。2020 年 11 月 19 日，中航西飞的股价阶段盘整趋于结束，此时正好形成上攻双峰形态，如图 3-22 所示。

图 3-21　中航西飞（000768）筹码分布图一

图 3-22　中航西飞（000768）筹码分布图二

通常情况下，随着股价的振荡上扬，散户会逐渐兑现盈利出局，而底部筹码单峰仍在，说明底部建仓的主力仍没有离开。

此后，该股股价又掀起了一波快速上升走势，如图 3-23 所示。

图 3-23　中航西飞（000768）筹码分布图三

中航西飞的股价经过一段时间的振荡上升，于 2021 年 1 月 11 日创出阶段高点，之后一直在高位振荡。观察此时的筹码分布图可知，该股的筹码极为分散，同时存在多个筹码峰，不过底部筹码峰仍然存在，说明主力并未完全出货，未来的行情仍值得关注。

上攻多峰形态，属于股价上升趋势中经常出现的一种筹码分布形态。据此进行仓位调整时，需要考虑以下几点。

第一，股价在上涨过程中形成多峰密集形态，说明成交比较活跃，多空双方对股价走势存有异议，未来股价走势的不确定性较大。

第二，股价上升过程中，筹码分布图呈现多峰形态时，投资者尤其需要关注底部单峰的萎缩情况。也就是说，只要底部单峰还具有较大的规模，就说明主力没有出货，或者并未完全出货，股价还有上升的空间和可能；反之，若底部单峰消失，则意味着股价短期内有筑顶的可能，投资者需要做好离场准备。

第三，股价上涨一段时间后，出现横盘振荡走势时，筹码可能会迅速向横盘区域聚集，一旦形成单峰密集形态，则意味着股价可能要重新选择突破方向。

下面来看均胜电子的案例，如图 3-24 所示。

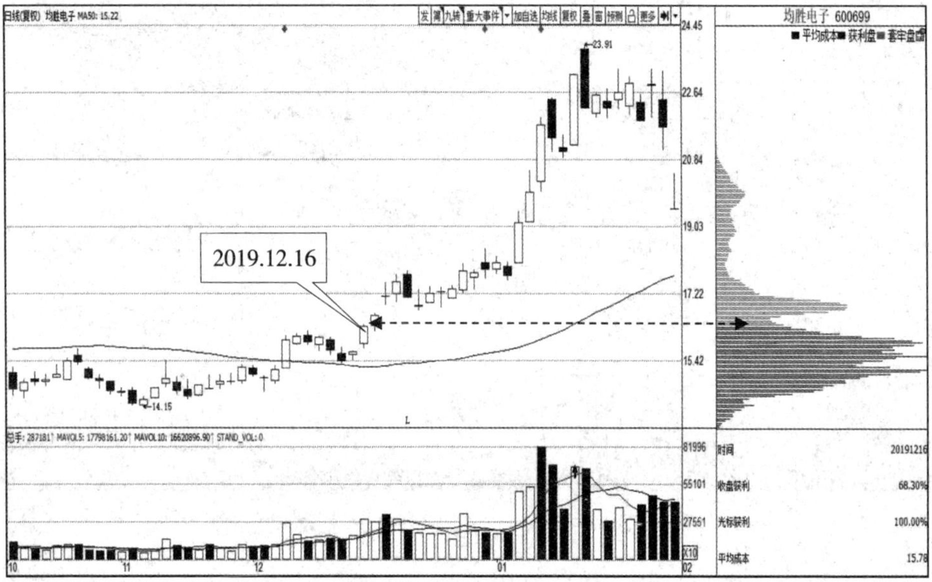

图 3-24　均胜电子（600699）筹码分布图一

均胜电子的股价在 2019 年年底一直处于低位盘整中。该股的筹码不断在底部聚集，形成了低位单峰形态。

2019 年 12 月 16 日，均胜电子的股价开始脚踩底部筹码峰小幅振荡上升。此后，该股上涨的势头逐渐加强，说明已经启动了一波上升行情，投资者可考虑入场买入股票。该股股价经过一段时间的振荡上升后，于 2020 年 2 月 10 日到达阶段高点，如图 3-25 所示。

此后，该股股价一直在高位振荡。观察此时的筹码分布图可知，该股筹码极为分散，同时存在多个筹码峰，不过底部筹码峰仍然存在，说明主力并未完全出货，投资者可以保留部分仓位。此后，该股股价继续在高位振荡，如图 3-26 所示。

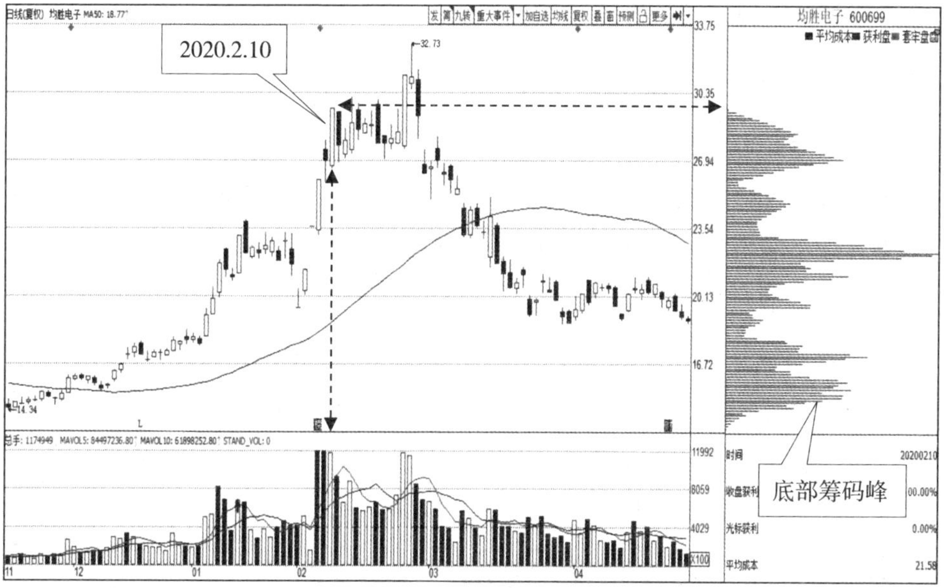

图 3-25　均胜电子（600699）筹码分布图二

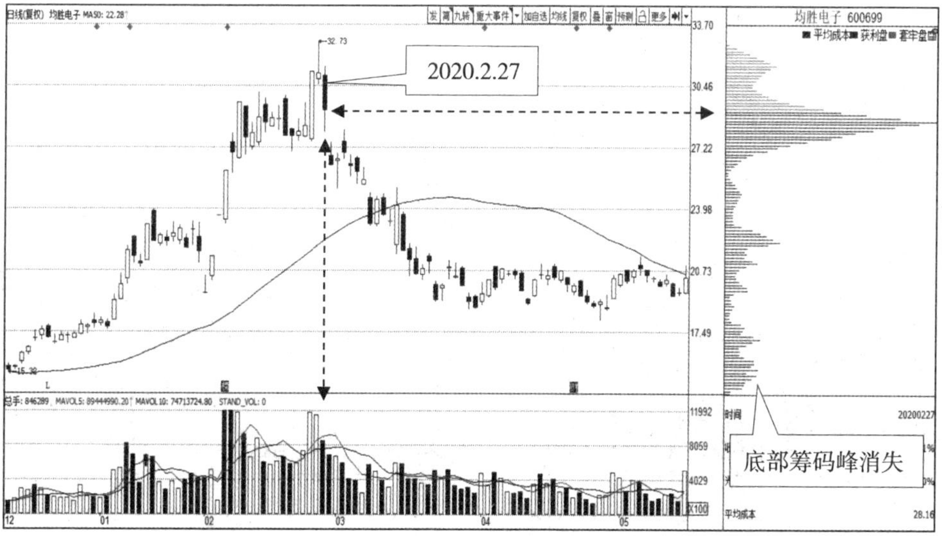

图 3-26　均胜电子（600699）筹码分布图三

截至 2020 年 2 月 27 日，均胜电子的股价仍然在高位振荡，但观察此时的筹码分布图可知，底部筹码峰已经消失殆尽，顶部形成了一个新的巨大的筹码单峰，说明该股主力出货接近完成，未来股价下行的概率极高。

二、下行多峰形态

股价在顶部区域横向振荡一段时间后，筹码也同步呈现高位单峰密集形态，这时往往就是股价即将启动下跌行情的时刻。

主力打压股价后，随着股价不断走低，前期进入者往往会选择割肉离场。也就是说，随着股价的走低，会有很多割肉盘涌出，在筹码分布图上形成若干个规模较小的筹码峰。一般来说，顶部筹码峰仍然存在，底部没有形成明显的筹码单峰，投资者都可以继续持币观望。

下面来看沃特股份的案例，如图 3-27 所示。

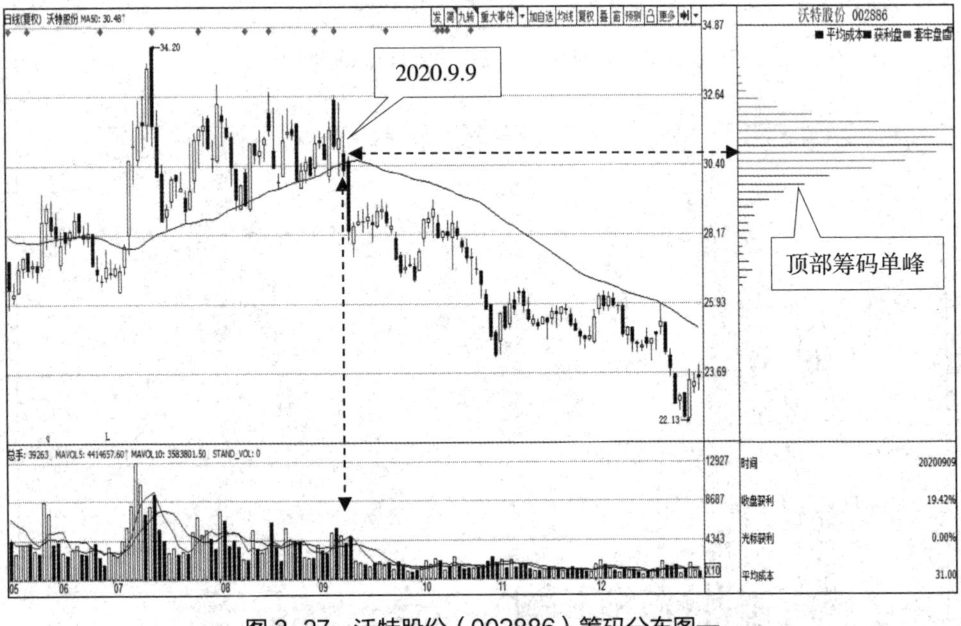

图 3-27　沃特股份（002886）筹码分布图一

沃特股份的股价在 2020 年 7 月到 2020 年 9 月期间一直处于高位盘整中。该股筹码不断在顶部聚集，形成了高位单峰形态。

2020 年 9 月 9 日，沃特股份的股价向下跌破了筹码单峰，此后启动了振荡下跌走势，仍持有该股的投资者宜卖出手中的股票。该股股价经过一段时间的振荡下跌后，对应的筹码呈现出多峰发散形态，如图3-28所示。

图3-28 沃特股份（002886）筹码分布图二

沃特股份的股价经过一段时间的振荡下跌后，于2021年1月8日创出阶段低点，此后一直在低位振荡。观察此时的筹码分布可以发现，该股筹码呈现多峰发散态势，不过顶部筹码单峰仍然存在，想要入场的投资者还需进一步观察顶部筹码峰的运动情况。一般来说，只有顶部筹码峰消失，才是投资者最佳的入场时机。

对于持币投资者来说，寻求最安全的入场位是较为明智的选择。面对股价下行、筹码分布图上呈现多峰形态这种局面，投资者需要把握以下几点。

第一，股价在下跌过程中形成多峰密集形态，说明成交比较活跃，多空双方对股价走势存有异议，未来股价走势的不确定性较大。

第二，在股价下跌过程中，筹码峰逐渐下移时，尤其要注意顶部筹码主峰的变化，若高位筹码峰仍在，那么跌势不可能停止。

第三，在股市中有“上峰不移，下跌不止”的说法。高位筹码主峰是由于主力出货、散户接盘形成的，也就是说，该筹码峰就是散户的套牢盘。当股价进入下跌趋势后，只要散户没有将套牢盘抛空，主力是不会选择进场的。只有顶部筹码峰消失，即散户中大部分套牢者已经割肉了，主力才会入场拉升股价。

第四，筹码由多峰转变为单峰密集形态，并不意味着股价一定会上涨，有时也会出现下跌走势，这时，横盘位置就有可能变为半山腰。

下面来看宇晶股份的案例，如图 3-29 所示。

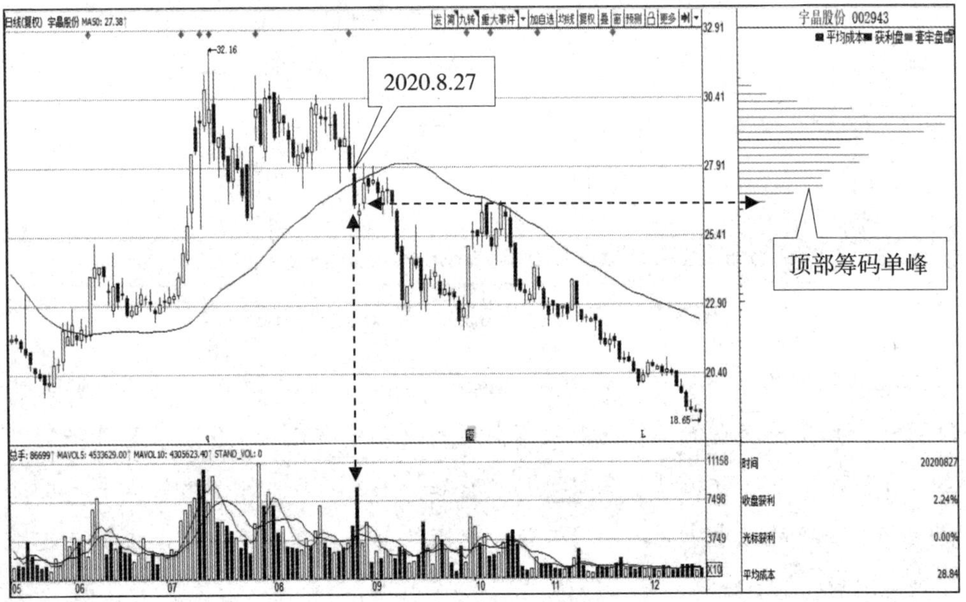

图 3-29　宇晶股份（002943）筹码分布图一

宇晶股份的股价在 2020 年 7 月到 2020 年 9 月期间一直在高位盘整，该股筹码不断在顶部聚集，形成了高位单峰形态。

2020 年 8 月 27 日，宇晶股份的股价向下跌破了筹码单峰。此后，该股启动了振荡下跌走势，仍持有该股的投资者宜卖出手中的股票。该股股价经过一段时间的振荡下跌后，对应的筹码呈现多峰发散形态，如图 3-30 所示。

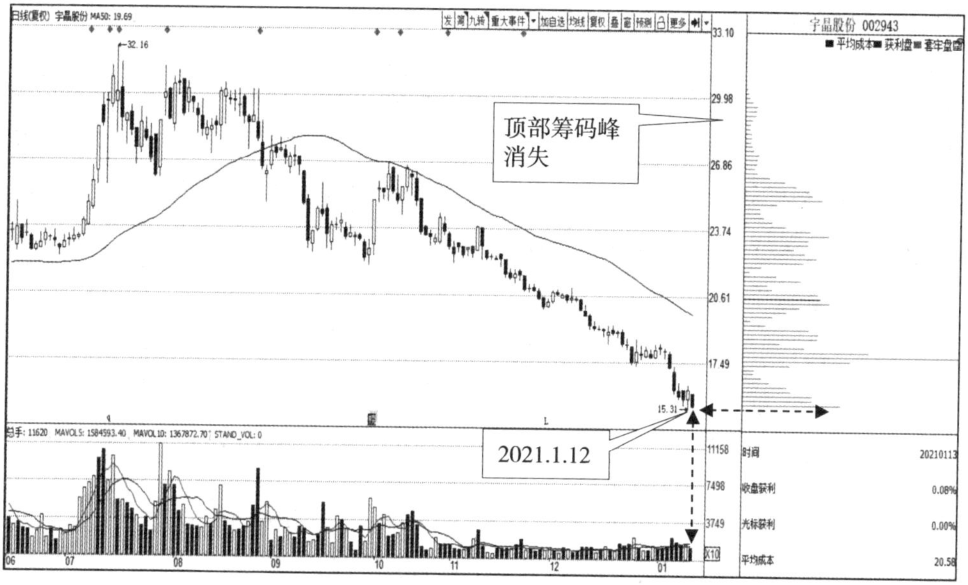

图 3-30 宇晶股份（002943）筹码分布图二

宇晶股份的股价经过一段时间的振荡下跌，于 2021 年 1 月 12 日创出阶段低点，此后一直在低位振荡。观察此时的顶部筹码峰可以发现，该股筹码呈现多峰发散态势，顶部单峰已经消失，说明散户的套牢盘已经接近出清，主力拉升的障碍已经扫清。当然，这并不意味着主力必然会立即拉升股价，因为主力还需要考量仓位与外部环境等因素。此时，想要入场的投资者可以做好准备，并在底部筹码峰形成、股价启动上升后入场。

第四节 峰谷转换解读

在筹码分布图上，筹码峰与筹码谷本身是一种相对的存在，同时，两者之间也是可以相互转化的。一般来说，当筹码峰与筹码谷发生转换时，往往意味着股价将开启新的一波运动。

一、双峰填谷形态

双峰填谷是筹码分布中一种典型的峰谷转换形式。通常情况下，由于股价在顶底两个明显的筹码峰之间波动，致使两侧筹码峰持续萎缩，中间的筹码谷被填平，最终成为新的规模较大的筹码峰。出现这种形态，说明股价即将结束振荡模式，进入新的上涨或下跌周期。

下面来看南方轴承的案例，如图 3–31 所示。

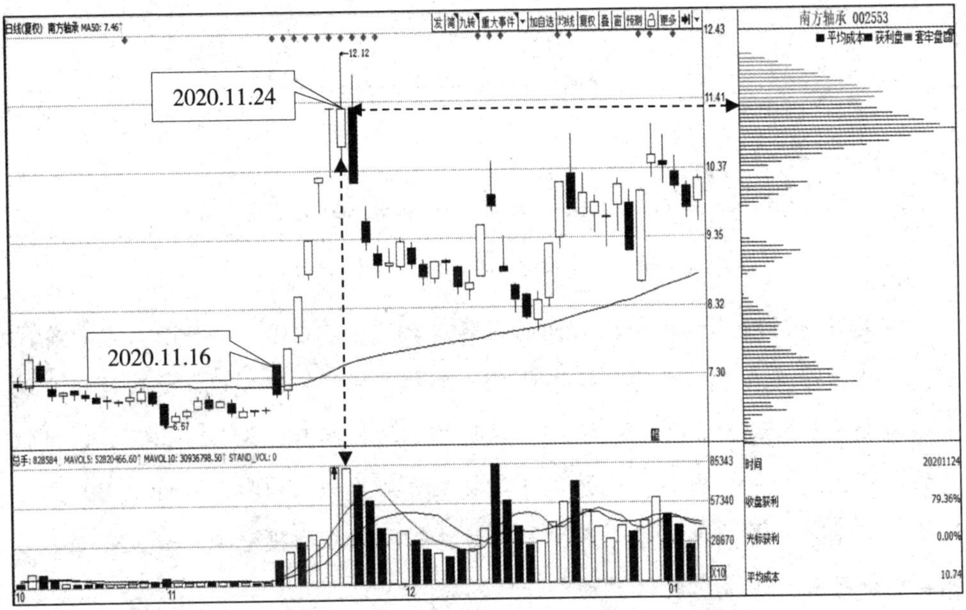

图 3–31　南方轴承（002553）筹码分布图一

2020 年 11 月 16 日，南方轴承的股价开始启动强势上攻。截至 2020 年 11 月 24 日，该股股价到达阶段顶部。观察此时的筹码分布图可知，该股在顶部区域形成了一个新的筹码峰，并与之前底部形成的筹码峰相对应。至此，该股筹码双峰形态正式形成。

此后，该股股价出现回落走势，但并未跌破底部筹码峰，而是在两个筹码峰之间的峰谷区域运行。股价上涨至顶部筹码峰位置时，因顶部筹码峰的阻力而下跌；股价下跌至底部筹码峰位置时，又因底部筹码峰的支撑而上涨，如此往复，该股筹码在峰谷之间越积越多，并逐渐形成了一个新的筹码峰，如图 3-32 所示。

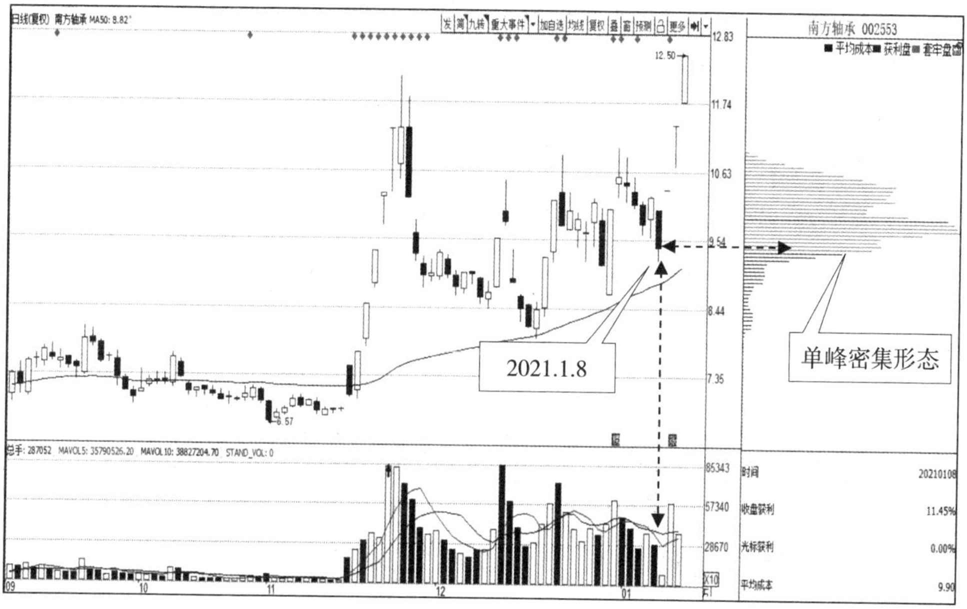

图 3-32　南方轴承（002553）筹码分布图二

截至 2021 年 1 月 8 日，南方轴承的股价波动范围越来越小，此时的筹码分布图显示顶部和底部的筹码峰已经消失，中间的筹码谷已经变成新的筹码峰，这也就意味着双峰填谷已经完成。

随着双峰填谷的完成，股价波动范围也在收缩，说明股价正在选择突破方向。通常情况下，这时投资者应该保持足够的耐心，不要过早地做出买入或卖出股票的判断。

通过对上面“双峰填谷”走势的介绍，投资者需要掌握该走势如下几个主要特征。

第一，筹码双峰的作用都是比较明显的。即股价运行于两个筹码峰之间时，当其上升至顶部筹码峰附近，可能会受到筹码峰的阻力而下跌；当其下跌至底部筹码峰附近时，又会受底部筹码峰的支撑重新上扬。

第二，一般来说，当筹码谷被逐渐填满时，就是股价重新选择突破方向的时候。投资者需要仔细甄别，以免误判股价的突破方向。

第三，对于喜欢波段交易的投资者来说，双峰之间的区域也可以进行波段交易操作，当然，这需要两个筹码峰之间的距离足够大。

第四，随着股价在顶部与底部筹码峰之间波动，其 K 线运行轨迹也可能构成某一重要的整理形态，如收敛三角形。

下面来看南风股份的案例，如图 3–33 所示。

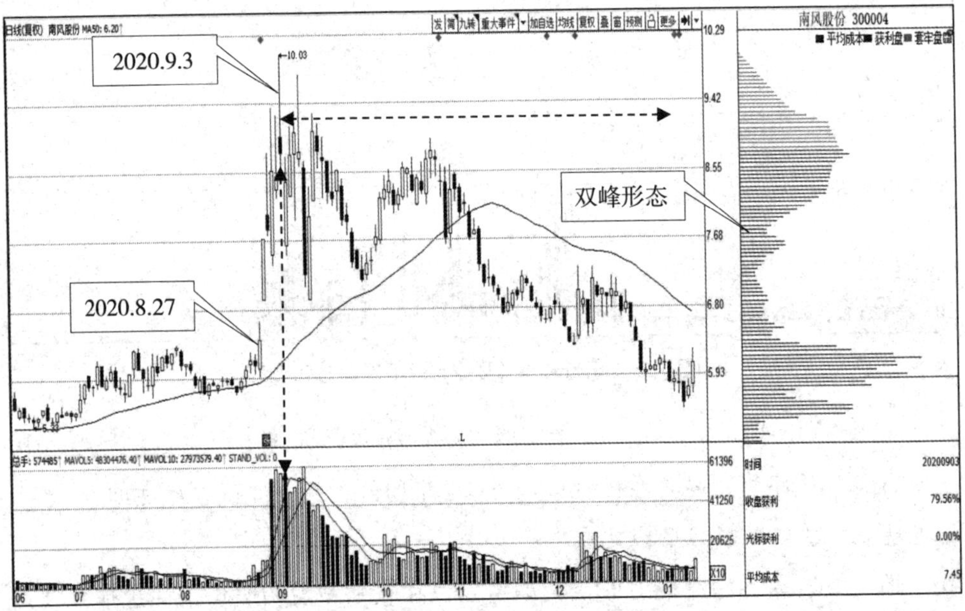

图 3–33　南风股份（300004）筹码分布图一

2020 年 8 月 27 日，南风股份的股价启动强势上攻。截至 2020 年 9 月 3 日，该股股价已经到达阶段顶部。观察此时的筹码分布图可知，该股在顶部区域形成了一个新的筹码峰，并与之前底部形成的筹码峰相对应。至此，该股筹码双峰形态正式形成。此后，该股股价出现回落走势，但并未跌破底部筹码峰，而是在上下两个筹码峰之间运行。股价上涨至顶部筹码峰位置时，因顶部筹码峰的阻力而下跌；股价下跌至底部筹码峰位置时，又因底部筹码峰的支撑而上涨，如此往复，该股筹码在峰谷之间越积越多，逐渐形成了一个新的筹码峰，如图3-34所示。

图3-34 南风股份（300004）筹码分布图二

截至2020年11月6日，南风股份的股价波动范围越来越小，此时的筹码分布图显示，顶部和底部的筹码峰已经消失，中间的筹码谷已经变成新的筹码峰，这就意味着双峰填谷已经完成。观察该股的K线图可知，这段时间股价K线形成了一个收敛三角形，而11月6日的股价K线正好位于收敛三角形的下边线。

此后，该股股价K线向下跌破了收敛三角形的下边线和筹码单峰，这意味着股价将会展开新一波下跌行情，持有该股的投资者宜卖出手中的股票。

二、双峰填谷之回撤填谷

回撤填谷是双峰填谷中一种较为特殊的形态。当股价经过一段时间的上升之后，形成了两个明显的筹码峰。此后，股价出现回调整理走势，并反复在两个筹码峰之间振荡，最终使得筹码谷区域形成了新的筹码峰，原来的筹码峰则消失殆尽。出现这种形态，说明股价经过一段时间的上涨后，即将进入一个整理区域，投资者需要密切关注该股以后的走势。

回调填谷形态完成后，股价会面临重新选择突破方向的问题，一般情况下，上行的概率较大一些。不过，从投资安全角度考虑，投资者还是需要结合多种分析方法，待股价确定突破方向后再入场。

下面来看思源电气的案例，如图 3-35 所示。

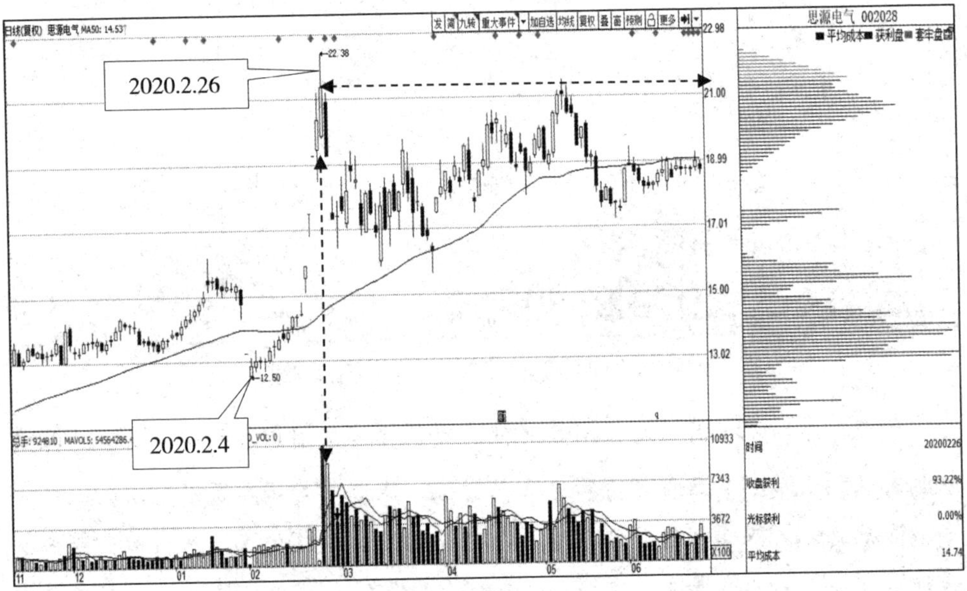

图 3-35　思源电气（002028）筹码分布图一

受疫情和大盘暴跌的影响，思源电气的股价在 2020 年春节开盘后出现了暴跌走势。2020 年 2 月 4 日，思源电气的股价开始强势上攻。截至 2020 年 2 月 26 日，该股股价已经到达了阶段顶部。观察此时的筹码分布图可知，该股在顶部区域形成了一个新的筹码峰，并与之前底部形成的筹码峰相对应。至此，该股双峰形态正式形成。

此后，该股股价出现了回撤，但股价并未跌破底部筹码峰，而是在两个筹码峰之间的区域运行。股价上涨至顶部筹码峰位置时，因顶部筹码峰的阻力而下跌；股价下跌至底部筹码峰位置时，又因底部筹码峰的支撑而上涨，如此往复，该股筹码在峰谷之间越积越多，并逐渐形成了一个新的筹码峰，如图 3-36 所示。

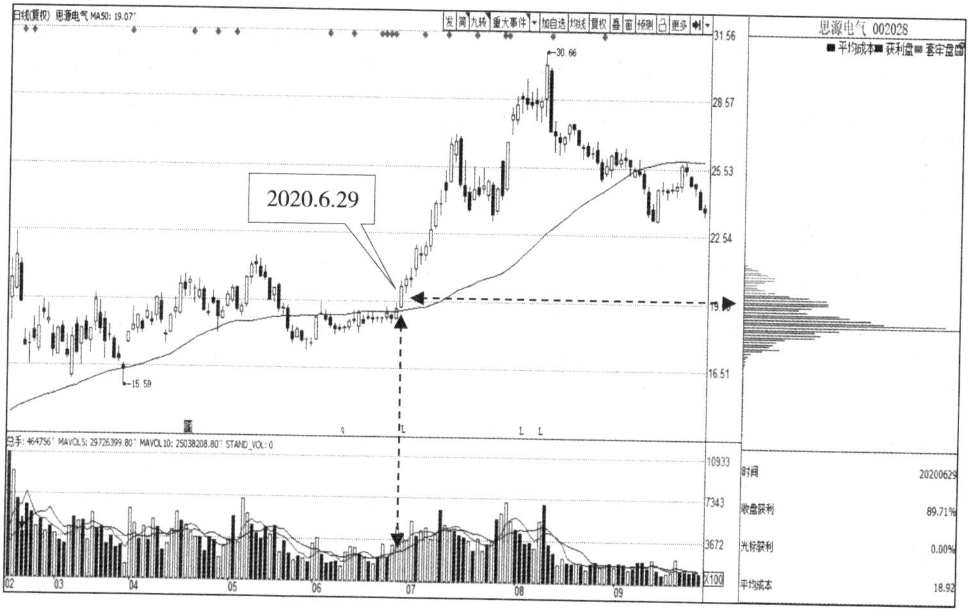

图 3-36　思源电气（002028）筹码分布图二

截至 2020 年 6 月 29 日，思源电气的股价波动范围越来越小，此时的筹码分布图显示，顶部和底部的筹码峰已经消失，中间的筹码谷已经变成新的筹码峰，这也就意味着双峰填谷已经完成，该股的回撤整理已经结束。由于底部筹码峰和顶部筹码峰全部消失，此时，该股股价突破的方向很有可能成为未来一段时间内的运行方向。

从该股 6 月 29 日的走势可以看出，该股股价向上突破了 50 日均线，这属于典型的中期走强信号。与此同时，该股股价又站在了筹码单峰的上沿，说明股价将要启动上升走势，投资者可考虑入场买入。

三、双峰填谷之反弹填谷

反弹填谷也是双峰填谷中一种较为特殊的形态。当股价经过一段时间的下跌后，形成了两个明显的筹码峰。此后股价出现反弹走势，反复在两个筹码峰之间振荡，最终使得筹码谷区域形成了新的筹码峰，而原来的筹码峰则消失殆尽。

出现这种形态，可能会给喜欢借助筹码分布技术分析股价走势的投资者制造一定的障碍：一方面，下方筹码峰上移，说明主力已经完成了出货；另一方面，上方筹码峰消失，又说明散户套牢盘已经抛出了手中的筹码。因此，投资者必须等待股价波动结束。

反弹填谷形态完成后，股价面临重新选择突破方向的问题，一般情况下，下行的概率较大一些。不过，从投资安全角度考虑，投资者还需要结合多种分析方法，待股价确定突破方向后再决定操作方法。

下面来看 *ST 胜利的案例，如图 3–37 所示。

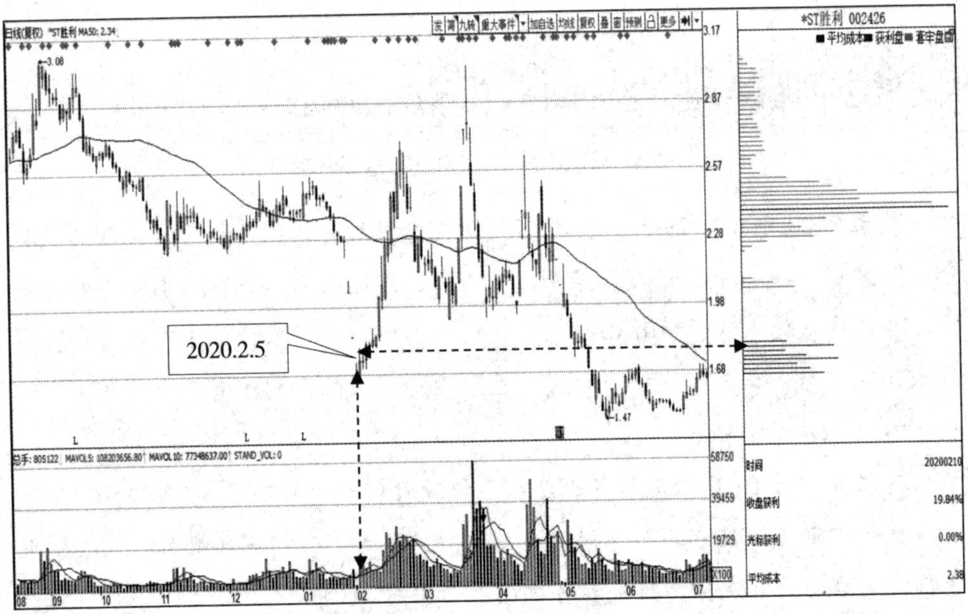

图 3–37　*ST 胜利（002426）筹码分布图一

受疫情和大盘暴跌的影响，*ST 胜利的股价在 2020 年春节开盘后出现了暴跌走势。2020 年 2 月 5 日，*ST 胜利的股价触底。经过几个交易日之后，筹码分布图显示该股在底部区域形成了一个新的筹码峰，并与快速下跌前形成的高位筹码峰相对应。至此，该股双峰形态正式形成。

此后，该股股价出现了反弹，但股价并未突破高位筹码峰，而是在两个筹码峰之间的峰谷区域运行。股价上涨至高位筹码峰位置时，因顶部筹码峰的阻力而下跌；股价下跌至底部筹码峰位置时，又因底部筹码峰的支撑而上涨，如此往复，该股的筹码在峰谷之间越积越多，并逐渐形成了一个新的筹码峰，如图 3-38 所示。

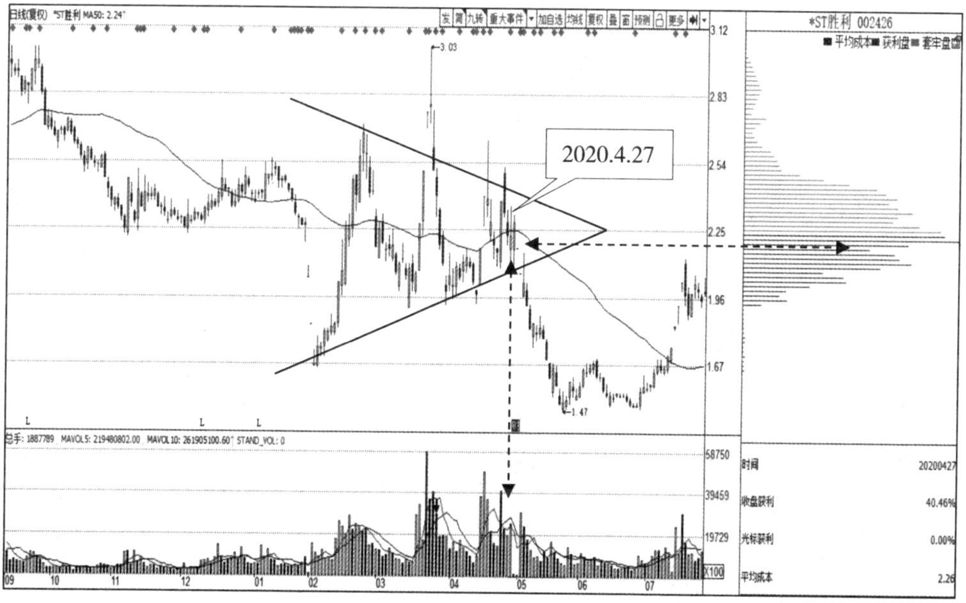

图 3-38 *ST 胜利（002426）筹码分布图二

截至 2020 年 4 月 27 日，*ST 胜利的股价波动范围越来越小，此时的筹码分布图显示，顶部和底部的筹码峰已经消失，中间的筹码谷已经变成了新的筹码峰，这也就意味着双峰填谷已经完成，该股的反弹整理已经结束。由于底部筹码峰和顶部筹码峰全部消失，此时，该股股价突破的方向很有可能成为其未来一段时间内的运行方向。

从 2020 年 4 月 27 日该股股价走势可以看出，该股股价向下跌破了 50 日均线，这属于典型的中期走弱信号。同时，K线在反弹整理期间走出了收敛三角形形态，而4月27日的股价K线又向下来到了三角形下边线附近，次日即跌破了三角形下边线，这也属于典型的看跌信号。

综合以上分析可知，该股未来走弱的概率极高，持股投资者宜执行清仓操作。

第四章

与庄共舞——筹码透析主力动向

主力是指在股票市场中能够影响某只股票或某几只股票，乃至市场整体走势的资金。现阶段，在我国股票市场中，主力主要包括证券投资基金、券商、保险资金、社保基金、私募基金、QFII（合格境外机构投资者）、中央汇金公司等。当然还有一些规模不等的游资，这些游资主要对个股施加影响，一般对大盘走势影响不大。

在股市中，尽管主力与股民一样，也是通过低买高卖来赚取利润，但由于主力可以通过自己掌握的大量资金和筹码来影响股价的变动，进而对其他投资者产生影响，因此，主力盈利的可能性要远远大于普通股民。也正因如此，很多投资者都希望能够找到主力，跟踪主力，以此来实现自己的投资目标。

筹码分布技术的核心思想，恰恰是通过追踪市场上筹码的变化，以了解主力持仓的变化，进而探测主力的意图。

一般来说，主力运作股票包括以下四个关键阶段，如图 4-1 所示。

第一阶段：建仓。

建仓，就是主力买入股票，这是主力运作股票的第一步。建仓阶段的价位就是主力的持仓成本。通常情况下，主力建仓之后，股价很难跌破该价位，因为主力也不想让自己套在高位。

第二阶段：洗盘。

洗盘，就是主力再次清洗市场上的浮筹。洗盘是贯穿主力整个坐庄过程的动作。无论是建仓阶段还是拉升阶段，洗盘动作都会出现。

第三阶段：拉升。

拉升，即主力抬拉股价，促使其达到自己的盈利目标。拉升是主力保证盈利最重要的阶段。

第四阶段：出货。

出货，即卖出手中的股票。由于主力持仓量特别大，因而在卖出股票时，往往会采取比较隐蔽的动作，让散户误以为股价还有上升的空间和潜力。

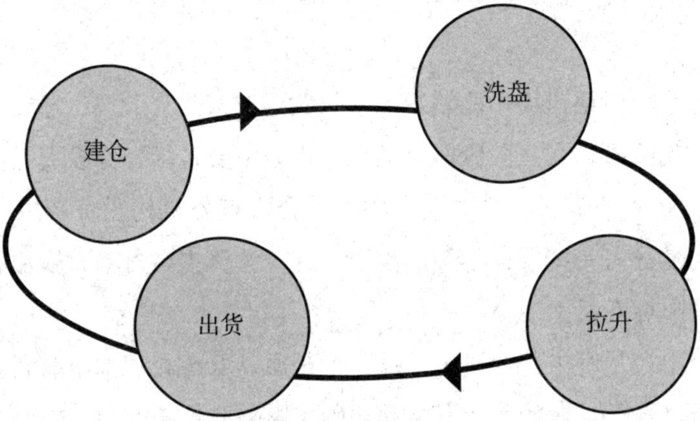

图 4-1　主力运作股票的四个阶段

第一节　主力建仓与筹码分布动向

建仓是未来盈利的保证。主力建仓都是比较隐蔽的，不想让散户和其他主力察觉。在实战中，主力采用的建仓方法包括打压式建仓、拉升式建仓或振荡式建仓等。不过，无论主力采用何种方式建仓，其动作都会在筹码分布图上体现出来，毕竟主力建仓需要在较低的价位吸纳大量筹码，这一点是不会改变的。

还有的投资者喜欢追踪大单的流动来探测主力动向。一般来说，主力资金量较大，大单的流入与流出，在很大程度上确实能够追踪到主力的动向。不过，由于主力非常狡猾，有时候他们会将大单拆成诸多小单进出。

比如，主力先用大单卖出 1 万手，再用 100 多个小单，每个小单平均买入 500 手，那么，这一番操作下来，主力净增持仓量 4 万手，但是在资金流入方面，投资者只会看到主力大单卖出了 1 万手，并认为主力在减仓，其实主力已经在悄悄地加仓了。

如果借助筹码分布图进行分析，投资者就可以避开这个陷阱。在筹码分布图上，投资者看到的是最近的筹码分布以及密集情况。若短期内筹码出现了密集形态，那么一定是主力采取了某些行动。当然，主力具体采取何种行动，还需结合当时的市场情况具体分析。

一、主力吸筹建仓与筹码动向解析

一般来说，主力吸筹建仓有以下几个典型特征。

第一，所需的时间特别长。如无突发事件发生，主力都会比较从容地建仓，以便将自己的持仓成本控制在较低水平。主力的建仓周期短则几周，长则数月之久。

第二，主力会选择较低的价格建仓，即股价刚刚经历了大幅下挫之后。当然，个别基金抱团的绩优股除外。股价经过大幅下跌之后，主力才会有建仓的空间和动力。这里有一点需要注意，并不是所有的股票下跌到一定幅度都会有主力入场建仓，只有主力看好的股票才会出现这种情况。

第三，从筹码分布图上看，主力开始建仓时，一定是高位筹码峰已经松动或下移的时刻，也就是说，只有被套牢的散户开始割肉，主力才会入场建仓。否则，主力进场后，股价下跌的空间相对较小，这些被套牢的筹码割肉的可能性就更小了。那么，为何一定要大部分散户割肉时，主力才会入场呢？这是因为这部分散户不割肉，未来主力拉升或准备出货时，这部分筹码就会率先出逃，非常不利于主力拉升和出货。为了将来能够顺利拉升和出货，主力一定会等待散户割肉时才入场。

第四，从筹码分布图上看，主力建仓完毕，通常都是筹码在底部形成筹码单峰的时刻。当然，也有一部分股票会出现上方仍有少量筹码的情况。上方存在少量筹码有两种可能：其一，这部分筹码是主力自己的，主力故意在出货时没有出清，留存了一定的筹码，用以迷惑散户，若未来市场环境不佳，主力还可以用这部分筹码继续向下打压股价；其二，这部分筹码是没有割肉的散户的，股价下跌初期这部分散户没有来得及抛售，股价大幅下跌后，持有的筹码大幅亏损，他们抱着“死猪不怕开水烫”的心理死守筹码。

第五，从K线图上来看，主力建仓阶段会反复小幅拉升与打压股价，在K线图可能会形成某些经典的底部形态，如W底形态、矩形整理形态。

下面来看天际股份的案例，如图4–2所示。

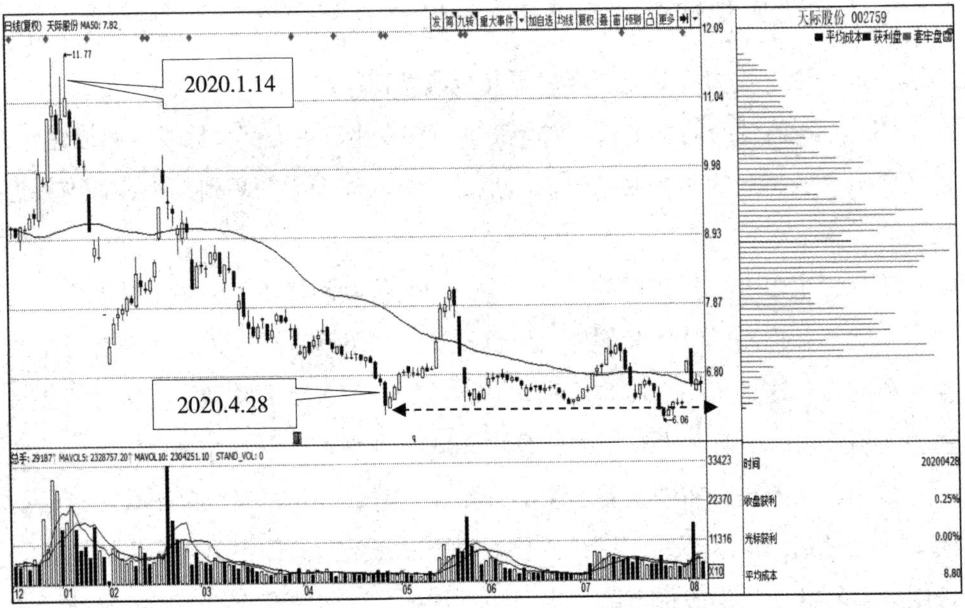

图4–2 天际股份（002759）筹码分布图一

天际股份的股价自2020年1月14日的高点开始下跌后，股价持续振荡下跌，且在下跌过程中多次出现反弹，不过，股价反弹的高点越来越低，说明该股股价已经进入下行通道。

截至 2020 年 4 月 28 日，该股股价触及阶段低点，此后股价重新开始振荡反弹。观察筹码分布图可知，此时筹码呈发散状态，顶部筹码峰仍然存在，但并不明显。以当时的股价走势来看，投资者很难判断此时股价是否已经下跌到底部区域，还需继续保持观望。

此后，主力开启了底部振荡吸筹时间。该股股价在底部振荡的四个月时间内，股价经历了反复拉升与打压，整体上波动幅度都不大，但筹码峰在加速下行，如图 4-3 所示。

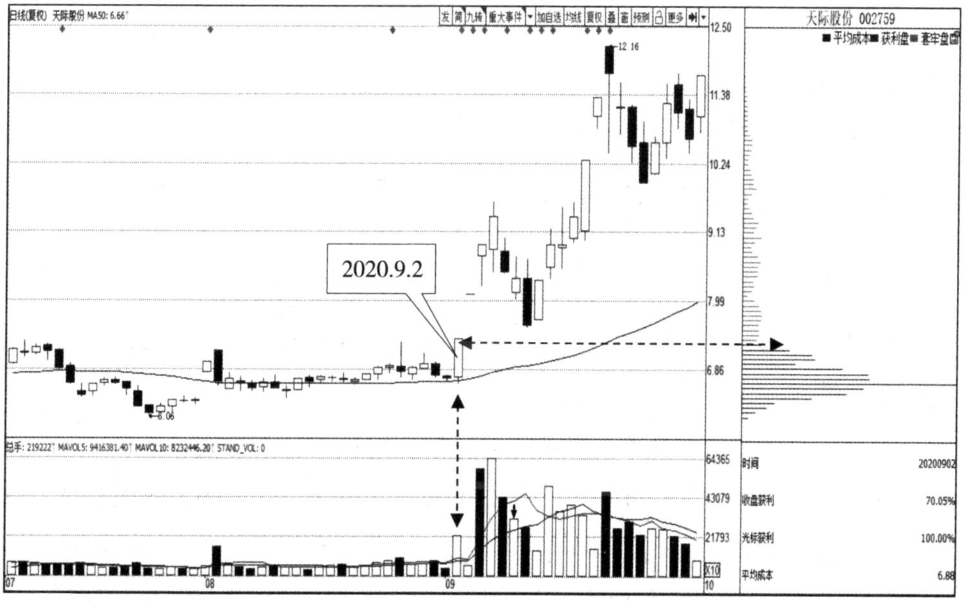

图 4-3　天际股份（002759）筹码分布图二

2020 年 9 月 2 日，该股股价以一根大阳线结束了长达四个月的横盘。观察此时的筹码分布图可知，该股顶部的筹码已经全部下移至底部，并在底部形成了一个密集的筹码单峰，9 月 2 日的阳线就是脚踩筹码单峰放量上攻形成的。

通过天际股份的股价走势，可以看出以下几点。

第一，从整体上来看，主力在建仓阶段，都会将成交量控制在较低的水平，这也是为了防止散户和其他主力察觉到自己的吸筹动作。

第二，当主力建仓接近尾声时，成交量可能会出现某些异动。比如，出现缩量下跌或温和放量上涨等形态。

第三，在分析股价走势时，需要关注中期均线，如50日均线、60日均线等，一旦股价突破这些中期均线，中期均线拐头向上，就意味着主力已经接近完成建仓。

二、打压式建仓与筹码分布

打压式建仓是指在股价下跌的时候，主力开始介入个股进行操作，整个下跌过程就是其建仓过程。在主力建仓过程中，使用早期吃进的一部分筹码，不计成本地大幅度向下砸盘，以便打压股价。随着股价的持续下跌，主力逐步增加吸筹量。到下跌的最后阶段，主力往往会大幅增加自己的吸筹量，直到达到目标仓位。

主力向下打压股价的原因有两类：其一，外部环境恶劣，主力跟随外部环境，顺水推舟地向下打压股价，目的是获得更多的廉价筹码；其二，主力刻意制造恐慌情绪，让散户抛出手中的筹码。

一般来说，股价在短期内被快速打压后，很快就能收复这一区域，并由主力根据自身建仓情况和外部环境决定股价的横盘时间。从筹码分布图来看，这类股票的底部筹码峰一般都会在股价快速下跌的起始位附近，而非底部最低点附近。

下面来看鼎龙股份的案例，如图 4-4 所示。

从 2018 年 5 月开始，鼎龙股份的股价一路振荡下行，成交量逐步萎缩。2018 年 9 月 17 日，该股股价触及短期低点后开始反弹整理。不过，该股股价盘整几个交易日后，重新启动了大幅下跌走势。从 K 线图上可以看出，此时主力打压力度非常大，成交量出现了放大迹象，说明主力有意在制造恐慌氛围，以逼迫散户交出手中的筹码。

图 4-4 鼎龙股份（300054）筹码分布图一

2018 年 10 月 17 日，该股股价被打压至极低水平后开始反弹。这次打压之后，股价没有继续下跌，而是出现反转向上的走势，几个交易日内就收复了大幅下跌前的价位。观察此时的筹码分布图可知，此时的筹码呈发散排列，且顶部筹码峰仍然存在，这至少说明在短期内股价还不会反弹，主力也不会大幅向上拉升股价。

此后，该股股价出现了三个月左右的横向盘整走势，如图 4-5 所示。

鼎龙股份的股价经过了三个月的盘整后，在 2019 年 2 月 12 日开始启动上攻。观察该股 K 线走势可以发现，该股股价一直在下跌起始位附近振荡盘整，筹码也在该价位附近密集，形成了典型的低位筹码单峰。也就是说，主力主要的建仓价位就在 2018 年 9 月 17 日的下跌起始位附近。至于股价在 2018 年 10 月初被大幅打压，只是主力刻意让散户抛出手中筹码而采取的行动。当主力将股价自 2018 年 10 月 17 日创下的低点拉升上来后，很多底部入场者也可能会因为股价迟迟没有向上突破而离场。最终，大部分筹码都在这一价位附近落入主力手中，这也为主力后面拉升股价提供了基础。

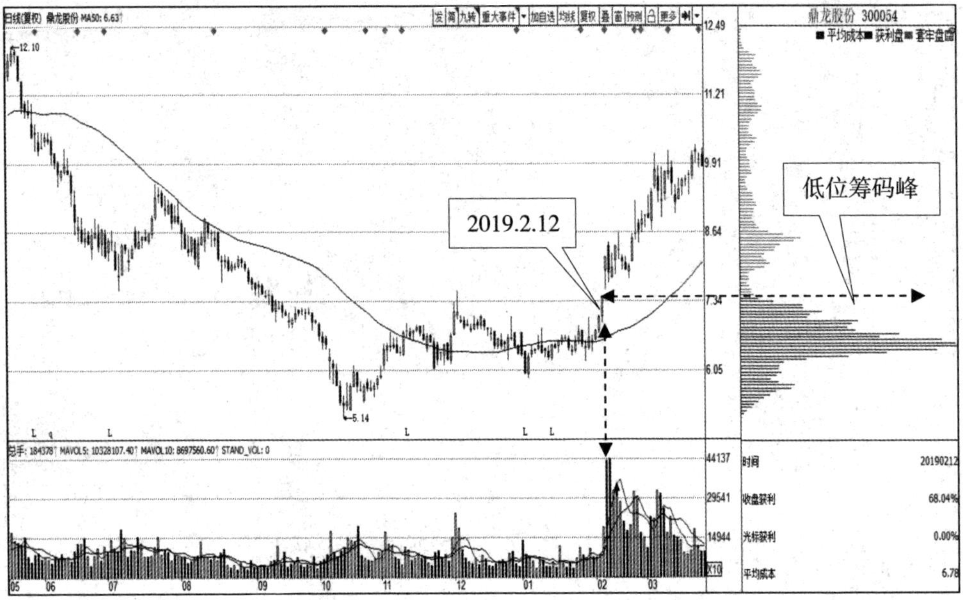

图 4-5　鼎龙股份（300054）筹码分布图二

另外，该股 K 线在 2018 年 10 月 17 日前后走出的形态，其实就是典型的 V 形底延长形态。从 K 线角度来看，当股价突破这一底部形态后，后面继续走高的概率将会增大很多。

打压式建仓在盘面上会呈现如下特点。

第一，打压建仓过程中，当股价大幅下跌时，都会伴随成交量的放大。因此，价跌量增是打压式建仓非常显著的特征。

第二，打压建仓过程中，K 线图上会留下非常恶劣的走势形态，如跳空下跌、大阴线等。

第三，当主力建仓接近尾声的时候，总会在 K 线上留下止跌企稳的信号，如底部十字星或者在底部收出大阳线。

三、拉高式建仓与筹码分布

从理论上来讲，主力都愿意慢慢悠悠地建仓，但是，有时候外界环境并不允许主力从容建仓。当市场环境呈现积极向好时，若主力不采取激进行动，很多低价筹码就会被其他资金和散户抢走。这时，主力就可能会采取拉高式建仓方法。

当主力正处于空仓状态时，市场或者个股由于突发性利好消息的影响，走势突然转强。主力为了不踏空之后的上涨行情，往往会采用“向上买入”的建仓手法。由于市场或个股表现较为强势，没有投资者愿意以较低的价格卖出股票，因此，主力不得不将股价快速拉高，通过收集抛售的获利盘完成建仓。

从某种意义上来说，这是一种被迫采取的建仓方法。相比之前的打压式建仓，这种方法建仓成本较高，且存在失败的风险。从筹码分布的角度来看，主力拉升时，顶部筹码峰一般还没有下移，但主力又不得不采用拉升的方法建仓。主力采用这种方法建仓，建仓价格相对较高，但其未来拉升的幅度也可能很大。

下面来看供销大集的案例，如图 4–6 所示。

图 4–6　供销大集（000564）筹码分布图一

2020 年 4 月之前，由于供销大集整体业绩不佳，股价也一直呈振荡下跌走势。截至 2020 年 4 月 20 日，该股股价下跌至较低位置。观察此时的筹码分布图可以发现，该股筹码较为分散，说明主力还没有进场建仓，很多筹码还掌握在散户手中。从这一点来看，该股并不是一个较佳的投资标的。

此后，受地摊经济和海南自贸区利好消息的影响，供销大集一跃成为双料概念的龙头股。由于主力事先没有建立足够的仓位，因而不得不采取拉高式建仓方法，如图 4–7 所示。

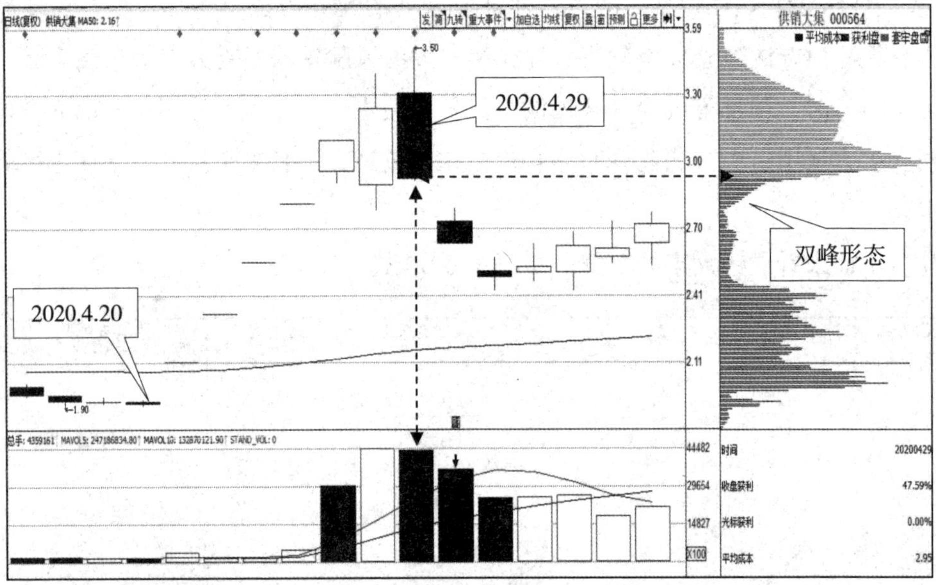

图 4–7　供销大集（000564）筹码分布图二

在利好消息的刺激下，供销大集的股价自 2020 年 4 月 21 日开启了一波大幅上攻走势。从 K 线图可以看出，该股股价在上攻期间都是以一字线形式涨停的，说明主力拉升意愿非常强烈。几个交易日后，该股股价涨幅达到了 50%。观察此时的筹码分布图可知，此时该股筹码呈现明显的双峰形态。

前面已经介绍过，在股价处于低点时，主力并未买入足够多的筹码，拉升之后的回调，很多散户都会将其看成较佳的出手时机，而主力则趁机完成吸筹建仓操作，此时股价则在两个筹码峰之间波动，如图 4–8 所示。

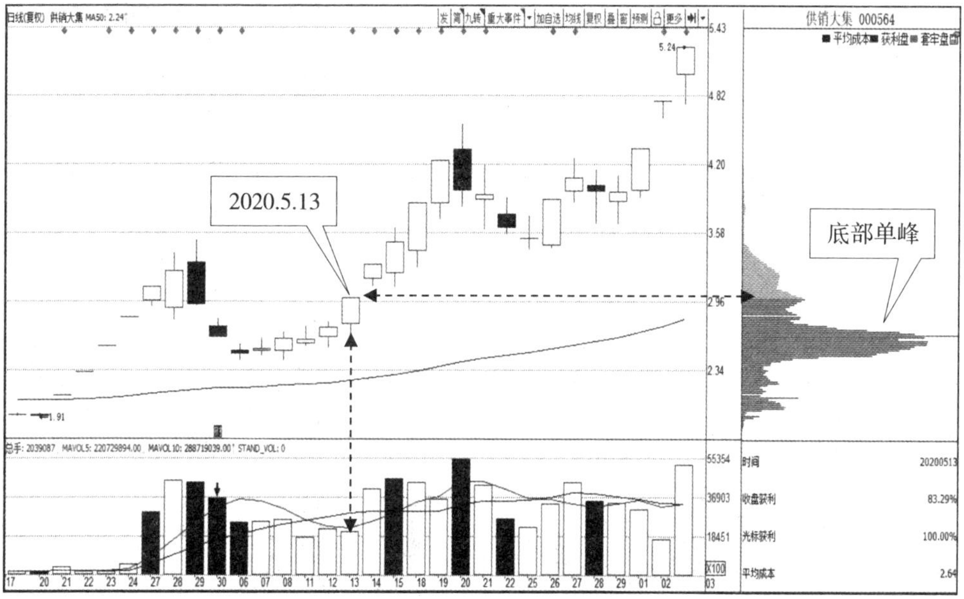

图 4-8　供销大集（000564）筹码分布图三

供销大集的股价经过一段时间的振荡调整后，高低位筹码峰的筹码开始向中间密集，形成了双峰填谷形态。也就是说，此时该股的筹码呈现出了典型的底部单峰密集形态。2020 年 5 月 13 日，该股股价脚踩底部筹码峰上攻，这是主力完成吸筹建仓的信号。此后，该股股价开启了一波快速上升行情，如图 4-9 所示。

供销大集的股价经过一段时间的拉升后，于 2020 年 6 月 5 日达到顶部区域。若以 2020 年 5 月 13 日为起点计算，到 2020 年 6 月 5 日，该股股价上涨幅度超过了 100%。由此可见，主力肯将股价抬高 50% 后建仓，也是有利可图的。

观察 2020 年 6 月 5 日的筹码分布图可知，该股筹码呈发散排列，底部筹码峰已经很小，说明主力在拉升股价的过程中，已经在逐步派发筹码了。其实，这也是主力为了防控风险而采取的必要步骤。

拉高建仓的股票，在盘面上会呈现如下特征。

第一，拉高式建仓发生在股价相对较低的位置，或者涨势初期。

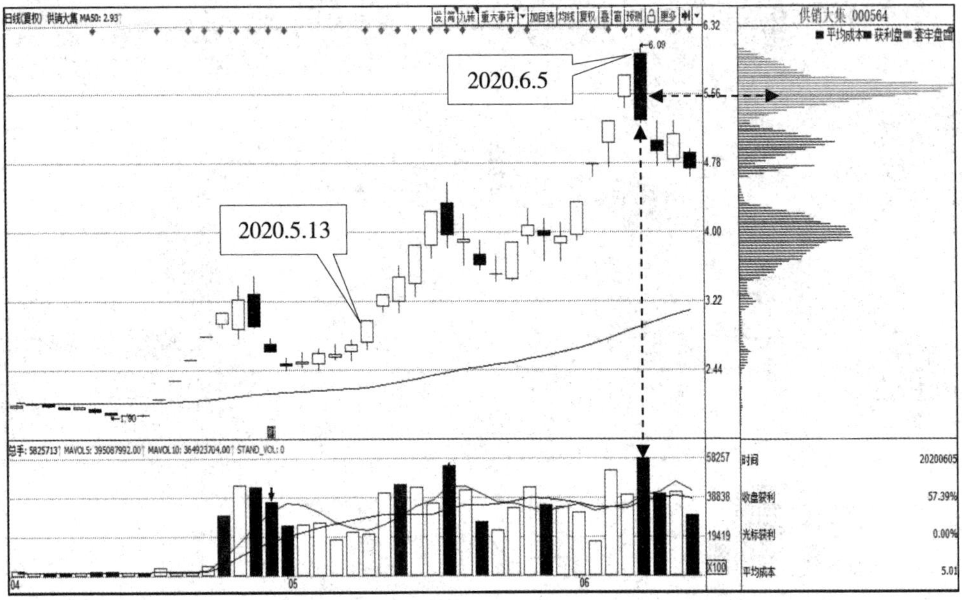

图 4-9　供销大集（000564）筹码分布图四

第二，拉高式建仓往往伴随着股价的上升，成交量也会逐步放大。在股价拉升到一定高位后，股价开始盘整，成交量出现缩减态势，该位置一般为主力的主要建仓点位。主力为了顺利建仓，可能会将先前买入的股票抛出，迫使股价回调，在回调的过程中吸筹，最终完成建仓任务，这也是底部少量筹码上移的原因。

第三，拉高式建仓过程中，常常会出现高开低走的放量阴线。

四、振荡式建仓与筹码分布

利用股价的反复振荡完成建仓，也是主力经常使用的一种建仓手段。主力资金量大，要想悄悄地进驻某一只股票，并不是一件容易的事，很多主力都是经过很长一段时间才能完成建仓，这段时间内，主力为了不让投资者看出建仓的痕迹，会利用手中的筹码和资金使股价出现剧烈的振荡，进而完成吸筹建仓。

主力为了让散户赶紧抛出手中的股票，有时会采取来回大幅振荡的方式控盘。

主力反复以上下振荡的方式进行洗盘，促使短线获利盘流出。振荡式洗盘就是通过长时间的股价上下振荡，使投资者无法搞清楚后市的方向，从而被迫离场观望。从成交量上来看，股价短线拉升时成交量往往都会明显放大，股价回调时成交量同步萎缩。从筹码分布图上来看，经过长时间的振荡后，筹码大部分已经集中于底部区域，形成了典型的底部单峰形态。

下面来看郑州煤电的案例，如图 4-10 所示。

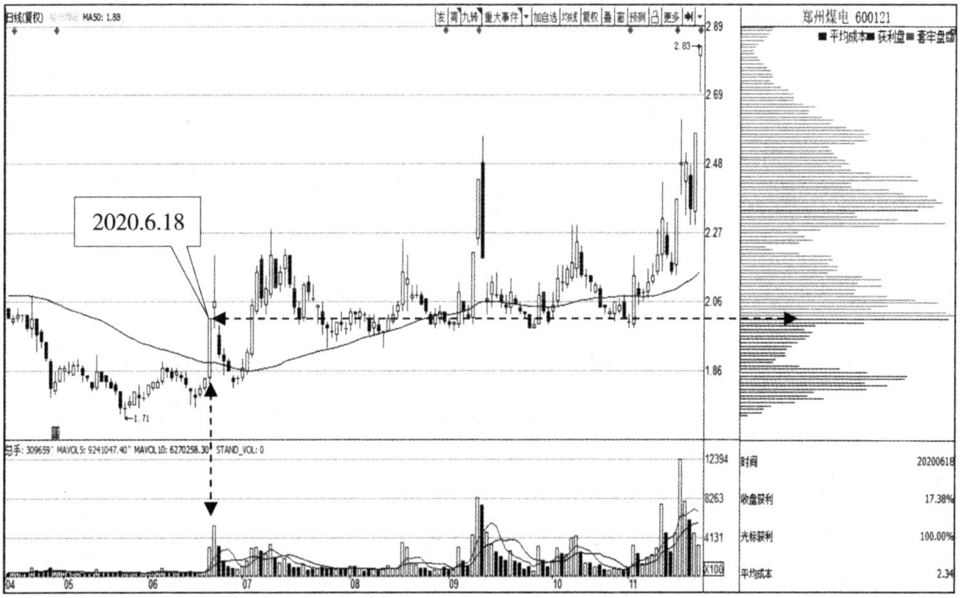

图 4-10 郑州煤电（600121）筹码分布图一

郑州煤电的股价 2020 年 6 月上旬一直在底部振荡，且成交量处于极度萎缩状态，说明市场上的投资者交易意愿较低。此时，对于主力来说，继续在底部停留，已经无法收集到筹码了，这样等待很可能会错过未来的行情，因此主力改变打法，开始拉升股价。

2020 年 6 月 18 日，该股股价大幅上攻并以涨停报收，成交量迅速走高。

观察此时的筹码分布图可知，该股的筹码还是较为分散的，下方没有形成较大规模的筹码峰，这就意味着主力未来拉升股价的概率很低，此时的涨停可能是为了更好地吸筹，未来股价的走势仍将以振荡为主。

此后，该股股价出现了较长时间的振荡行情，如图 4-11 所示。

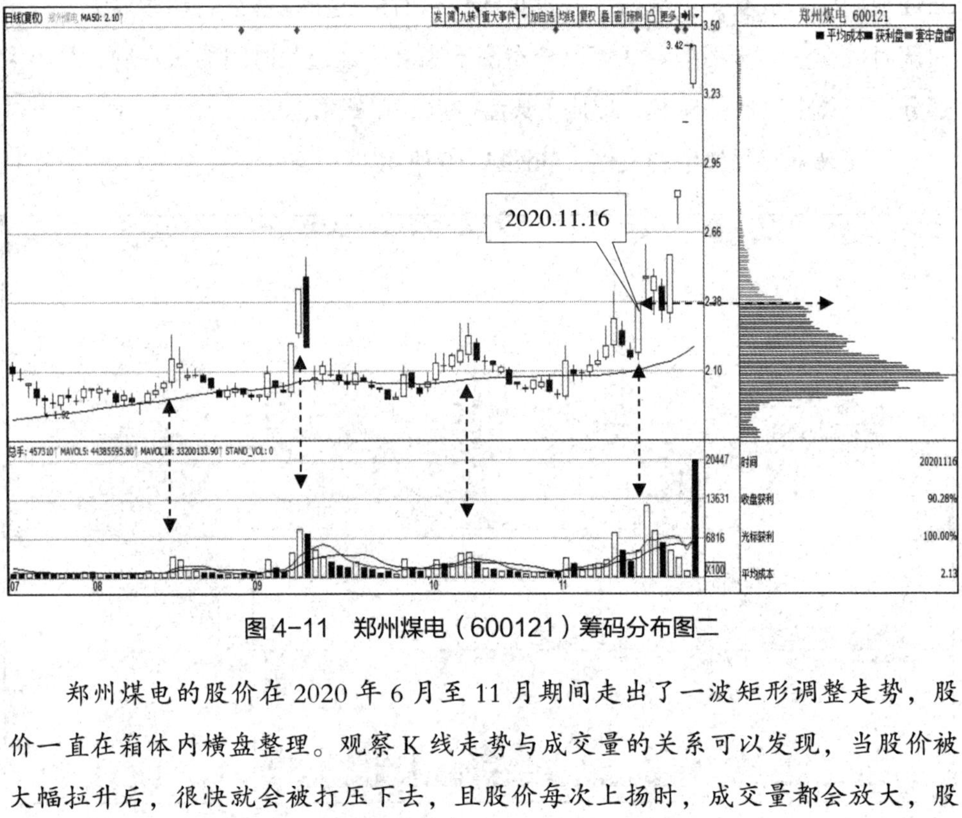

图 4-11　郑州煤电（600121）筹码分布图二

郑州煤电的股价在 2020 年 6 月至 11 月期间走出了一波矩形调整走势，股价一直在箱体内横盘整理。观察 K 线走势与成交量的关系可以发现，当股价被大幅拉升后，很快就会被打压下去，且股价每次上扬时，成交量都会放大，股价回调时，成交量又呈现出萎缩态势。

主力如此往复打压拉升股价，散户很可能摸不清主力的意图，若承受不住主力的折腾，就会选择离场。其实，散户这样想，主力的目的也就达到了。2020 年 11 月 16 日，该股股价再度涨停。观察此时的筹码分布图可知，该股筹码峰已经密集于底部区域，底部单峰已经形成，这就意味着主力即将开始拉升股价，投资者不宜再卖出手中的股票。

此后，该股连续出现大幅上攻走势。

振荡式建仓在盘面上会呈现如下特点。

第一，在振荡式建仓期间，股价呈现上拉下压的走势，同时成交量也会呈现放大且不稳定状态。

第二，在振荡式建仓期间，每个交易日的日 K 线以阴线与阳线相互交替出现，甚至会多次出现十字星线。

第三，在振荡式建仓期间，股价会出现横盘整理走势，整个波动范围处于一个通道内。

五、主力假摔与筹码分布

股价经过一段时间的横向整理后，筹码已经开始在底部密集，形成筹码单峰。正当所有投资者都认为股价即将启动上升时，主力却反向大幅打压股价，很多散户出于恐慌而放弃手中的筹码，主力则趁机收下筹码，之后反向拉升。这实质上是一种“假摔”，股价 K 线短暂回落形成 U 形底部，则被称为“黄金坑”或“散户坑”。

主力在建仓阶段最担忧的就是大多数散户窥探出其操作意图，为了确保操作成功，主力往往会反其道而行，即当散户认为股价要涨的时候，反向做空。当然，由于主力自身已经建仓完毕，因此不会将股价向下打压太大的幅度，一般在 10% 到 15% 之间。如果打压幅度过小，则无法起到恐吓散户的效果，散户也不会卖出手中的股票；如果打压幅度过大，由于自身仓位较高，再想将股价拉回困难较大。

从筹码分布图上来看，主力向下打压股价前，这类股票的底部筹码峰已经形成，且规模相对较大，这是主力建仓接近完成的信号。此后，主力发力向下打压股价，K 线很可能会跌破底部筹码峰的下沿，给人一种行情走坏的感觉。其后，主力再向上拉升股价，表明打压已经结束。

下面来看蓝晓科技的案例，如图 4-12 所示。

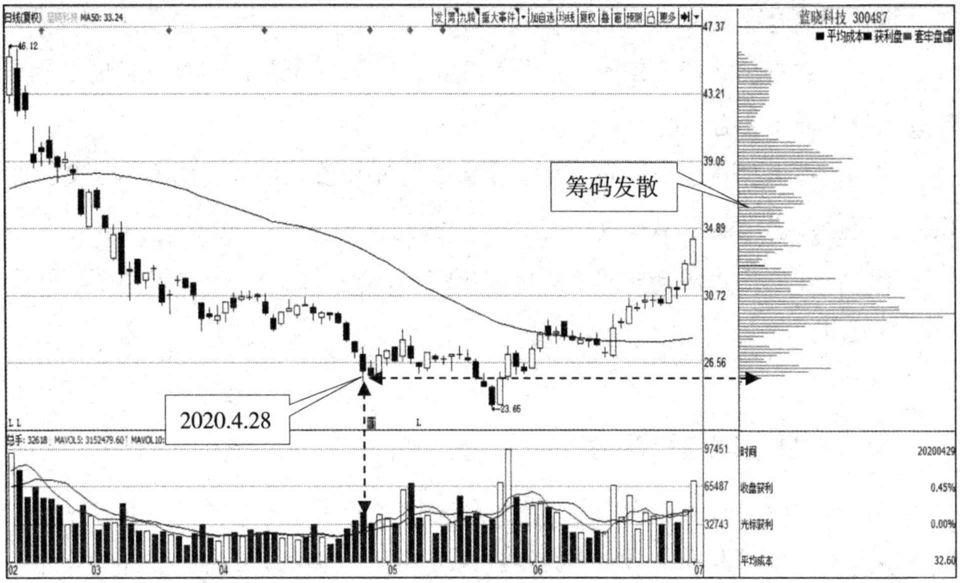

图 4-12　蓝晓科技（300487）筹码分布图一

蓝晓科技的股价在 2020 年年初经历了一波快速下跌走势。截至 2020 年 4 月 28 日，该股股价触及阶段底部，进入振荡整理走势。观察之后的筹码分布图可知，该股筹码呈发散状态，说明主力尚未建仓完毕，投资者仍需持币等待。

此后，该股股价出现了一段时间的横盘整理走势，如图 4-13 所示。

蓝晓科技的股价经过一段时间的整理之后，筹码迅速向底部密集。截至 2020 年 5 月 20 日，该股筹码已经大部门密集于底部区域，并形成了低位筹码单峰形态。从之前的筹码分布形态介绍中可知，出现这种形态，往往意味着股价即将启动上行。不过，其后，主力并没有拉升股价，而是发力向下打压股价，并在几个交易日内让股价下挫超过了 10 个点，由此可见主力的凶狠程度。

此后，正当很多散户对行情走势产生恐惧而纷纷卖出股票时，主力反向大幅向上拉升股价，该股股价很快回归打压前的价位，并展开了一波快速上升行情。

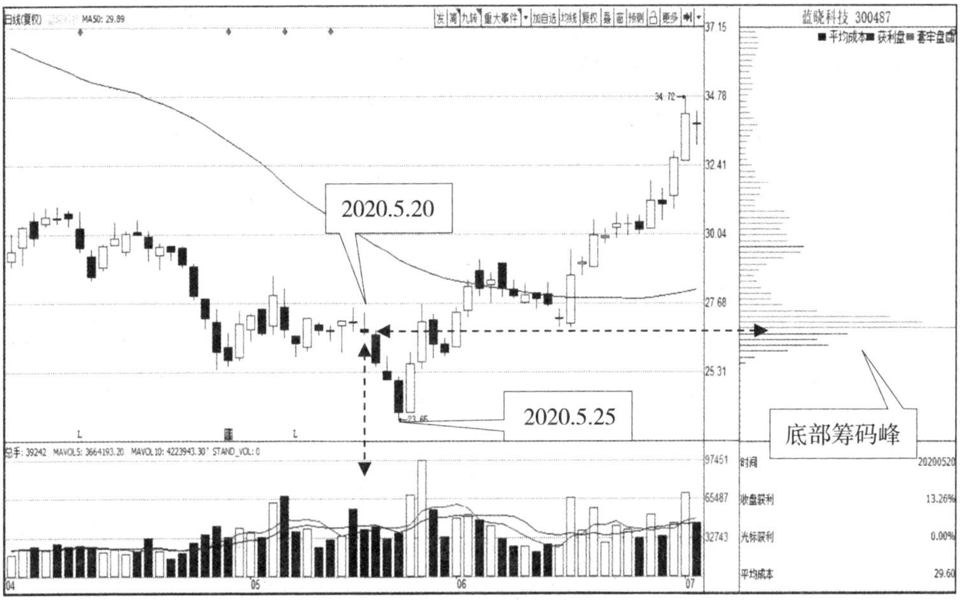

图 4-13　蓝晓科技（300487）筹码分布图二

主力假摔在盘面上会呈现如下特点。

第一，股价经过一段时间的横向调整，波动幅度已经很小了，此后，股价被连续大幅打压。

第二，在股价打压过程中，成交量可能会出现萎缩，拉升时成交量却明显放大。

第二节　主力洗盘与筹码分布动向

洗盘，是指清洗市场上的浮动筹码。主力为了达到拉升股价的目标，会有意抬高市场平均持仓成本，洗盘就是这样的一个动作。

很多投资者对主力洗盘的意图不是很理解，这里简单介绍一下。

假设主力在 10 元左右的价格建仓某只股票，此时市场上也会有一些投资者用与主力相近甚至更低的价格买入了股票。股价不涨时，一切都相安无事。

当主力将股价向上小幅拉升一段后，这些先前买入股票的投资者都会有一定的盈利。此后，主力若继续拉升股价（大家需要清楚一点，主力的盈利目标绝对不会像散户那么低），先前入场的散户就会产生较高的盈利，他们可能中途兑现利润撤出，这将不利于主力的拉升和派筹。

试想一下，主力不洗盘，大家都一口气持仓到盈利 30% 以上，甚至 50% 以上时，又有几个散户能拿得住呢？其中不少散户是要兑现利润的，那样主力就没有办法派筹了。所以，当股价出现小幅上升后，主力就会进行洗盘，通过打压股价，促使先前入局者卖出股票，并让一波新的投资者入局。新的投资者入局后，市场上的平均持仓成本就会上升，这部分人肯定会对盈利有更高的期待，主力再往上拉升时，他们也不会急于出局了。

正因如此，主力每拉升一波股价后，就会进行洗盘，以加速筹码的流动换手，提升市场上投资者的平均持仓成本。

一、主力洗盘与筹码动向解析

通常情况下，主力的洗盘动作会伴随着股价整个拉升过程。有的主力喜欢拉升一波后即刻转入洗盘环节，有的主力可能会拉升较大一段距离后再洗盘。总之，主力何时洗盘，与其采用的操盘策略、操盘计划和外部环境有一定的关系，投资者若能准确辨识主力的意图，就可以“咬定青山不放松”。

主力洗盘过程中，底部的筹码峰和上方的筹码峰都会向洗盘区域密集。有些股票甚至会在洗盘区域密集成新的主筹码峰。不过，若股价已经启动拉升，且出现了一定的涨幅，此时，底部筹码峰是否完全上移，也可以作为投资者判断主力洗盘还是出货的标准。随着股价振荡的进行，若底部筹码峰出现萎缩（散户的筹码会上移），但仍保持相当规模（主力大部分筹码不会动），则说明主力的筹码没动，此时的股价振荡为主力洗盘无疑。反之，若底部筹码峰消失，则存在主力出货的可能。

主力的洗盘动作体现在 K 线走势上，有以下三个盘面特征。

第一，经常在中低价区域出现带上下影线的十字星，或日 K 线组合呈现阴阳相间的走势。

第二，股价下跌时成交量无法放大，在重要支撑位会缩量盘稳，股价反弹时有明显的吸筹迹象，上升途中成交量缓缓放大。

第三，股价即使暂时下跌较多，也会很快被拉回。股价始终在 10 日均线上，即使跌破也不会大幅下跌，而是在均线下方缩量盘稳，并迅速回到均线之上。

下面来看川能动力的案例，如图 4-14 所示。

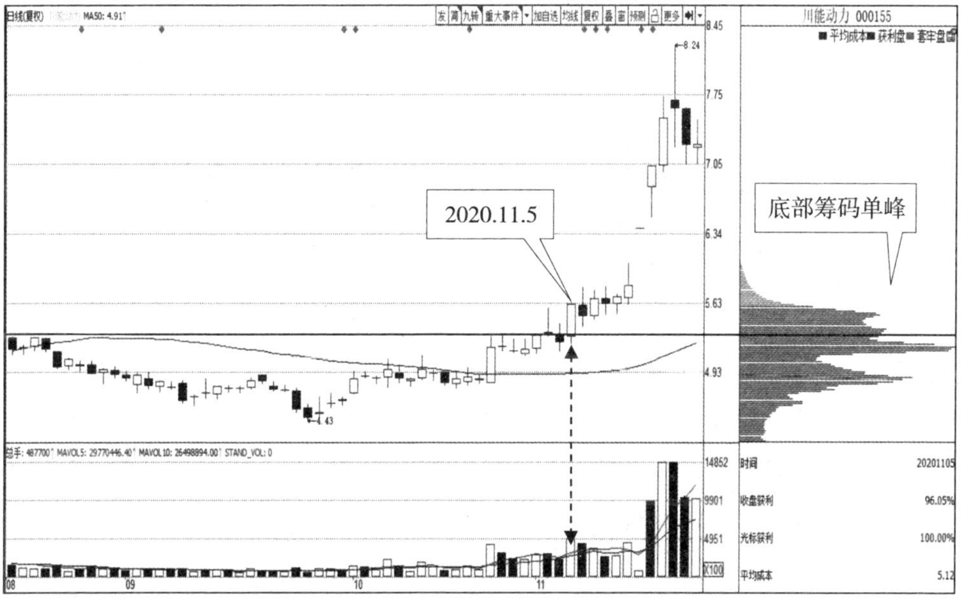

图 4-14　川能动力（000155）筹码分布图一

川能动力的股价自 2020 年 7 月到 11 月期间一直呈横向振荡走势。该股股价一直在狭窄区域内波动，筹码则逐渐在底部形成了一个密集的单峰，说明该时段属于主力建仓时段。

2020 年 11 月 5 日，该股股价放量向上突破整理区域，股价 K 线脚踩底部筹码单峰上行，说明主力已经做好了拉升股价的准备。

此后，该股股价出现了一波快速上升走势，如图 4-15 所示。

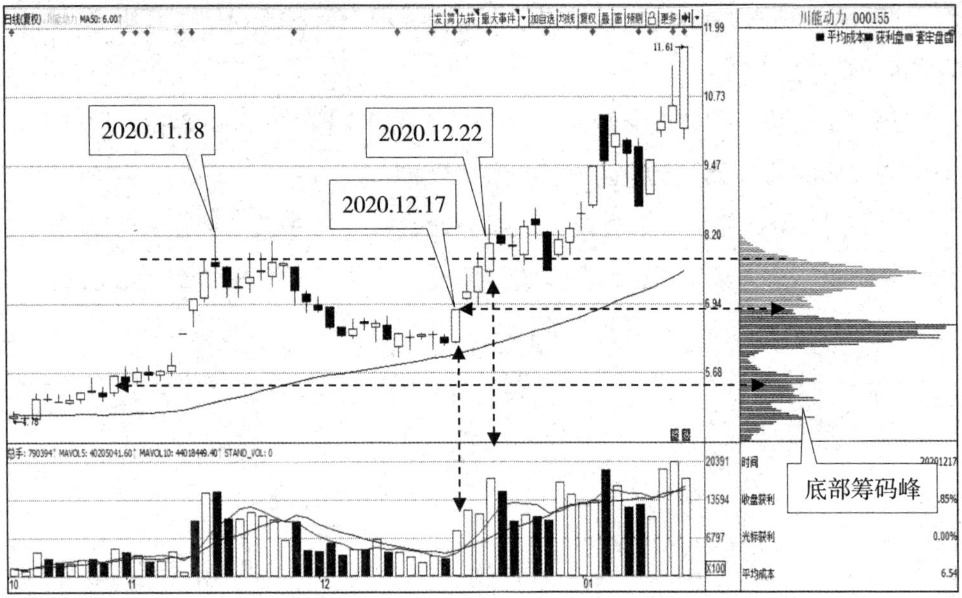

图 4-15 川能动力（000155）筹码分布图二

川能动力的股价在 2020 年 11 月 18 日创下阶段高点后开始振荡调整。之后，随着股价的回调，成交量同步萎缩。与此同时，该股的底部筹码峰迅速上移，并在回调整理区域迅速密集，形成两个新的筹码峰。观察该股的底部筹码状况可知，此时低位筹码尽管已经萎缩，但仍保持了相当的规模，说明主力筹码并未流出，此时的股价回调属于主力洗盘的概率很高。

2020 年 12 月 17 日，川能动力的股价重新自低位启动上升，并在 12 月 22 日突破了 11 月 18 日的高点，说明该股洗盘已经结束，未来将进入新一轮上涨周期，如图 4-16 所示。

川能动力的股价经过一波较大幅度的洗盘后重新上升，并在 2020 年 12 月 23 日和 2021 年 1 月 6 日两度出现洗盘动作，不过这两次洗盘动作都比较小。从筹码分布图上可以看出，此时筹码上移的速度很快，特别是底部筹码峰上移速度加快，说明随着股价的上升，主力已经开始逐步减仓了，投资者也应该同步做好减仓准备。

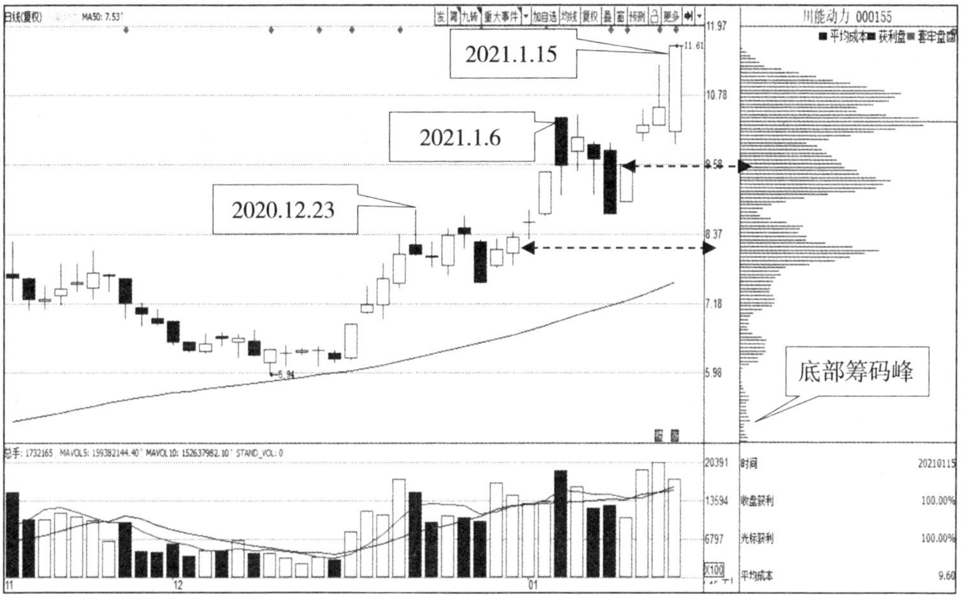

图 4-16　川能动力（000155）筹码分布图三

二、打压式洗盘与筹码分布

打压式洗盘是指主力大幅拉高后，利用市场积累的较多获利盘的获利回吐欲望，猛然反手打压，使股价大幅回落，把一部分投资者恐吓出场。一般情况下，主力在进行打压式洗盘时，都会利用大盘的弱势走势或者利空消息，此时向下打压会收到事半功倍的效果。有时股价还会故意跌破一些重要支撑位或者技术点位，给投资者造成一定的恐慌。

通常来说，打压式洗盘的调整幅度都比较大，很少有投资者能够拿牢股票。其实，投资者只要注意观察筹码分布图，就可以回避这一陷阱。从筹码分布图上来看，尽管主力迅猛打压股价，低位筹码峰也会出现明显的萎缩，但仍会保留较大的规模，否则这就不是洗盘了，而是重新建仓。

此时，投资者可以采取设置固定止损位的方式，抵抗主力的洗盘。投资者可以把止损位设置得低一些，如在一些重要支撑位的下方，只要保证还能有盈利就可以了，这样，无论主力怎样打压，也不会触及自己的止损位。

下面来看鹏辉能源的案例，如图 4–17 所示。

图 4–17　鹏辉能源（300438）筹码分布图一

鹏辉能源的股价在 2020 年 4 月到 5 月期间出现了低位盘整走势，筹码在此阶段呈现低位单峰形态，说明主力很可能在此阶段入场建仓。

2020 年 6 月初，该股股价大幅上攻。2020 年 6 月 5 日，该股股价创下阶段高点后开始大幅下挫，投资者需要观察该股其后的走势情况，如图 4–18 所示。

鹏辉能源的股价在 2020 年 6 月 5 日的下跌幅度较大，但成交量同步萎缩，另外，股价 K 线下跌至 50 日均线附近时，因受到均线的支撑而重新上升。观察此时的筹码分布图可知，该股底部筹码峰仍然存在，说明主力并未出货，此时的回调只是主力打压洗盘。

2020 年 6 月 24 日，该股股价放量上攻，并突破了 2020 年 6 月 5 日的高点，说明主力将开始拉升股价，投资者可积极入场参与。

图 4-18　鹏辉能源（300438）筹码分布图二

打压式洗盘在盘面上会呈现如下特征。

第一，在股价下跌过程中，可能会跌破一些重要的均线、技术点位或其他技术支撑位，但是很快就会收复这些重要位置。

第二，主力在打压股价时，成交量往往处于缩减状态，虽然股价下跌幅度较大，但成交量很少。

三、横向振荡式洗盘与筹码分布

振荡式洗盘一般发生在股价有了一段较大幅度的上涨之后，主力以反复上下振荡的方式进行洗盘，促使短线获利盘流出。振荡式洗盘就是通过长时间的上下振荡，使投资者根本无法搞清楚后市的方向，从而被迫离场观望。

与打压式洗盘相似，振荡式洗盘过程中，筹码也会向振荡区域密集，底部筹码峰同样会出现萎缩，但一般不会消失，这是我们辨识主力洗盘与出货的主要区别。当然，有的主力在洗盘过程中，可能会通过左手倒右手的方式，让底部筹码峰上移，给人一种出货的假象，不过实战中一般不考虑这种情况。主力非常狡猾，什么手法都能用，实战中我们只需要做自己能看懂的行情即可，对于辨识不清主力意图的行情，宁可错过，也不要做错。

一般情况下，在主力振荡洗盘过程中，股价总是在一定区域内运行，如果股价跌破这一区域，投资者可以考虑卖出，一旦股价向上突破这一区域，投资者可以选择加仓买入。

下面来看龙蟠科技的案例，如图 4-19 所示。

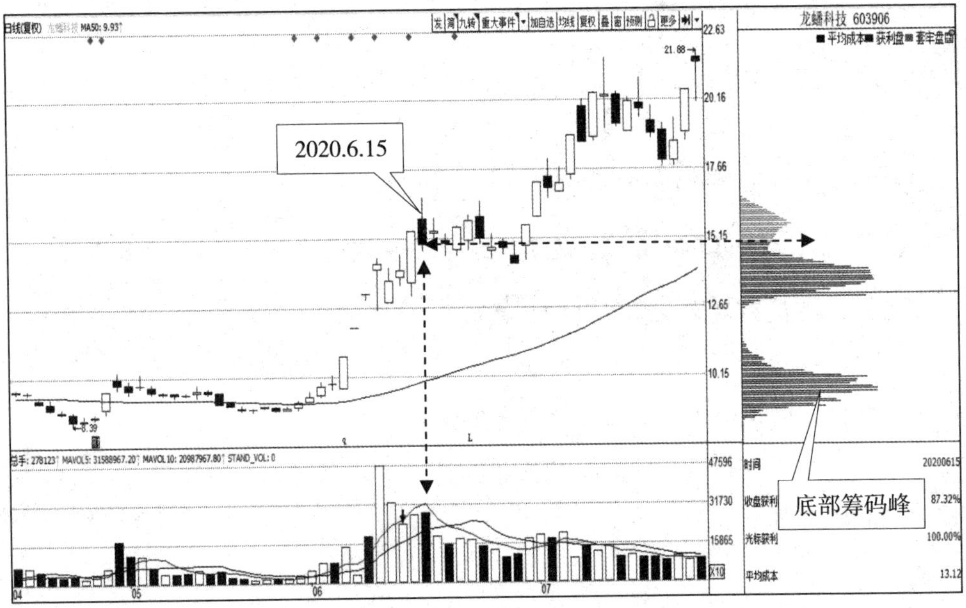

图 4-19 龙蟠科技（603906）筹码分布图一

龙蟠科技的股价在 2020 年 4 月到 5 月期间出现了低位盘整走势，筹码在此阶段呈现低位单峰形态，说明主力很可能在此阶段入场建仓。

2020 年 6 月初，该股股价大幅上攻。6 月 15 日，该股股价创下阶段高点后，开始横向振荡。观察此时的筹码分布图可知，尽管在顶部形成了一个新的规模较大的筹码峰，但底部的筹码峰仍然存在，且规模仍旧较大，说明主力建仓筹码没有抛出，投资者也可以继续持股，并密切观察该股其后的走势。

龙蟠科技的股价自2020年6月15日开始横向振荡，整体波动幅度不大，成交量却出现了较大的萎缩，这属于典型的主力洗盘形态。在实战中，出现这类走势，说明主力不愿意牺牲手中的筹码向下打压股价，也害怕其他资金入场与自己争夺筹码，因此这类调整势必是短暂的。

如图4-20所示，观察此时的筹码分布图可知，该股底部筹码峰只是出现了小幅萎缩，这也就意味着主力基本没有牺牲任何筹码，说明主力未来拉升股价的心态还是比较急迫的。2020年6月30日，该股股价重新启动上攻，标志着主力洗盘动作结束，投资者可积极入场追涨。

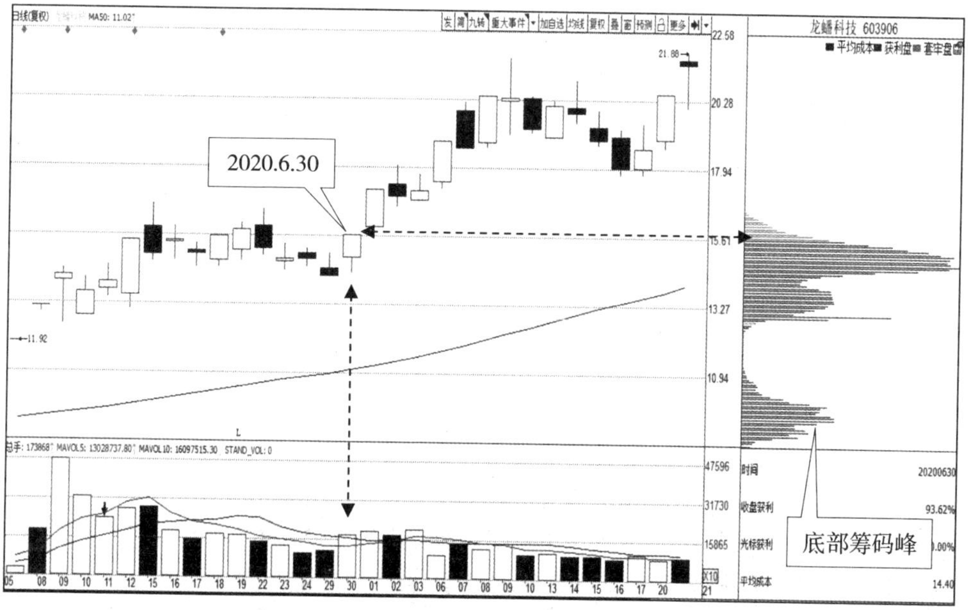

图4-20 龙蟠科技（603906）筹码分布图二

在龙蟠科技的案例中，主力的洗盘动作过于温柔。事实上，很少有主力采用这种洗盘方式，更多的还是喜欢用比较激烈的方式洗盘。毕竟，过于温柔的洗盘方式，可能很难让投资者卖出手中的筹码。也就是说，主力即使采用横向振荡方式洗盘，也可能会使用更为激烈的方式。

下面来看奥园美谷的案例，如图4-21所示。

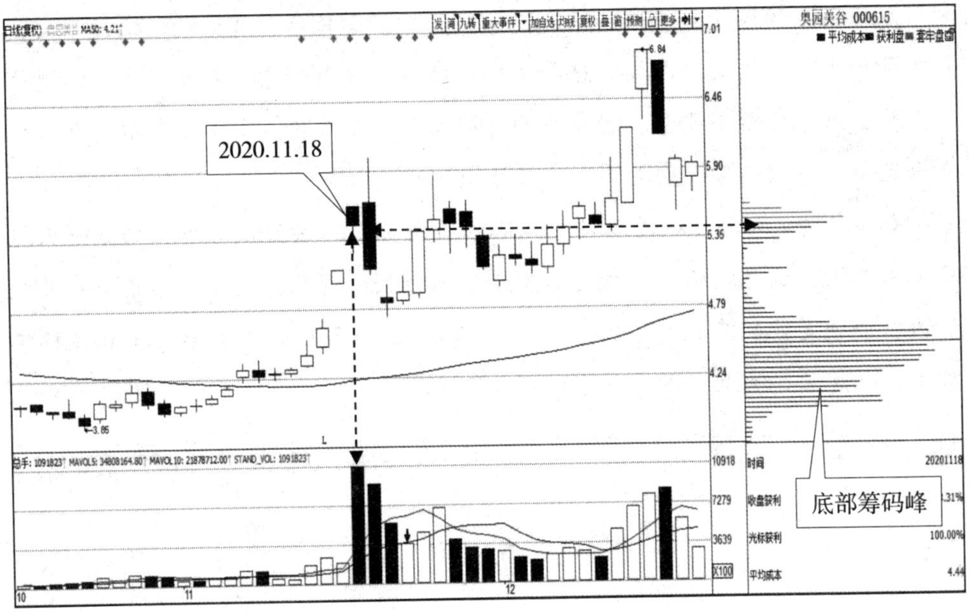

图 4-21 奥园美谷（000615）筹码分布图一

奥园美谷的股价在 2020 年 9 月到 11 月期间出现了低位盘整走势，筹码在此阶段呈现低位单峰形态，说明主力很可能在此阶段入场建仓。

2020 年 11 月中旬，该股股价大幅上攻。11 月 18 日，该股股价创下阶段高点后开始横向振荡。观察此时的筹码分布图可知，尽管在顶部开始形成一个新的规模较大的筹码峰，但底部的筹码峰仍然存在，且规模仍旧较大，说明主力建仓筹码没有抛出，投资者也可以继续持股，并密切观察该股其后的走势。

如图 4-22 所示，奥园美谷的股价自 2020 年 11 月 18 日开始横向振荡，开始时股价波动幅度非常大，其后波动幅度越来越小。在整个波动区域，构成了一个近似上升三角形的整理形态。其实，很多主力在洗盘过程中，都喜欢构筑这类整理形态。

观察此时的筹码分布图可知，该股底部筹码峰只是出现了小幅萎缩，这也就意味着主力仍旧持有较高的仓位，投资者可继续持股待涨。

2020 年 12 月 8 日，该股股价向上突破了上升三角形的上边线，标志着主力洗盘行动结束，未来股价将进入新的一轮上涨周期，投资者可积极入场追涨。

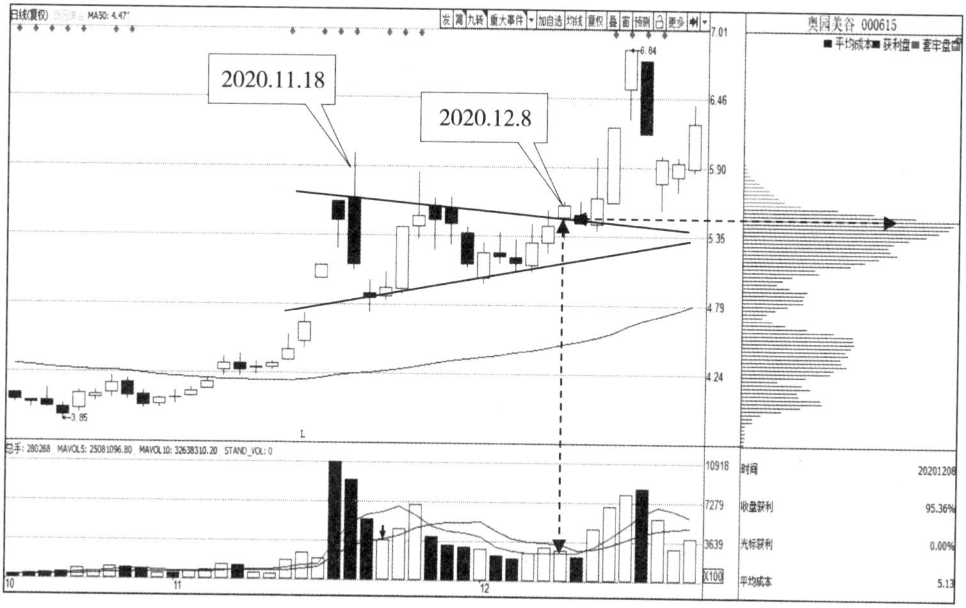

图 4-22　奥园美谷（000615）筹码分布图二

振荡式洗盘在盘面上会呈现如下特征。

第一，股价走势往往会呈现出某种整理形态，如三角形、楔形、矩形等。

第二，成交量呈现出逐渐缩减的态势，越接近整理形态的尾端，成交量缩减越厉害。

四、边拉边洗式洗盘与筹码分布

边拉边洗式洗盘常常出现在单边上扬的行情中，主力把拉升与洗盘融为一体。主力通过这种方式可以压缩短线投资者的利润空间，加速短线投资者的换手，以减轻股价上涨带来的出货压力。

主力借助这种方式洗盘的过程中，底部筹码上移速度会加快，往往还会采取筹码对倒的方式，抬升整个市场筹码峰的位置。对于借助筹码分布理论来识别主力动向的投资者而言，这种洗盘方式较为隐秘，从筹码分布角度识别难度也比较大。

下面来看西藏矿业的案例，如图 4-23 所示。

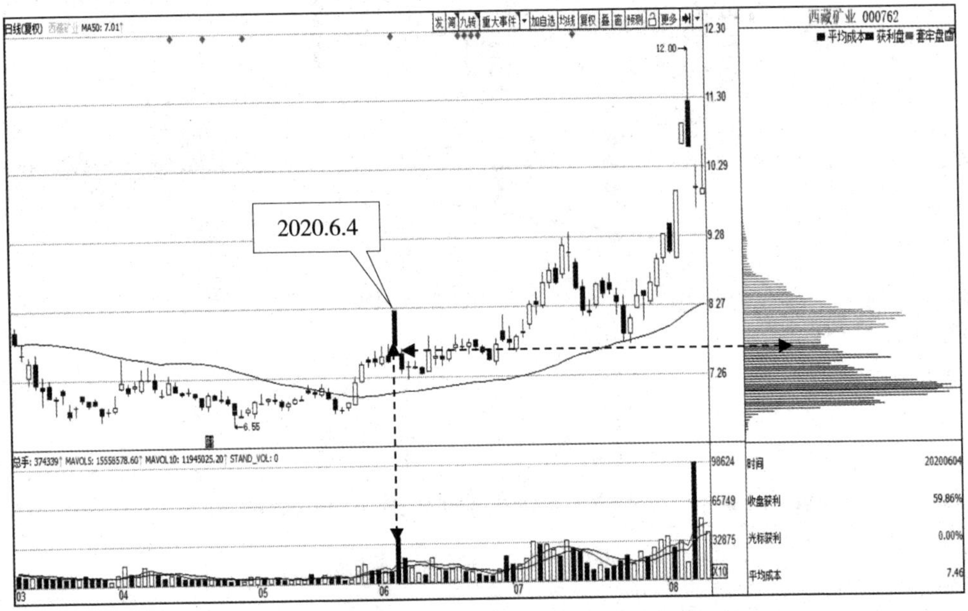

图 4-23　西藏矿业（000762）筹码分布图一

西藏矿业的股价在 2020 年 3 月到 5 月期间出现了低位盘整走势，筹码在此阶段逐渐在底部密集。

2020 年 5 月底，该股股价开始启动上攻，不过股价上升幅度并不大。2020 年 6 月 4 日，该股股价创下阶段高点后开始了回调整理走势。此后，股价走势延续了这种循环，即股价每上升一定幅度后，立即转入回调整理模式，如图 4-24 所示。

西藏矿业的股价经过几波拉升调整，2020 年 8 月 7 日再度创出新高后启动调整走势。观察此时的筹码分布图可知，该股整个主筹码峰已经上移了很多，底部筹码峰尽管仍然存在，但已经萎缩到很小的水平。鉴于主力采用边拉升边洗盘的手法，底部筹码峰目前的状况仍是可以接受的。当然，保守型投资者可考虑适当减仓。

此后，该股股价经过一波幅度较大的调整后，重新启动了上攻，如图 4-25 所示。

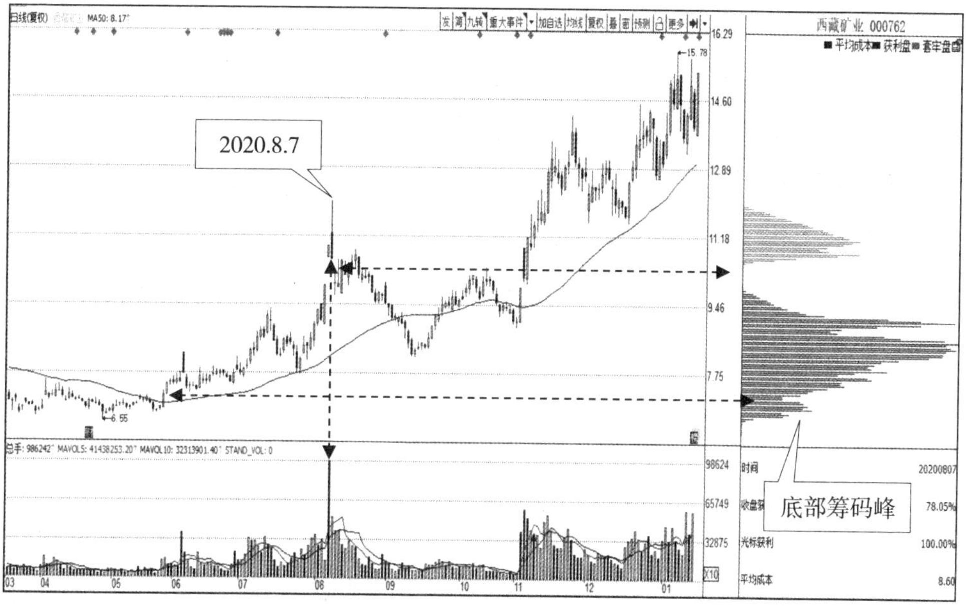

图 4-24　西藏矿业（000762）筹码分布图二

图 4-25　西藏矿业（000762）筹码分布图三

西藏矿业的股价于2021年1月7日再度创出新的阶段高点。观察此时的筹码分布图可知，底部筹码已经完全消失。只要筹码峰已经上移到顶部区域，就不是一个好的迹象。投资者从投资安全角度考虑，还是应该进行清仓操作，以免遭受损失。

某些情况下，应用筹码分布技术无法准确识别主力的动向。这种时候，投资者就要从投资安全角度出发，尽量不入场交易。还是那句话：错过一次行情没什么，股市中的机会有很多，只做能够看得懂的行情即可。

边拉边洗式洗盘在盘面上会呈现如下特征。

第一，股价沿S形通道上升，且每次上升的幅度都不是很大。股价在上涨过程中不断地创出新高，与此同时，股价在下跌过程中形成的低点也一次比一次高。

第二，在股价上涨过程中，虽然时有下跌，但跌幅都不是很大，而且股价的整体趋势是向上的。

五、多筹码峰的形成与洗盘结束

通常情况下，主力拉升某只股票，很少直接一波拉升至目标位出货的，大部分主力都是拉升一定幅度后进行洗盘调整，其后再拉升一段，再洗盘调整，如此循环往复，直至最终出货。

前面介绍过，主力洗盘是为了清洗浮筹，以便未来再度拉升。这种多波段拉升、多次洗盘的行为，必然在筹码分布图上有所体现。其实，这也是筹码分布图上多峰形态产生的原因。

当然，这种多波段拉升与洗盘行为，可能会为投资者制造一定的判断困难。作为投资者，需要弄清楚主力何时结束洗盘并开启新的拉升。

一般来说，洗盘结束的信号包括以下几项。

第一，股价K线超越了上一波拉升的高点，这意味着股价可能会有一波新的拉升。

第二，一般来说，股价K线创出新高时，成交量也应该创出新高。若两者不同步，则意味着股价与成交量出现了顶背离，未来很难走远。

第三，主力在洗盘时，筹码必然会在洗盘价位附近形成一个新的筹码峰。一旦股价重新向上站到了新形成的筹码峰上沿，则意味着新一波拉升已经开启。

下面来看中文在线的案例，如图 4-26 所示。

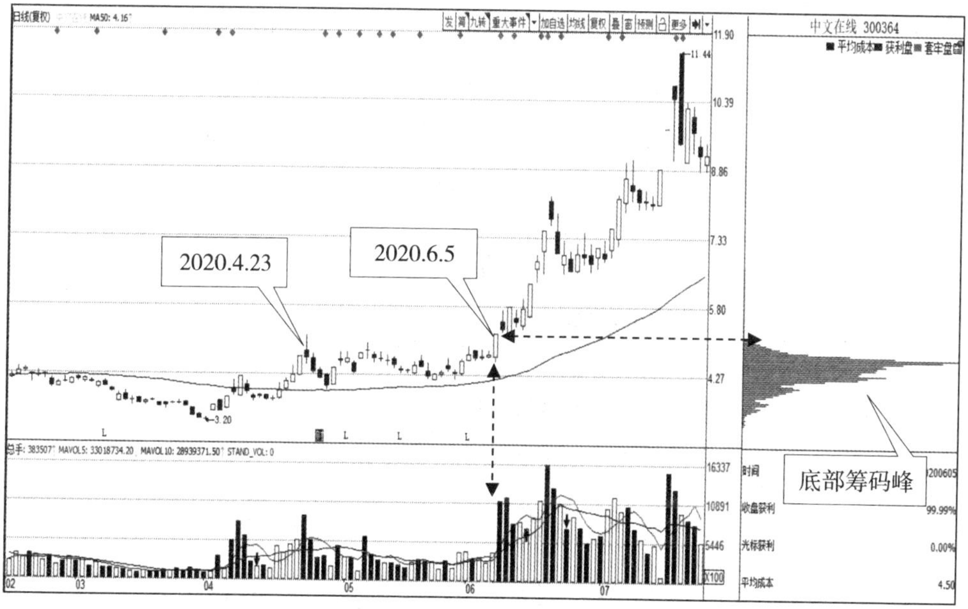

图 4-26　中文在线（300364）筹码分布图一

中文在线的股价在 2020 年 3 月到 5 月期间出现了低位盘整走势，筹码在此阶段逐渐在底部密集。2020 年 6 月 5 日，该股股价脚踩底部筹码峰上沿上攻。观察此时的 K 线图可知，K 线同步向上突破了 2020 年 4 月 23 日的高点，这也是股价启动的信号。

此后，该股股价发动了一波快速上升行情，筹码同步上移，如图 4-27 所示。

中文在线的股价经过拉升，在 2020 年 6 月 17 日再度创出新高后启动调整走势。观察此时的筹码分布图可知，该股的筹码峰呈多峰发散状态，即股价放量上攻的交易价格附近都会形成一个小的筹码峰。与此同时，该股的底部筹码峰仍然存在，说明主力并未出货，投资者可继续耐心持股。

此后，主力又开启了一波洗盘操作，如图 4-28 所示。

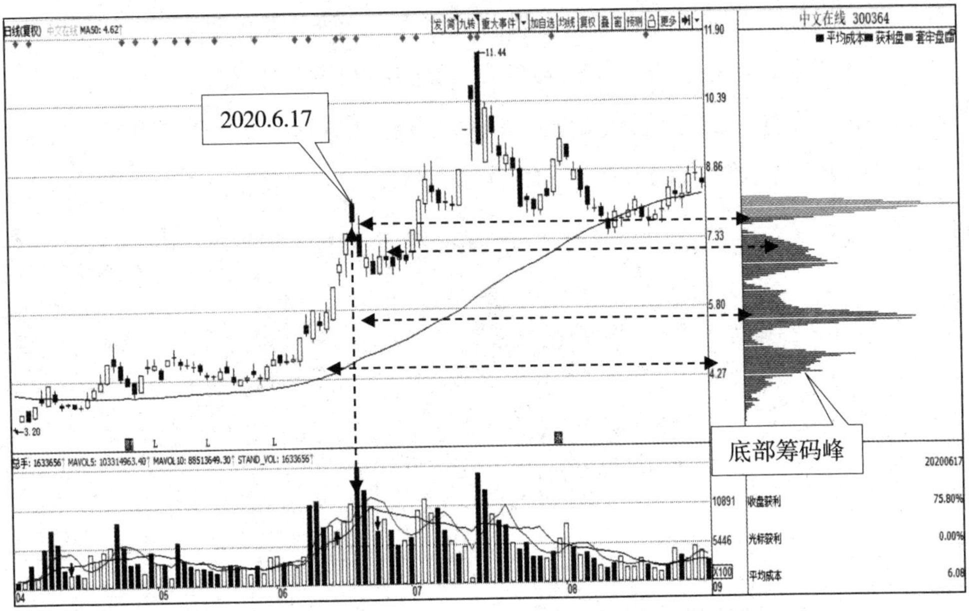

图 4-27　中文在线（300364）筹码分布图二

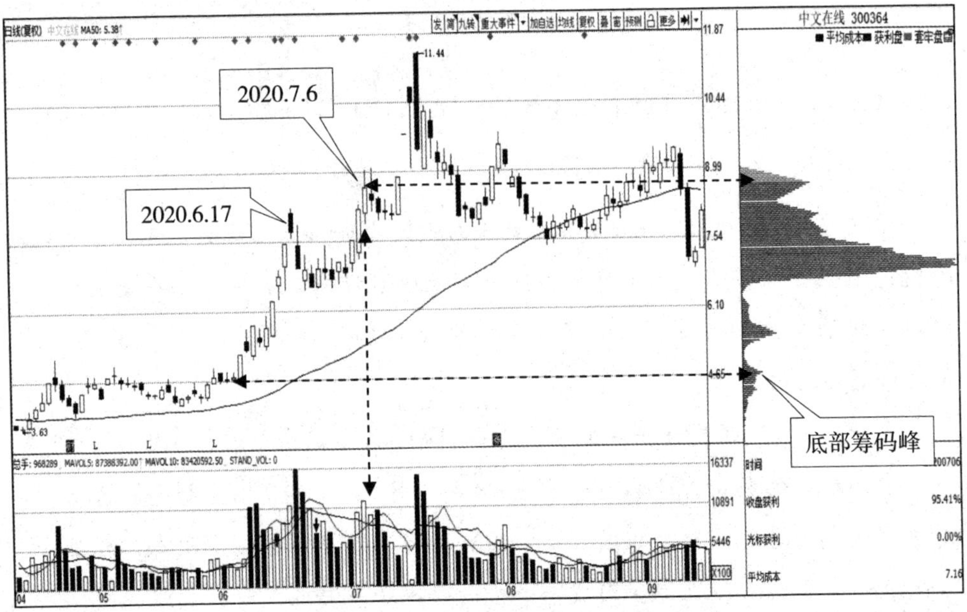

图 4-28　中文在线（300364）筹码分布图三

中文在线的股价自2020年6月17日开始回调整理，与此同时，该股筹码逐渐开始上移，并向整理区域集中。

2020年7月6日，该股股价再度放量拉升，并向上突破了2020年6月17日的高点。观察此时的筹码分布图可知，底部筹码峰已经非常小了，筹码主要密集于整理区域，其实这也是主力洗盘的主要目的，即通过洗盘来抬升整个市场的持仓成本。从底部筹码峰的变化可以看出，此时主力在低位买入的持仓量已经很少，说明主力在拉升时，可能采用了一边出货一边吸筹的做法。

总之，2020年7月6日，该股股价突破前期高点的同时，股价脚踩筹码峰上行，属于主力洗盘完成的一个标志性动作。

此后，该股股价重新开始了上升走势。

第三节　主力拉升与筹码分布动向

拉升是主力保证盈利的重要阶段。当投资者发现主力已经开始拉升时，一定要选择第一时间跟进买入，不要等到股价已经涨到很高的位置再买入。

主力拉升时间的长短取决于主力的实力和操盘风格，以及大盘的情况和市场氛围。一般短线拉升行情在一周至二周，中线拉升行情在一个月左右，长线拉升在三个月左右，也有少数大牛股的拉升时间可能超过一年。

一、主力拉升与筹码动向解析

作为投资者，肯定想跟定主力的拉升。从主力的角度来看，如果市场上大多数散户都能跟定自己的拉升，那将会是一场灾难。为了方便在高位出货，主力在拉升过程中势必会采取一定的策略，这些策略概括起来主要包括两种：其一，暴风骤雨式拉升，股价短期暴涨，让很多散户望而却步；其二，隐蔽式拉升，即边拉升边洗盘，让散户摸不清方向，判断不清拉升与出货。

从筹码分布的角度来看，底部筹码峰的状态仍是我们区分主力拉升与出货的核心。同时，筹码的发散与高位密集情况，也是值得投资者关注的焦点。

下面来看中信证券的案例，如图 4–29 所示。

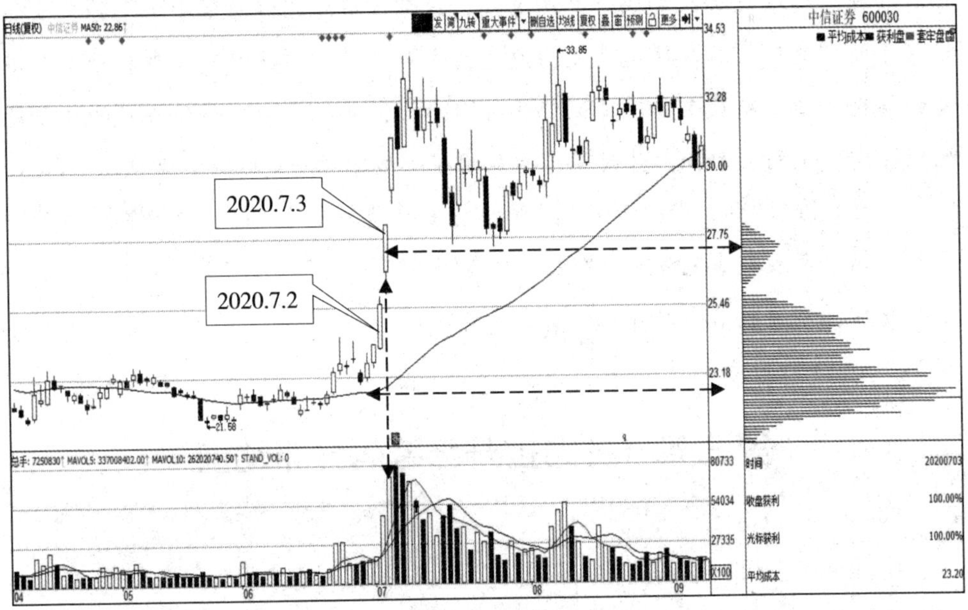

图 4–29　中信证券（600030）筹码分布图一

中信证券的股价经过一段时间的横向振荡后，筹码都密集于底部区域，形成了底部筹码峰。

2020 年 7 月初开始，受金融证券类股票行情的影响出现大幅上攻走势，短短几个交易日，该股股价连续大幅上涨。观察筹码分布图可知，随着股价的上行，筹码呈现向上移动的态势，并在新的价位形成了新的小筹码峰。不过，底部筹码峰并未出现明显萎缩，这说明主力持仓未变，投资者可继续持股待涨。

此后，该股又连续拉出涨停板，如图 4–30 所示。

中信证券的股价经过一段时间的上涨后，于 2020 年 7 月 8 日触及阶段高点。观察此时的筹码分布图可知，筹码继续向上方移动，但底部的筹码峰仍然保持了较大的规模，这并非主力出货的状态，投资者可保持仓位。

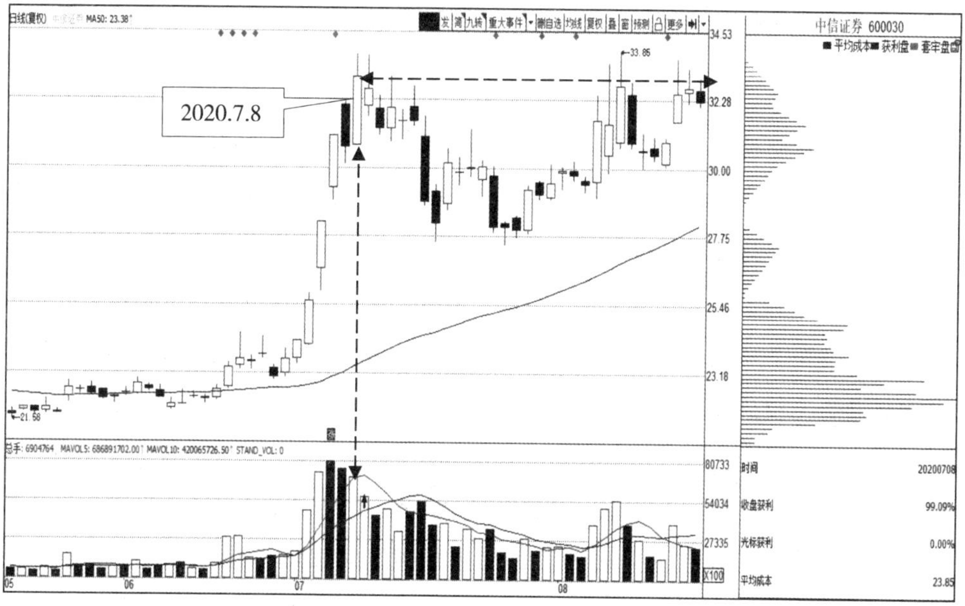

图 4-30　中信证券（600030）筹码分布图二

从上述案例可以发现，在主力拉升阶段，筹码会随着股价的上攻而上移，并形成新的筹码峰。但只要主力在拉升过程中没有明显的出货动作，那么底部的筹码峰只会萎缩，不会消失，这是多数主力拉升阶段筹码的分布形态。

当然，有些主力或者游资在拉升阶段会使用仓位对倒，即将手中的筹码左手倒右手，这种情况下，筹码分布图上的底部筹码峰很可能会消失，这一点在实战中大家一定要清楚。

主力的拉升动作体现在 K 线走势上，有以下三个盘面特征。

第一，拉升过程处于股价上涨期，各条均线方向向上且呈多头排列。5 日均线、10 日均线的上升角度比较陡峭。

第二，在拉升过程中，成交量呈现稳定放大态势，价量关系配合良好。

第三，在拉升阶段，主力经常在中高价区连拉中长阳线，阳线的数量多于阴线的数量，阳线实体涨幅也大于阴线实体跌幅。

二、逼空式拉升与筹码分布

逼空式拉升是指主力通过连续的大举进攻，不给空方以任何机会，从而完成股价拉升的一种形式。当主力经过充分洗盘，已经掌握较多筹码时，一旦市场行情转好或者个股出现利好，主力就会采取连续大幅拉升的方式，将股价带到一个较高的位置，形成逼空式拉升。

逼空式拉升的买入点就在股价刚刚启动之时。如果投资者没有及时买入股票，那么后期上涨速度过快，投资者很难买入股票，或者即使买入股票，花费的成本也是比较高的，因此，投资者需要密切关注主力完成洗盘到开始拉升这段时间的介入机会。

通常情况下，股价启动前，主力已经掌握了足够多的筹码，并已完成对浮筹的清洗。从筹码分布图上来看，底部单峰密集形态是这类股票启动前最主要的筹码分布形态。与此同时，其他区域的筹码都比较少。主力一旦开始拉升，先期股价放量不会太明显。一旦出现放量，意味着筹码会迅速上移，这是主力开始派筹的信号。

下面来看歌华有线的案例，如图 4-31 所示。

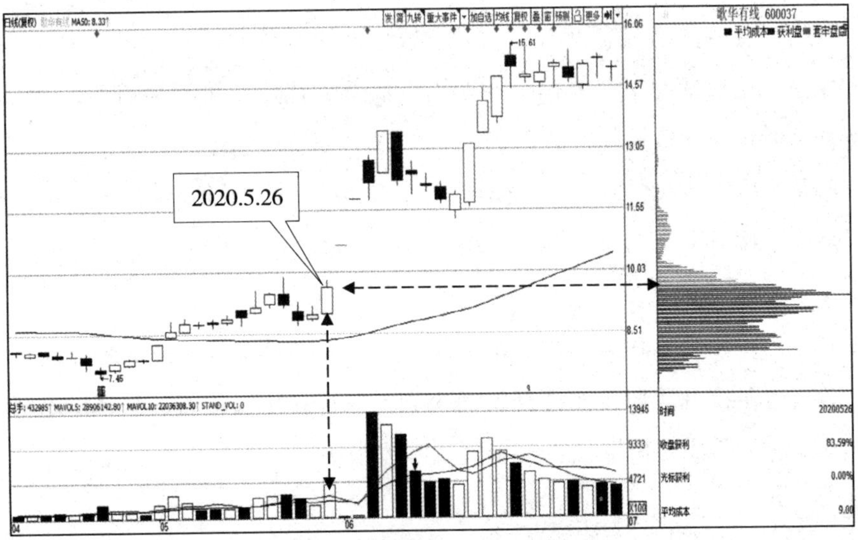

图 4-31　歌华有线（600037）筹码分布图一

歌华有线的股价在2020年5月之前一直于底部横向振荡，筹码开始逐渐向底部密集，形成低位单峰形态，说明主力有建仓的可能，未来股价走势看好，投资者可密切关注其后走势。

该股股价受利好消息刺激，从2020年6月2日开始，主力进行逼空式拉升，该股股价连续出现涨停板，如图4-32所示。

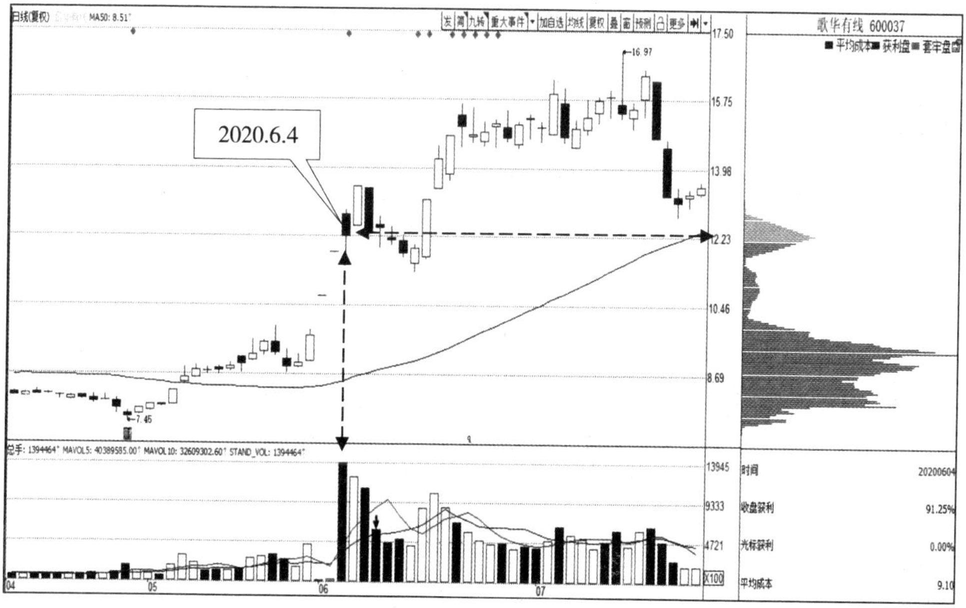

图4-32 歌华有线（600037）筹码分布图二

2020年6月4日，歌华有线的股价打开涨停板，成交量创出了天量。一般来说，主力当天出货的概率很高。不过，从筹码分布图上来看，该股底部筹码峰并未出现明显松动，说明主力并未出货，此时卖出的大多数属于散户。其后，该股股价出现了几个交易日的横向振荡，此时投资者需要密切关注底部筹码峰的动向，如图4-33所示。

歌华有线的股价在高位出现了振荡盘整走势，且成交量出现了萎缩态势。观察此时的筹码分布图可知，底部筹码峰仍然存在，规模未见明显萎缩，说明主力并未出货，未来还有进一步拉升的可能。从股价与成交量的配合关系上来看，股价回调时成交量萎缩，这也是典型的股价调整阶段的量价形态。总之，该股股价未来仍有上攻的可能。此后，主力再度向上拉升股价，如图 4-34 所示。

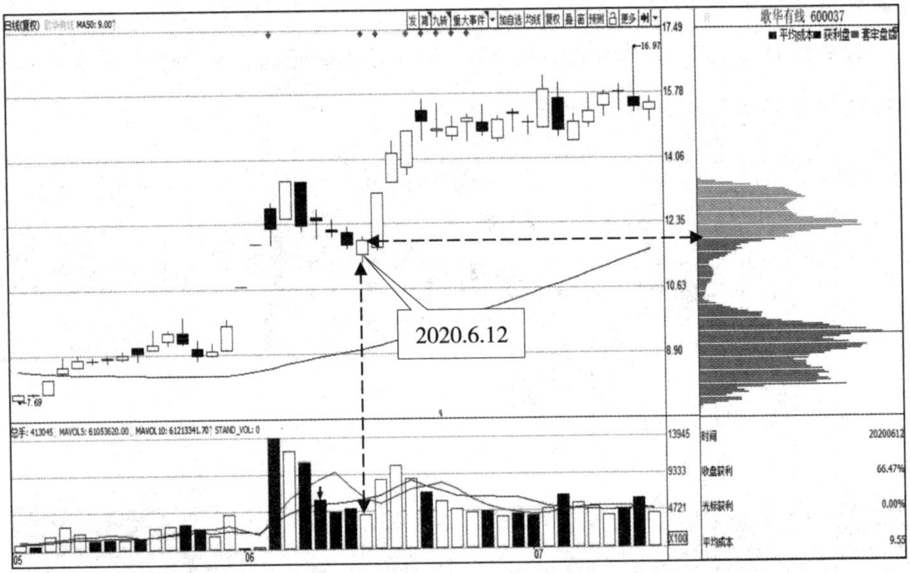

图 4-33　歌华有线（600037）筹码分布图三

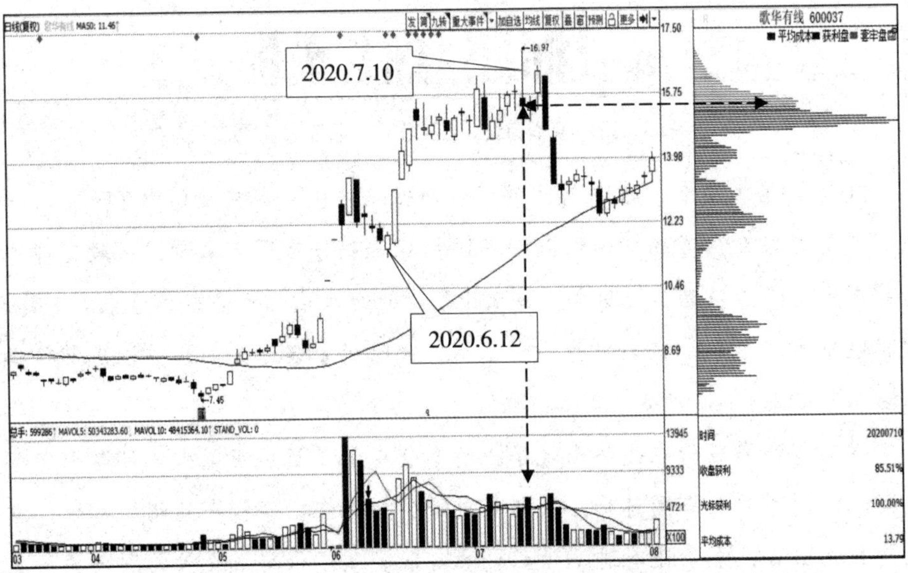

图 4-34　歌华有线（600037）筹码分布图四

歌华有线的股价自2020年6月12日高位调整结束后，再度开启进攻模式。不过，到了上升的后期，无论是股价还是成交量表现都并不十分理想。与此同时，观察该股的筹码分布图可知，底部筹码峰已经出现了较为明显的萎缩，说明主力已经开始出货。

若从股价与成交量的配合关系上看，该股股价在2020年7月10日创出新高时，成交量却比2020年6月初小很多，说明股价与成交量存在明显的顶背离，这也属于典型的看跌信号。

总之，当股价运行到该位置时，投资者需要及时减仓，发现趋势逆转信号后，要及时清仓。

逼空式拉升在盘面上会呈现如下特点。

第一，逼空式拉升过程中，股价会沿着5日均线上涨，即使偶尔出现跌破5日均线的情况，也会很快收复跌破位置，重拾升势。

第二，逼空式拉升过程中，股价日K线走势以大阳线或中阳线为主，很少出现阴线。

第三，逼空式拉升过程中，成交量呈现急剧放大态势。除了出现涨停外，成交量一般都会逐级提高。

三、振荡式拉升与底部筹码峰

振荡式拉升是指主力将股价拉升一段距离后，就会调整一段时间的一种拉升方法，有非常明显的边拉升边洗盘的特点。采用这种方式拉升股价，主力可以不断地降低持仓成本，调整筹码结构，同时降低普通投资者的盈利空间，提高其持仓成本。

对于普通投资者来说，判断走势是否属于振荡式拉升非常重要，一旦辨明主力采用的是振荡式拉升，且股价波动范围较大，就可以选择波段操作的方法，在低点买入股票，然后在高点将其卖出，实现投资收益最大化。

从筹码分布技术来看，主力的这种拉升方法隐蔽性极强。在识别主力动向方面，我们的第一选择还是看底部筹码峰是否存在。当然，很多主力在拉升过程中，通过拉升与打压并用的方法不断抬升整个市场的平均持仓成本，会使筹码峰上移，这就使得投资者再想通过底部筹码峰分析主力是否离场变得极为困难。此时，就要通过其他方法来确定自己的离场时机。通常情况下，振荡式拉升必然伴随着筹码发散，即主力在拉升过程中也会派发一定量的筹码。不过有一点是肯定的，如果主力想要继续拉升股价，手中就会留有一定的筹码。当股价进入某一高价区域后，筹码开始逐步向该区域集中，高位聚集了最大的筹码峰时，往往意味着主力出货接近完成，投资者必须先行撤退。

下面来看药石科技的案例，如图 4-35 所示。

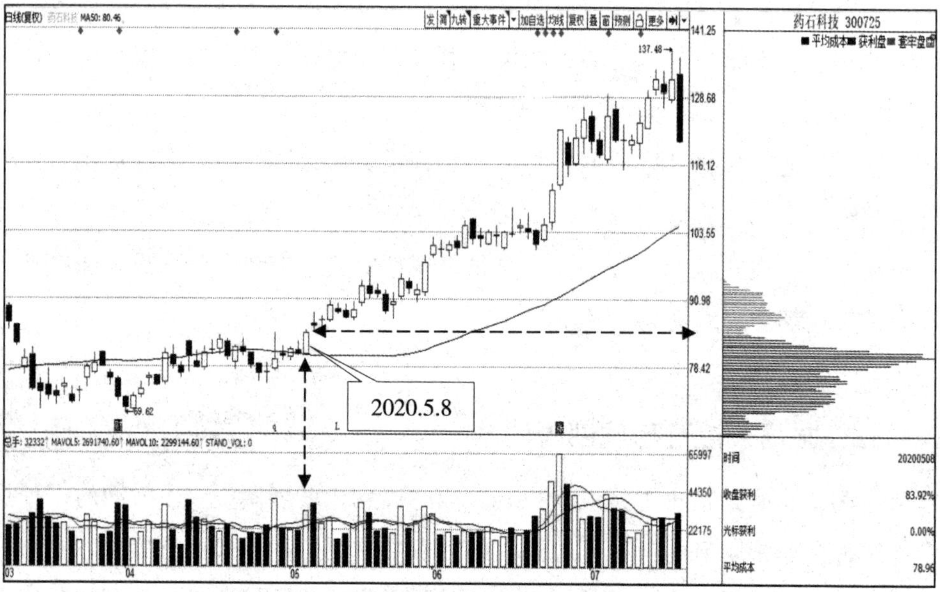

图 4-35　药石科技（300725）筹码分布图一

药石科技的股价在 2020 年 5 月之前于底部横向振荡了一段时间，筹码开始逐渐向底部密集，形成了低位单峰形态，说明主力有建仓的可能，未来股价走势看好，投资者可密切关注该股其后的走势。

2020 年 5 月 8 日，该股股价开始启动上攻，放量突破了 50 日均线，说明该股中线已经转为强势。观察此时的筹码分布图可知，该股股价已经站在了底部筹码峰之上，未来上行可期。

此后，该股股价出现了振荡上升行情，如图 4-36 所示。

图 4-36　药石科技（300725）筹码分布图二

药石科技的股价经过一波振荡拉升后，在 2020 年 7 月 15 日达到阶段高点。观察此时的筹码分布图可知，该股筹码呈多峰发散排列，这是股价上扬过程中形成的典型筹码分布形态。此时底部筹码峰仍然存在，顶部也没有形成主筹码峰，说明此时主力并未出货，投资者可保持一定的仓位。

振荡式拉升在盘面上会呈现如下几个特征。

第一，在振荡式拉升过程中，股价回调时形成的低点一个比一个高，上涨过程中形成的高点也一个比一个高。

第二，在振荡式拉升过程中，股价会沿着某一个通道上升，只有在上涨末期才会向上突破通道的上沿。

第三，在振荡式拉升过程中，会出现很多带有长上影线和长下影线的阴线或阳线。

第四，当股价进入顶部区域后，出现高位滞涨或量价背离等形态，意味着主力振荡式拉升即将终结。

四、台阶式拉升与筹码分布

台阶式拉升是指主力将股价拉高一截后就休息整理一段时间，然后再拉高一截，之后又休息一段时间，在K线组合上形成一个一个台阶形的走势。台阶式拉升适用于主力实力较强、运作项目优良、后市存在重大题材的大盘绩优股。一般情况下，拉升的台阶越多，台阶之间的落差越大，说明主力的实力越强，后市上涨空间也越大。

从筹码分布角度来看，台阶式拉升手法可能会让筹码分布呈现典型的多峰分布状态，即每个台阶形成一个单独的筹码峰。随着股价向上攀升，筹码峰逐渐上移。有的股票底部筹码峰尽管萎缩，但仍会保持一定的规模，直至主力出货。有的股票底部筹码峰会随着股价的上涨逐渐上移。针对后一类股票，投资者需要时刻保持警惕，一旦股价跌破筹码峰，需要立即离场，以回避风险。

在台阶式拉升中，由于每个台阶股价的涨跌幅度都不会太大，所以，投资者最好减少操作次数，以长期持股为主。

下面来看世名科技的案例，如图4-37所示。

世名科技的股价在2020年5月之前于底部横向振荡了一段时间，筹码开始逐渐向底部密集，形成了低位单峰形态，说明主力有建仓的可能，未来股价走势看好，投资者可密切关注其后的走势。

2020年5月11日，该股股价背靠50日均线放量上攻，说明该股中线已经转为强势。观察此时的筹码分布图可知，该股股价已经站在了底部筹码峰之上，未来上行可期。

此后，主力采用台阶式拉升的方法，推动股价持续上行，如图4-38所示。

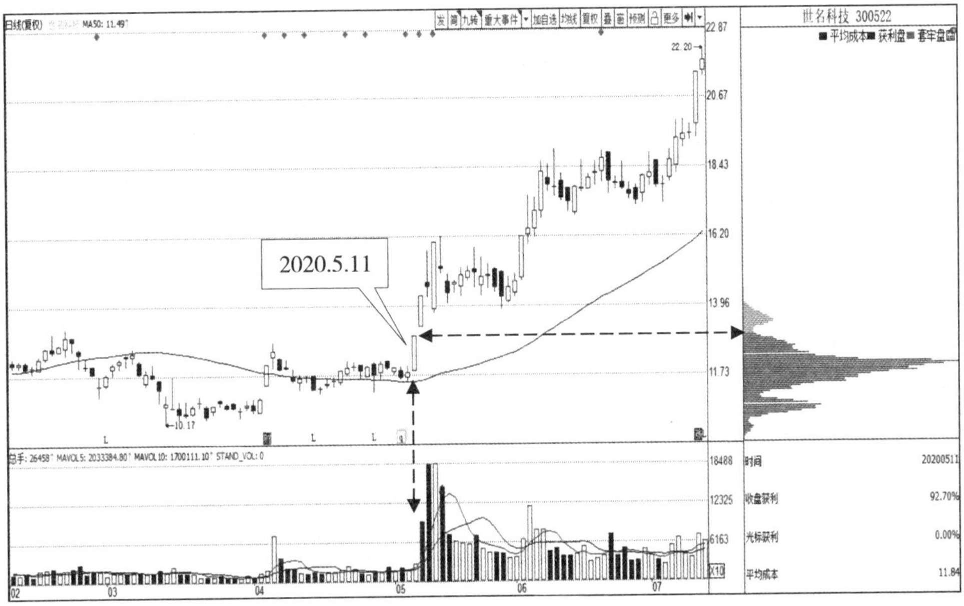

图 4-37　世名科技（300522）筹码分布图一

图 4-38　世名科技（300522）筹码分布图二

世名科技的股价经过几波台阶式拉升后，于2020年7月29日再度向上突破先前的整理平台。观察此时的筹码分布图可知，该股筹码呈多峰发散形态，这是股价上扬过程中形成的典型筹码分布形态。此时底部筹码峰仍然存在，而且顶部也没有形成主筹码峰，说明此时主力并未出货，投资者可保持一定的仓位。

此后，该股再度启动上攻，如图4-39所示。

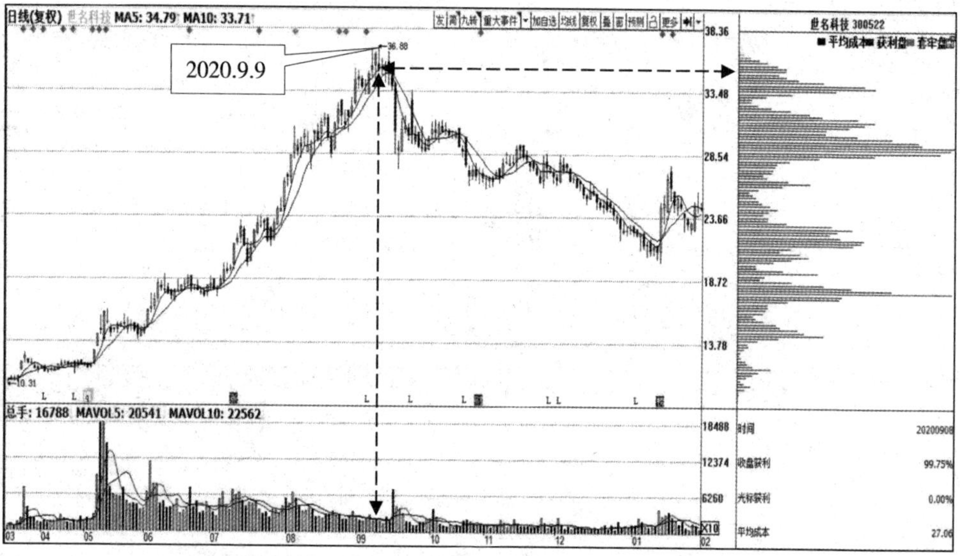

图4-39 世名科技（300522）筹码分布图三

世名科技的股价经过一波振荡拉升后，在2020年9月9日再度冲高回落。观察近几日的筹码分布图可知，此时该股的筹码重新在顶部形成了一个新的筹码峰，底部筹码峰已经消失殆尽，说明主力基本完成出货，拉升有结束的可能。不过，鉴于底部筹码仍未完全密集于顶部区域，投资者可在减仓时适当保留部分仓位。

其后，该股股价在顶部区域振荡了一段时间，并形成了典型的头肩顶形态。当头肩顶完成后，股价正式进入下行通道。

主力采用台阶式拉升股价时，该股的筹码会呈现多峰发散排列。若底部筹码没有完全消失，则意味着主力还有持仓，投资者这时不用急着清仓。反之，若筹码迅速密集于顶部，同时底部筹码峰又消失了，则需要谨慎对待。

台阶式拉升在盘面上会呈现如下特征。

第一，在K线组合上形成一个一个台阶，且一个台阶比一个台阶高，这是台阶式拉升最显著的特点。

第二，在台阶式拉升过程中，股价在台阶上盘整时，一般不会跌破调整平台，或者即使跌破平台也会被迅速拉起。

第三，台阶式拉升与振荡式拉升相似，也会在K线上留下很多带有长上影线和长下影线的阴线或阳线。

第四节　主力出货与筹码分布动向

出货是主力收获胜利果实的关键阶段，也是关系到主力能否将账面盈利转化为现实盈利的关键。主力之前所做的一切，包括建仓、洗盘以及拉升，都是在为最后的出货做准备的。一般情况下，主力为了能够安全出货，往往会营造良好的市场氛围，吸引更多投资者入场，然后悄悄地将手中的筹码出掉。即使是这样，主力出货时，还是会在盘面上留下某些痕迹。

一、主力出货与筹码动向解析

由于主力持仓量非常大，因而无论主力如何隐藏出货行为，最终都会在筹码分布图上有所体现。当主力大量派发筹码时，高位筹码峰势必要远远大于其他筹码峰。有时候，由于主力持仓量过大，为了确保顺利出货，股价还会在顶部停留很长时间，最终导致整个股票的筹码都集中于顶部区域。

主力出货的形式一般包括两种：其一，暴风骤雨式的快速出货；其二，润物细无声式的缓慢出货。

无论哪种出货方式，最终主筹码峰都会密集于顶部区域。也就是说，某只股票一旦形成高位单峰形态，投资者必须要小心，因为这个时候主力可能已经完成了出货，未来走低的概率极高。

下面来看恒实科技的案例，如图 4-40 所示。

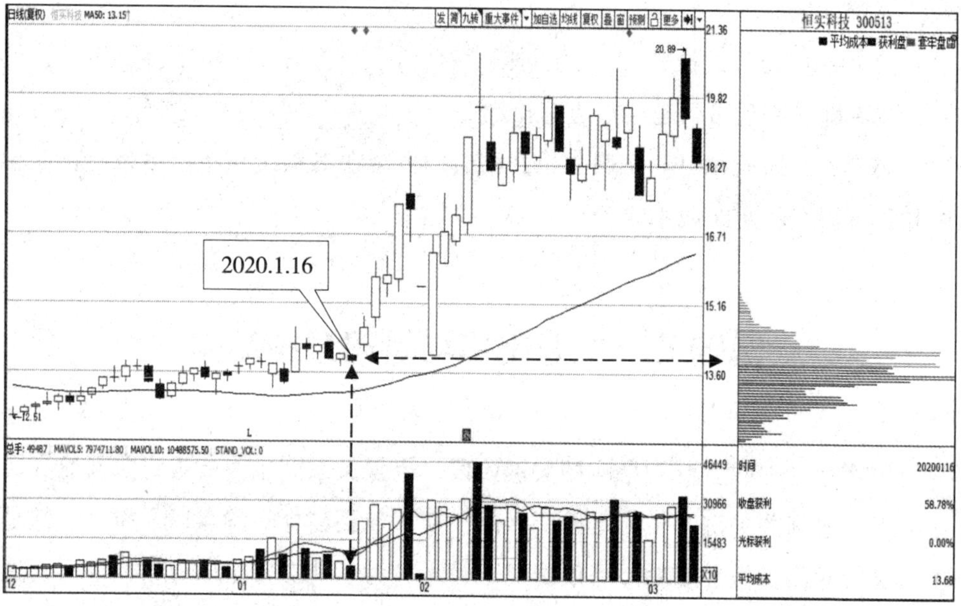

图 4-40　恒实科技（300513）筹码分布图一

恒实科技的股价在 2020 年 1 月前于底部横向振荡了一段时间，筹码开始逐渐向底部密集，形成了低位单峰形态，说明主力有可能建仓，未来股价走势看好，投资者可密切关注其后的走势。2020 年 1 月 16 日，该股股价出现了回调走势，成交量同步出现萎缩迹象。

此后，该股股价脚踩底部筹码峰上行，如图 4-41 所示。

恒实科技的股价在 2020 年 2 月 10 日上升至阶段高点，此后开启了横向振荡走势。观察此时的筹码分布图可知，顶部筹码峰并不算大，底部筹码峰仍然存在，说明主力还没有完成出货，短期内股价并不会大幅走低。

此后，该股股价经历了一段横向振荡走势，如图 4-42 所示。

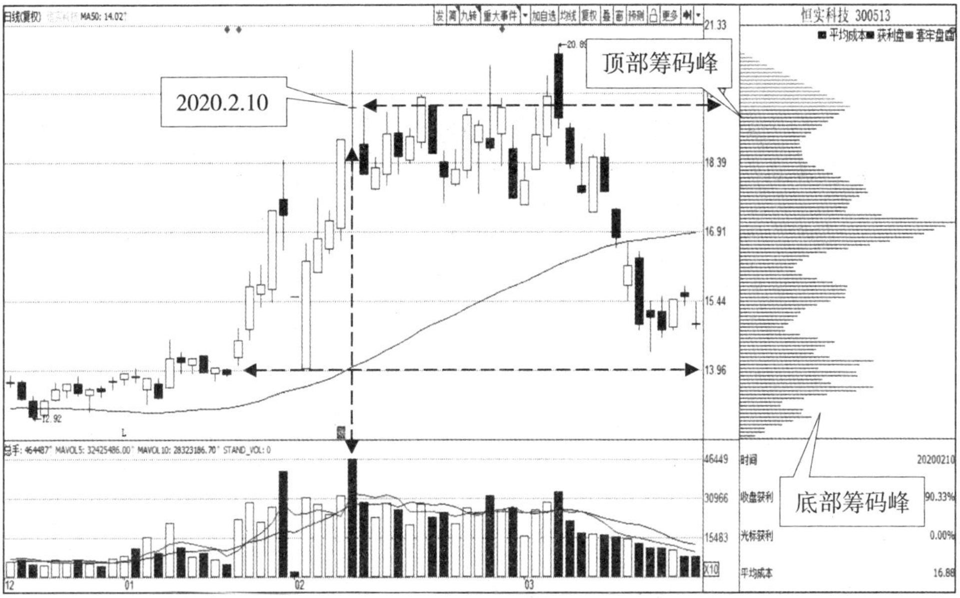

图 4-41 恒实科技（300513）筹码分布图二

图 4-42 恒实科技（300513）筹码分布图三

恒实科技的股价经过一波振荡后，在 2020 年 3 月 12 日出现下跌走势。观察此时的筹码分布图可知，该股筹码重新在顶部密集，且底部筹码峰已经消失殆尽，说明主力已经完成出货，投资者宜立即清仓。

主力出货动作体现在 K 线走势图上，有以下三个盘面特征。

第一，股价出现剧烈振荡，成交量居高不下。主力想要将手中的股票出掉，就需要有一个较高的成交量做支撑，而且这种高成交量还会保持一段时间。

第二，在股价振荡过程中，会出现跌破 5 日均线和 10 日均线的情况，而且短期内难以收复。

第三，在股价振荡将要结束的时候，一旦出现跌破关键支撑位的情况，往往就意味着股价下跌将要开始，投资者需要迅速卖出股票。

二、快速拉高出货与筹码分布

拉高出货是主力经常使用的一种非常重要的出货方式。拉高出货是指主力借助大市走强或某些利好消息，将股价拉升到一个较高的位置后，吸引大量买盘追涨，然后借机出货。对于投资者来说，如果发现某只股票涨幅已经很大，这时又频繁出现利好消息，就需要特别小心了，要防备主力借利好拉高出货。

如果发现主力借利好拉高出货，一定要放弃追涨的念头，迅速卖出手中股票，以防被套牢。

从筹码分布角度来看，这种出货方式比较容易识别，即当股价进入高位后，底部筹码已经全部或大部分转移至高位，且顶部已经形成了明显的筹码单峰，此后股价再度出现上攻，则意味着主力可能正在拉高出货，投资者必须十分小心。

下面来看新美星的案例，如图 4-43 所示。

新美星的股价自 2020 年 4 月底启动上攻。随着股价的持续上行，该股筹码逐渐上移。

2020 年 9 月 3 日，该股股价创出阶段高点。观察此时的筹码分布图可知，该股的筹码大部分已经上移至高位，不过底部筹码峰还具有一定的规模，说明主力并未完成出货，投资者可继续持仓观望。

图 4-43 新美星（300509）筹码分布图一

此后，该股股价开始横向振荡，如图 4-44 所示。

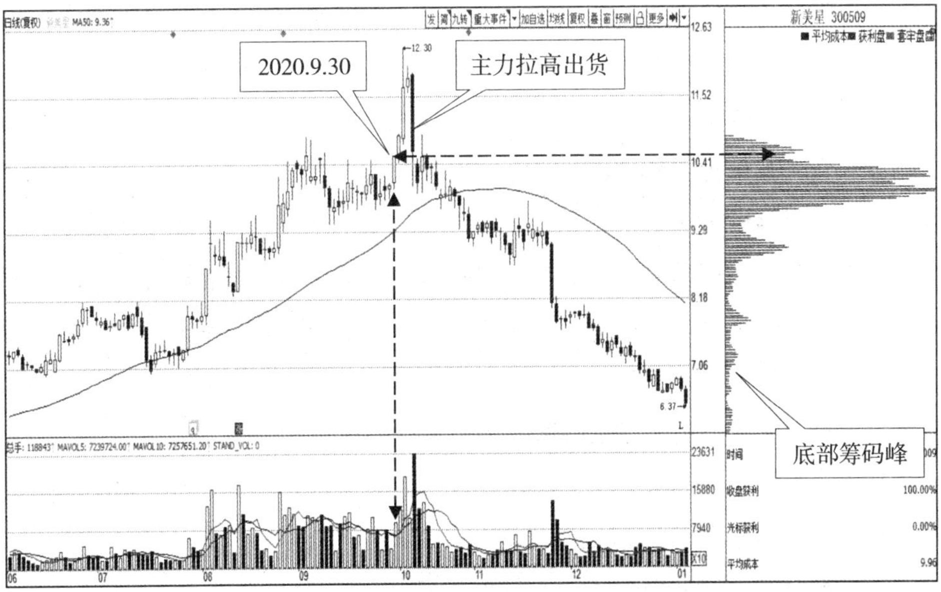

图 4-44 新美星（300509）筹码分布图二

新美星的股价经过一段时间的横向振荡后，在2020年9月30日股价结束盘整，突然启动上攻。观察近几日的筹码分布图可知，底部筹码峰接近消失，顶部筹码峰已经具有了较大的规模，说明主力出货接近尾声，此时的股价拉升很有可能属于主力的拉高出货行为。

此后，该股经过几个交易日的大幅上攻后，突然向下转向，跌破了高位筹码峰，这标志着主力完成出货，未来该股进入下行通道。

拉高出货在盘面上会呈现如下特征。

第一，主力拉高出货过程中，K线图上一般都会出现高开低走的阴线或者跳空向上的十字星线，而且还会伴随巨大的成交量。

第二，主力拉高出货时，各项技术指标都会到达超买区间，例如KDJ指标或者RSI指标。

三、横向振荡出货与派发终结

当主力出货时间较为充裕时，一般都会选择振荡出货这种方式。振荡出货是指股价经过大幅拉升，到达主力心目中理想的目标价位时，主力开始控制股价在一个区域内上下振荡，借助股价上涨大量出货，然后再利用下跌少量吸筹，反复使用多出少进的方式完成出货。主力使用这种方式出货时，一般都是市场行情较好，大多数投资者都看好后市的时候，这样主力就可以顺利地在振荡中派发手中大部分筹码。

从筹码分布角度来看，当股价进入高位时，筹码会呈发散状态，一般底部筹码峰并未完全上移，说明主力手中还有较多筹码。其后，股价持续在顶部振荡，筹码逐渐向顶部密集，底部筹码峰逐渐消失。一旦筹码全部聚集于顶部区域，则意味着主力完成出货，股价的横向振荡也将结束。

当主力采用振荡出货这种方式时，投资者应该注意，一旦股价跌破振荡区域，就可以选择卖出股票了。

下面来看今天国际的案例，如图4–45所示。

图 4-45　今天国际（300532）筹码分布图一

今天国际的股价自 2020 年 6 月底启动上攻，随着股价持续上行，该股的筹码也逐渐上移。

2020 年 9 月 7 日，该股股价创出阶段高点。观察此时的筹码分布图可知，该股筹码大部分已经上移至高位，不过底部筹码峰还具有一定的规模，说明主力并未完成出货，投资者可继续持仓观望。

此后，该股股价开始横向振荡，如图 4-46 所示。

进入高位后，今天国际的股价在顶部出现了剧烈振荡，并走出了经典的头肩顶形态。2020 年 11 月 16 日，该股股价结束盘整，突然启动下跌，并跌破了头肩顶的颈线位。观察此时的筹码分布图可知，底部筹码峰完全消失，顶部筹码峰具有了较大的规模，说明主力出货已经完成。

此后，该股正式进入下行通道。

振荡出货会在盘面上呈现如下特征。

第一，股价到达一个高位时，迟迟不向上方拓展空间，而是呈现横盘振荡状态。一些经典的顶部形态就是在这一阶段形成的，如头肩顶、M 顶、三重顶。

图 4-46　今天国际（300532）筹码分布图二

第二，在振荡出货过程中，会出现很多带有长上影线和长下影线的阴线或阳线。

第三，股价经过一段时间的振荡后，出现向下运行的趋势，表示主力出货已经接近完成，这时投资者应尽快卖出股票，以防被套。

第五章

波段进攻——筹码波段形态解读

筹码分布技术可以在分析市场筹码运动与主力行踪方面为投资者提供支持，投资者也可以此为基础，运用多种技术方法组合研判股价的起涨点、主升浪、滞涨位及股价运行趋势，以便做出买入、加仓与卖出决策。

第一节　起涨点：股价筑底与低位筹码密集

从筹码分布角度来看，底部盘整期间，筹码会在底部形成一个筹码单峰。股价启动前，顶部区域的筹码必然已经下移至底部区域了。股价启动时，可能在盘面呈现如下几个典型的特征。

第一，筹码形成低位单峰形态后，股价脚踩筹码峰放量上攻。

第二，股价 K 线突破长期盘整位置，如 K 线底部形态的颈线位、下跌起始位等。

第三，均线系统买入信号，包括股价 K 线突破中期均线、均线金叉、均线多头发散等。

第四，从成交量角度来看，股价启动前，成交量一般会比较小。当股价启动时，成交量则会呈现较为明显的放大。

第五，很多技术指标也会发出典型的买入信号，如 MACD 指标底背离、

MACD 指标金叉、KDJ 指标低位双金叉等。

实战中，股价起涨时，上述信号一般出现其中的几种，就可以预判股价可能会启动上涨。

一、均线多头发散与 MACD 指标沿 0 轴上扬

股价 K 线在底部横向振荡多个交易日后，均线呈现黏合状态，MACD 指标则在股价横向振荡过程中逐渐走高，并沿 MACD 指标 0 轴运行。当筹码全部在底部完成聚集后，某一交易日股价 K 线启动上升，均线与 MACD 指标会同步发出买入信号。

1. MACD 指标沿 0 轴上扬

MACD 指标常被称为最好用的趋势指标，是波段交易者最喜欢使用的技术指标。MACD 指标由 DIFF 线（快线）、DEA 线（慢线）、MACD 柱线以及 0 轴共同构成。其交叉与背离、对 0 轴的穿越等形态，对分析股价涨跌都有重要的指示作用。

股价经过一段时间的盘整后出现启动迹象，同时 MACD 指标中的 DIFF 线拐头向上，MACD 柱线出现急速大幅伸长形态，则意味着股价短线强攻已经启动，属于典型的短线强势看涨信号。

如图 5-1 所示，中水渔业的股价经过多日盘整后，于 2020 年 7 月 30 日放量上攻，并以涨停报收。与此同时，DIFF 线拐头向上，MACD 柱线同步急速大幅伸长，这属于典型的短线买入形态。

2. 均线指标由黏合转为多头发散

根据均线低位黏合进行操作时，应该注意以下几点。

第一，股价经过长时间下跌后，在逐步企稳的前提下，均线才会出现黏合，说明股价正在选择突破方向。

第二，一般来说，底部黏合的时间对股价未来走势存在一定的影响。短时间黏合，存在无法完全消化上方套牢盘的情况，因而未来极有可能继续下跌，

即各条均线呈现空头发散排列的形态；反之，若股价盘整时间较长，均线经过了长时间的黏合，套牢盘已经被消化完了，那么未来股价上行、均线呈多头发散排列的概率较高。

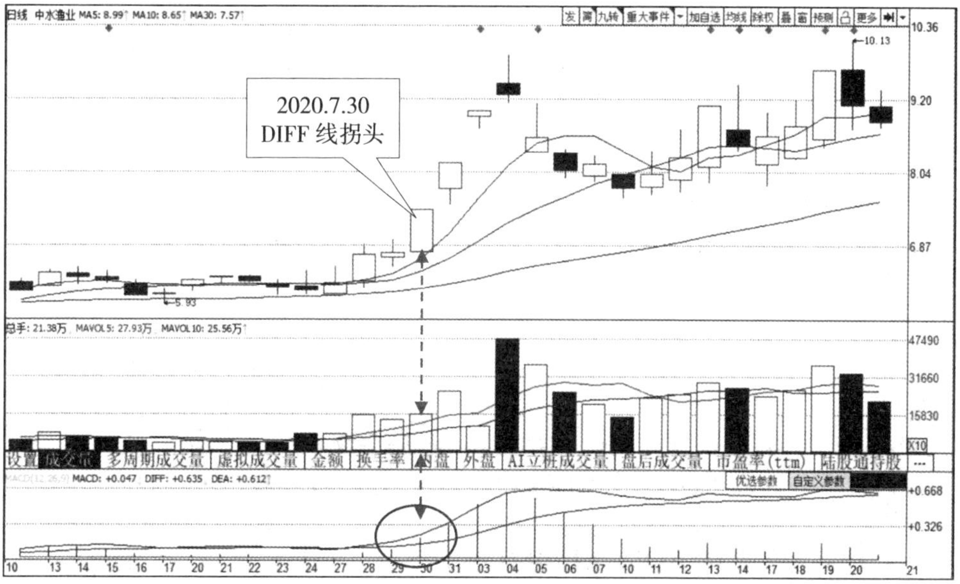

图 5-1 DIFF 线拐头与 MACD 柱线急速拉升

第三，均线黏合期间，成交量可能会出现持续的缩量状态。当均线即将从黏合状态转为发散状态时，成交量会温和放大，这也是股价即将启动的一个典型迹象。

第四，均线低位黏合后上涨的可能性较大，但并不意味着黏合之后股价一定会上涨，投资者还要防备主力的诱多、诱空等行为。

第五，通常情况下，均线黏合的时间越长，未来上涨或下跌的幅度也越大。

下面来看长江证券的案例，如图 5-2 所示。

长江证券的股价自 2020 年 3 月下旬启动了一波下跌走势，并很快开始底部盘整走势。在底部振荡盘整时，各条均线逐渐靠拢，形成了黏合状态，说明该股股价正在选择突破方向，投资者宜密切关注该股其后的走势。

2020 年 6 月 15 日，该股股价向上突破整理区域，各条均线开始呈多头发散排列，说明股价上涨空间已经打开，投资者宜追涨买入该股。

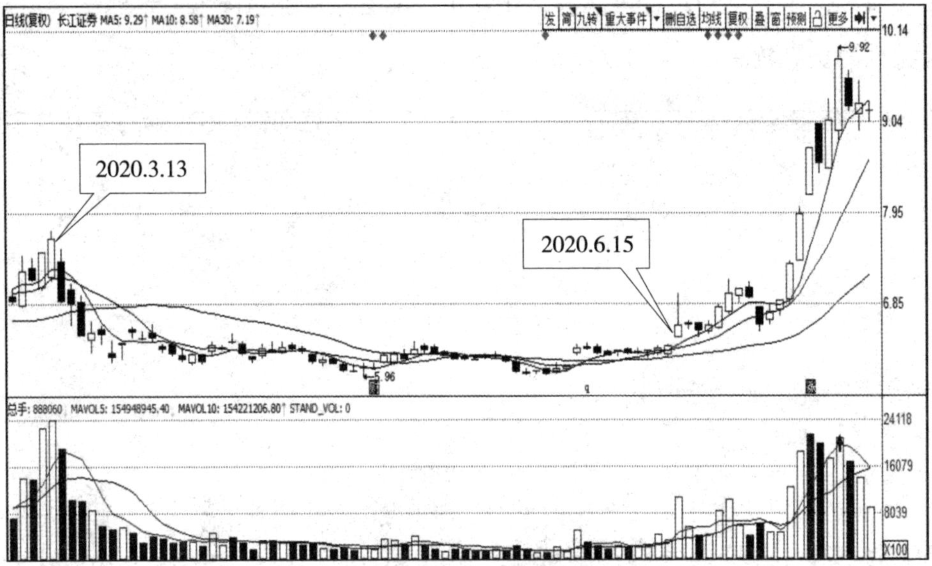

图 5-2　长江证券（000783）日 K 线走势图

3. 均线发散与 MACD 指标沿 0 轴上扬

该技巧的操作要点如下。

第一，股价 K 线经过长时间的盘整后，某一交易日开始放量上攻，并脚踩底部筹码峰。

第二，均线系统由黏合状态转为多头发散排列，这是股价看涨的典型信号。

第三，MACD 指标长期沿 0 轴横向运行，当股价启动上升时，MACD 指标拐头上扬，MACD 柱线同步伸长。

下面来看 ST 金刚的案例，如图 5-3 所示。

ST 金刚的股价自 2020 年 4 月到 8 月维持了长达四个月的横向振荡走势。在此期间，该股股价波动范围被压缩在一个狭窄的空间中，筹码逐渐在底部区域密集，形成了典型的低位单峰形态。各条均线逐渐黏合在一处时，MACD 指标在 0 轴上方横向运行。上述迹象表明，股价正在选择突破方向，投资者宜密切关注该股其后的走势。

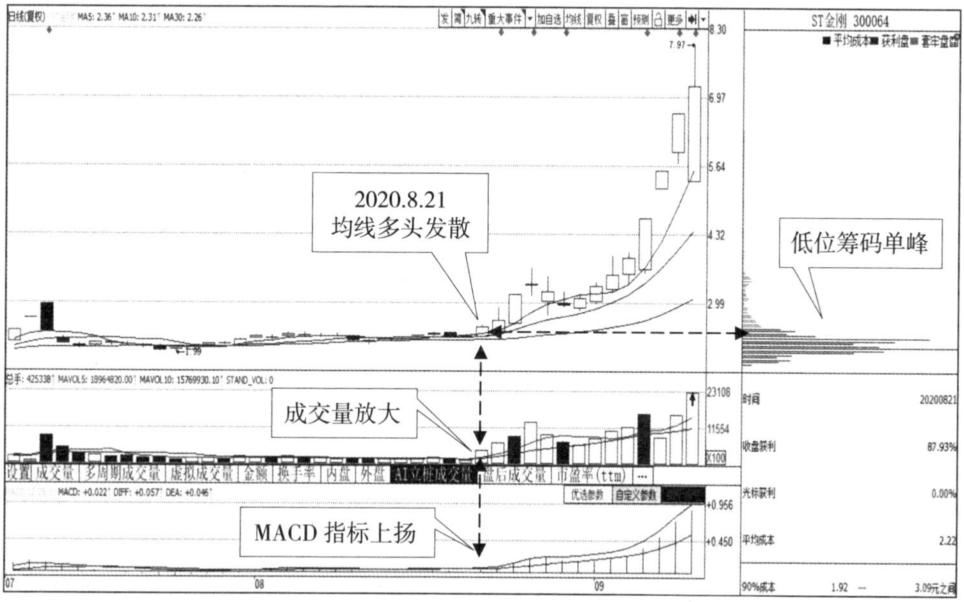

图 5-3 ST 金刚（300064）日 K 线走势图

2020 年 8 月 21 日，该股股价突然脚踩底部筹码峰放量（相比前一交易日，成交量放大了数倍）上攻，且突破多条均线的压制。与此同时，5 日均线、10 日均线和 30 日均线由黏合转为发散，进入多头发散排列状态。MACD 指标中的 DIFF 线在 0 轴上方拐头向上，这都属于典型的看涨信号。

看到上述信号，投资者可放心大胆地追涨买入该股。

二、MACD 指标低位金叉与底部筹码峰

从筹码分布角度来分析 MACD 指标低位金叉的质量，可能是一种非常不错的选择。很多时候，MACD 指标低位金叉后，股价 K 线并未出现反转，仅仅是反弹一下又回归了下行通道。从筹码分布角度探究原因就可以发现，之所以股价没有反转，主要还是顶部筹码峰并未移到底部，也就是顶部套牢盘较多，因此主力是不可能向上拉升股价的。

1. MACD 指标低位金叉

MACD 指标低位金叉，是指位于 0 轴下方的 DIFF 线拐头向上穿越 DEA 线，且交叉点位于 0 轴下方较远位置的金叉。由于此时空方占据明显的优势地位，因此金叉出现后，股价上扬更多地属于短线反弹性质，并非反转。不过，所有的趋势反转都是先由反弹开始的，所以投资者也没有理由不重视 MACD 指标的低位金叉。

MACD 指标低位金叉，至少从某种意义上反映出短期多方实力有所增强，空方实力开始衰退。此后，股价 K 线若能突破重要的均线阻力位，MACD 指标向上突破 0 轴，则更可强化趋势反转的意味。

如图 5-4 所示，美迪西的股价经过一段时间的下跌后，已经进入底部区域。2020 年 12 月 3 日，该股股价放量上攻，MACD 指标同步出现低位金叉。鉴于 MACD 指标低位金叉的成色稍有不足，投资者可继续观察该股其后的走势。2020 年 12 月 17 日，该股股价继续上攻，MACD 指标向上突破 0 轴，且股价 K 线突破了多条均线，这都属于趋势转向的信号，投资者可积极入场买入股票。

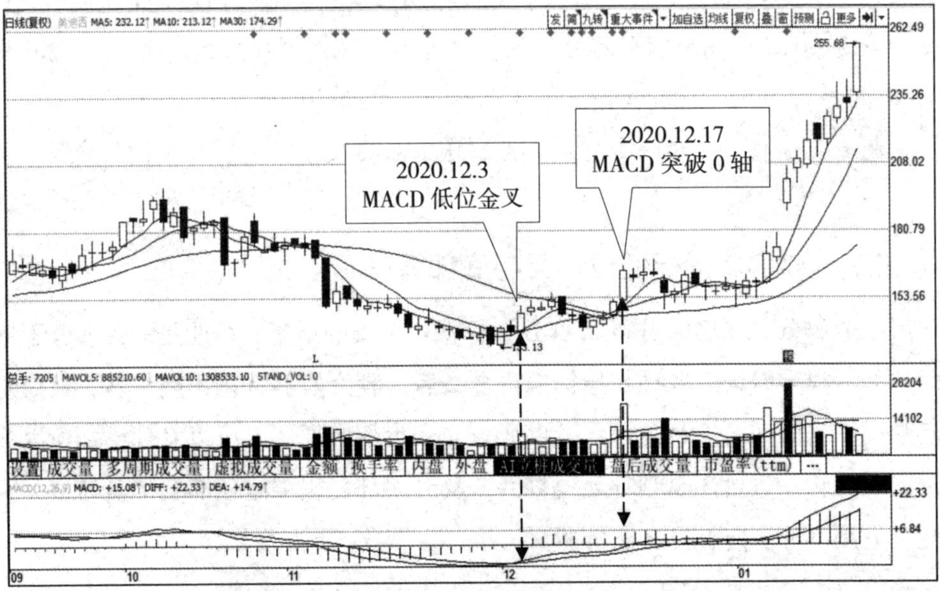

图 5-4 美迪西（688202）日 K 线走势图

2. 低位筹码密集形态与 MACD 低位金叉

股价自高位下跌一段时间后，如果股票的主筹码峰随着股价的下跌而下移，股价进入底部区域，筹码在底部迅速密集，并形成底部主筹码峰，之后股价出现上攻走势，且脚踩底部筹码峰，此时 MACD 指标同步出现低位金叉形态，那么，此时股价反转向上的概率将大大提升。

下面来看海正药业的案例，如图 5-5 所示。

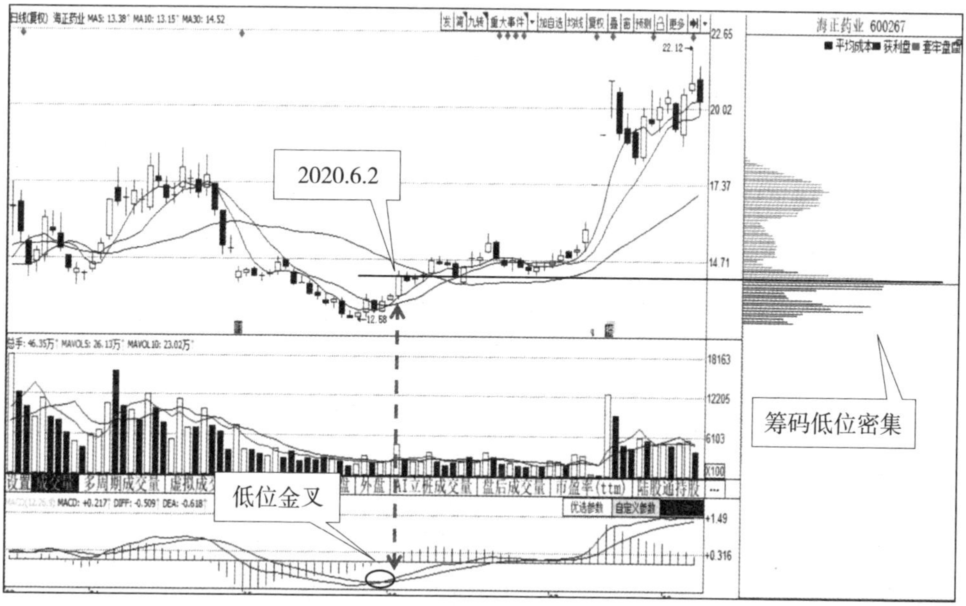

图 5-5　海正药业（600267）日 K 线走势图

海正药业的股价自 2020 年 4 月中旬开始出现了一波大幅下跌走势。到了 6 月初，该股股价出现了止跌反弹迹象。

2020 年 6 月 2 日，该股股价大幅放量上攻，MACD 指标出现了低位金叉形态。投资者可参照筹码分布情况来判断该低位金叉的性质。从筹码分布图可以看出筹码呈单峰形态，且该筹码峰位于底部区域。也就是说，截至 2020 年 6 月 2 日，该股筹码峰已经下移至底部区域，上方筹码较少，股价上升面临的阻力很小。此时股价上攻，很可能是主力开始拉升股价，投资者可考虑积极入场建仓。

该股股价经过一段时间的上涨后，MACD 指标向上突破了 0 轴，投资者可进一步加仓入场。

三、MACD 指标底背离与底部筹码峰

通常情况下，MACD 指标出现底背离，意味着股价即将迎来反转行情。若此时筹码在底部已经形成密集筹码单峰，则未来股价上涨时，出现趋势反转的概率更高。

1. MACD 指标底背离

当股价连续创出新低时，MACD 指标却并未随之创出新低，说明 MACD 指标与股价出现了底背离形态。出现底背离形态，意味着股价可能会反向上攻，但并不确定这种上攻何时能够展开。有些股票可能发生一次底背离后，股价就会反向进入上升通道；有的股票可能发生两次甚至三次底背离后才能反转。

下面来看山东华鹏的案例，如图 5-6 所示。

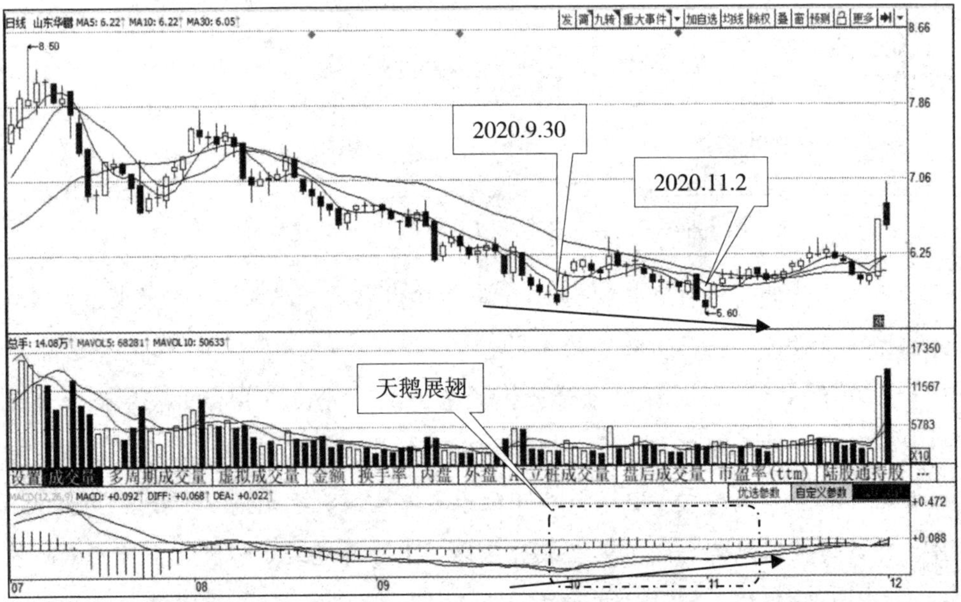

图 5-6　山东华鹏（603021）MACD 指标走势图

山东华鹏的股价自2020年7月初进入下行通道，随着股价的下行，MACD指标与成交量都同步走低。

2020年9月30日，该股股价创出阶段低点后出现反弹走势，MACD指标同步出现低位金叉。由于该金叉远离0轴，且股价运行于10日均线和30日均线下方，投资者可保持观望，激进型投资者可少量入场。之后，该股股价重新开始下跌，并于2020年11月2日再度创出新低。不过，MACD指标并未随之创出新低，这就意味着股价与MACD指标出现了底背离。

与此同时，观察MACD指标线形态可以发现，MACD指标的DIFF线和DEA线构成了天鹅展翅形态，这属于典型的看涨信号。不过，由于此时MACD指标仍位于0轴下方，投资者可考虑少量建仓，待MACD指标向上突破0轴再加仓。

2. MACD指标底背离与低位单峰形态组合

对于投资者来说，底背离形态确实有助于辨识底部的到来，但也有一个明显的缺点，即不能确定股价与MACD指标背离多少次才能反转。

利用筹码分布技术，对MACD指标的底背离进行确认，也许是一个不错的选择。MACD指标出现底背离后，股价K线并未反转，而是仅仅反弹一下又开始二度背离。从筹码分布角度探究原因可以发现，之所以股价没有反转，主要还是顶部筹码峰并未移到底部，也就是说，顶部套牢盘较多，主力是不可能向上拉升股价的。换句话说，如果MACD指标出现底背离时，顶部筹码峰已经下移至底部，意味着顶部的套牢盘已经割肉离场，主力也就可以安心地向上拉升股票了。

下面来看赞宇科技的案例，如图5–7所示。

赞宇科技的股价自2020年4月中旬进入下行通道。2020年5月25日，该股股价创出阶段新低后反弹。与此同时，MACD指标低位金叉后也同步向上，但交叉点距离0轴较远。观察此时的筹码分布图可知，此时该股的顶部筹码峰仍在，底部并未形成筹码峰，说明顶部套牢盘大量存在，投资者不宜入场。

此后，该股重新进入下行通道，并创下了新的低点，如图5–8所示。

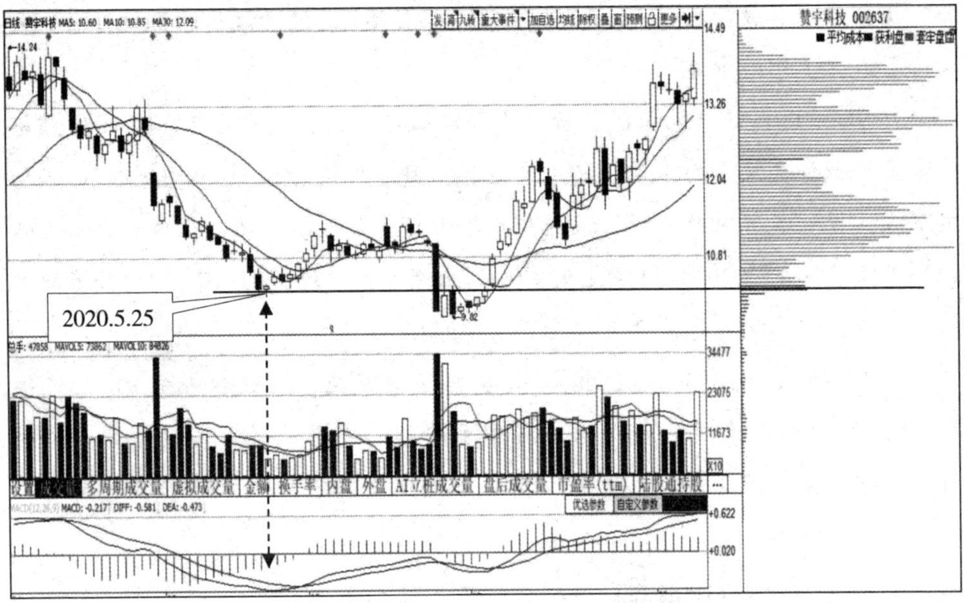

图 5-7　赞宇科技（002637）日 K 线走势图一

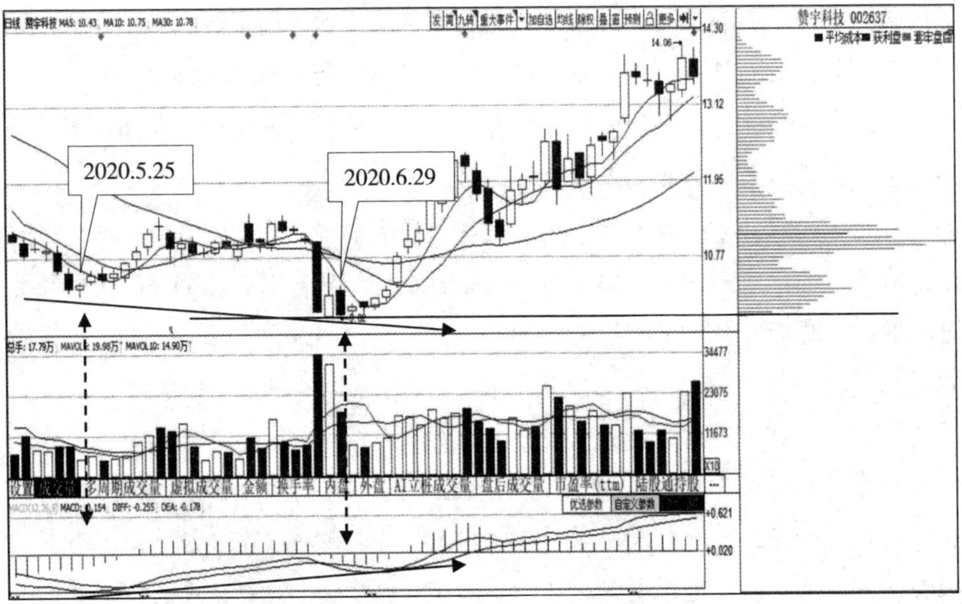

图 5-8　赞宇科技（002637）日 K 线走势图二

赞宇科技的股价在 2020 年 6 月 29 日再度创下阶段新低，且该低点明显低于 2020 年 5 月 25 日的低点，但 MACD 指标并未随之创出新低，这就意味着股价与 MACD 指标出现了底背离。观察此时的筹码分布图可知，此时顶部筹码峰已经萎缩至极小状态，底部筹码峰已经非常大，说明顶部的套牢盘消化殆尽，未来股价存在上攻的可能。

投资者可在底背离出现后，股价开始回升时入场买入股票。

四、K 线底部形态与底部筹码峰

股价 K 线在底部振荡盘整期间形成的一些特殊形态，被称为 K 线底部形态。出现这些形态，往往预示着股价即将启动反弹。很多时候，K 线底部形态没有完成时，即股价正式启动上涨前，投资者是无法准确判断股价到底会出现何种底部形态的，例如，底部出现 V 形底后会不会形成 W 形底，抑或是头肩底或三重底，等等。

将 K 线底部形态与筹码分布技术结合，往往能够更加准确地判断股价 K 线筑底是否完成，并及时做出决策。

从筹码分布角度来看，各类 K 线底部形态在形成过程中，筹码都会在底部密集，而且底部形态的成立需要股价 K 线向上突破颈线位来确认。这里以头肩底为例来介绍底部形态与筹码分布组合判断起涨点的方法。

1. 头肩底形态

头肩底出现在下跌行情中，由三个低谷组成，左右两个低谷相对较浅，基本处在同一水平位置上，中间一个低谷的低点明显低于左右两个低谷的低点，其形态就像一个倒立的人的头部和两肩，如图 5-9 所示。

头肩底形态是这样形成的：股价下跌一定深度后开始反弹，当达到一定高度后出现回调，形成了“左肩”。接着股价再度下跌，创出新低后回升，构筑了“头部”。之后股价上涨到前一次反弹的高度附近，随后再次回调，这次回调的低点高于头部的低点，形成了“右肩”。在两次反弹过程中，股价基本在同一价位受阻回落，这个价位上的水平直线就是颈线。

头肩底形态是一种较为强烈的反转形态，表示空方力量不断被消耗，多方重新焕发生机。

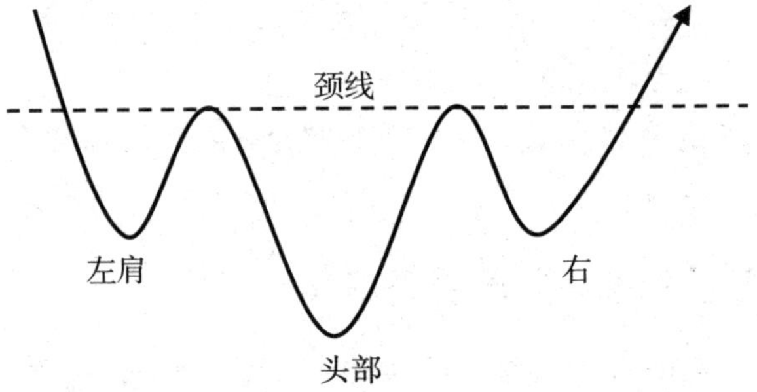

图 5-9　头肩底形态

第一，头肩底形态是较为可靠的牛市信号，此形态出现之后，常常会出现一波较为可观的上涨行情。投资者看到头肩底形态后，应果断买入股票，持股待涨。

第二，股价冲破了阻力线（颈线）位置，表示头肩底形态构筑完成，这是头肩底形态的第一个买入信号，投资者可以果断买入。在突破颈线时，必须要有成交量激增的配合，否则可能是一个无效突破。但是如果在突破后成交量逐渐增加，形态也可以确认。

第三，股价突破头肩底的阻力线（颈线）后，往往会在不久之后回抽到颈线附近，如图 5-10 所示。如果股价止跌回升，向上突破的有效性便得到了确认，这是第二个买入信号。实战中，这样的回抽有时不会出现，因此，投资者切不可把它作为自己唯一的买入点，以免踏空行情。

第四，股价完成向上突破后，原来的阻力位就变成了支撑位。参照头肩底形态买入股票的投资者，应该将止损位设在头肩底的颈线位置上。

第五，成交量是研判头肩底形态信号强弱的一个重要指标。在形成左肩和头部的过程中，如果成交量极度萎缩，冲破颈线形成右肩时成交量却显著放大，说明看涨信号的可靠性更高。

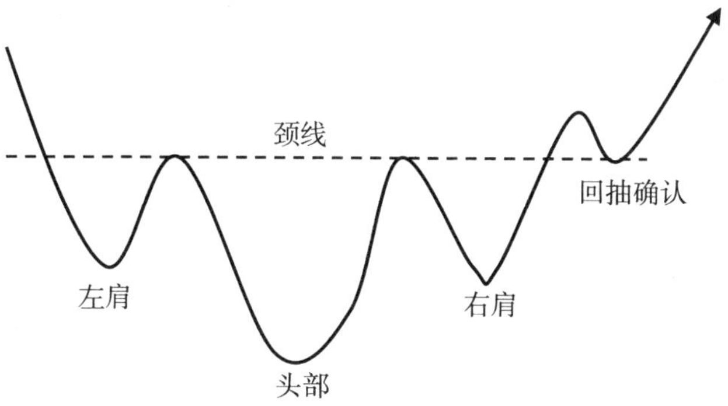

图 5-10　头肩底的扩展形态

第六，一般来说，头肩底形态较为平坦，需要较长的时间来完成。形成头肩底所用的时间越长，后市上涨的空间就可能越大。

第七，头肩底形态可能演变成多个头部或多个肩部形态，但是其基本的技术含义并没有改变，不影响作为头肩底形态进行研判。

2. 头肩底形态与筹码分布技术组合研判

利用头肩底形态与筹码分布技术组合研判股价趋势时，需要注意以下几点。

第一，股价在左肩和头部形成后出现反弹时，高位套牢者寄希望于股价反弹能达到一个理想的高度，因而抛出的筹码十分有限。头肩底的头部要低于左肩的低点，这也是主力刻意制造的一种股价下跌的假象，以引诱散户出货。也就是说，头肩底中左肩和头部出现时，底部仍未形成密集筹码峰，甚至高位筹码峰仍然存在。基于前面的介绍，只要高位筹码峰仍然存在，主力就不会大幅拉升股票。

第二，股价形成第二个底后反弹一段时间，随后主力再次打压股价，迫使高位筹码迅速向下转移，以便于主力未来拉升股价。也就是说，当头肩底形成右肩时，成交量出现明显放大的，未来股价上涨的概率相对更高。观察此时的筹码分布图可知，此时正是高位筹码向下转移的时间。

第三，通常情况下，头肩底的颈线位就是底部筹码峰所处的核心区域，当然，这也与股价几次三番往返于该价位有关。也就是说，在颈线这个位置聚集了大量的筹码，未来股价向上突破这一筹码密集区域，才可能迎来真正的上涨行情。

第四，有些时候，股价走出头肩底后，高位筹码仍未完全转移至底部区域，此时主力可能会选择再次大幅打压股价，迫使高位持股者放弃筹码，这也是头肩底出现扩展形态的原因。

下面来看蓝晓科技的案例，如图 5-11 所示。

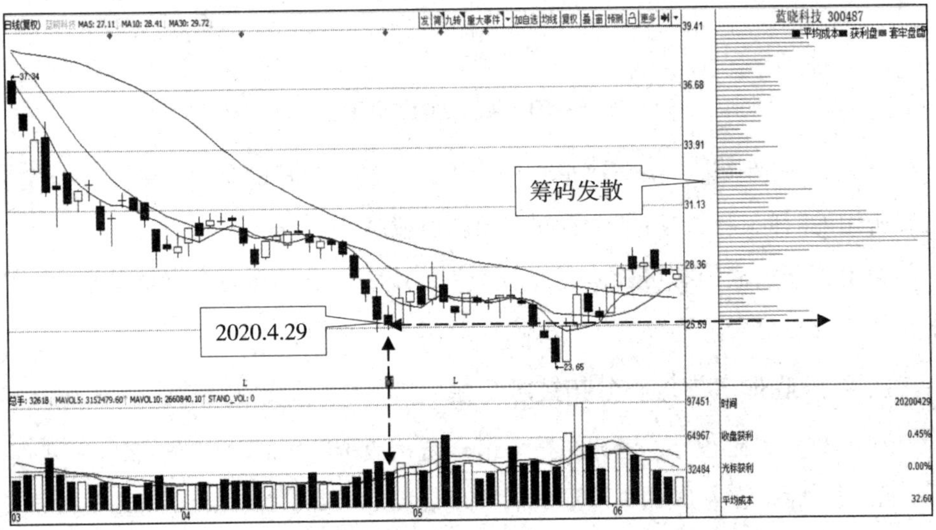

图 5-11　蓝晓科技（300487）筹码分布图一

蓝晓科技的股价自 2020 年 2 月底出现了一波下跌走势。2020 年 4 月 29 日，该股出现止跌企稳迹象，股价低开之后，一路振荡并以带影线的阴线报收。观察此时的筹码分布图可知，该股筹码较为发散，说明此时的反弹空间十分有限，主力资金也不会进入，只有一些散户在抢反弹。

该股经过几个交易日的反弹，随后重归跌势，如图 5-12 所示。

2020 年 5 月 8 日，蓝晓科技的股价出现下跌，2020 年 5 月 25 日再次启动反弹。观察筹码分布图可知，此时高位筹码峰虽然开始萎缩，但仍然存在，说明此时的反弹仍可能只是昙花一现，投资者还需观察该股的后续走势。

该股经过几个交易日的反弹后，于 2020 年 6 月 5 日开始下跌，如图 5-13 所示。

图 5-12　蓝晓科技（300487）筹码分布图二

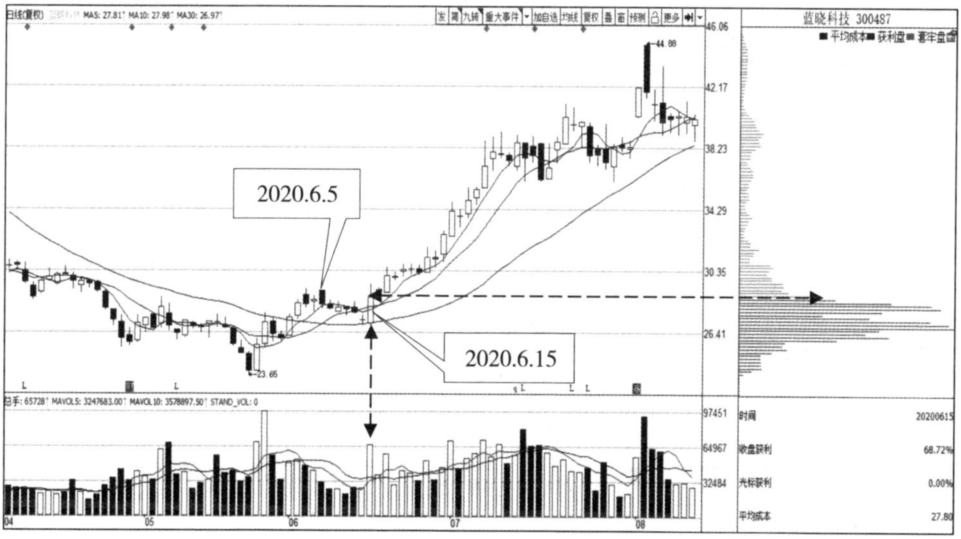

图 5-13　蓝晓科技（300487）筹码分布图三

2020 年 6 月 15 日，蓝晓科技三度启动反弹，观察此时的成交量可知，此次反弹的成交量明显出现了放大。观察此时的筹码分布图可知，筹码分布图出现了低位单峰形态，尽管顶部还有部分筹码，但底部区域的筹码已经占据了绝对优势，未来上涨可期。

此后该股连续上攻，并形成了头肩底形态，如图 5-14 所示。

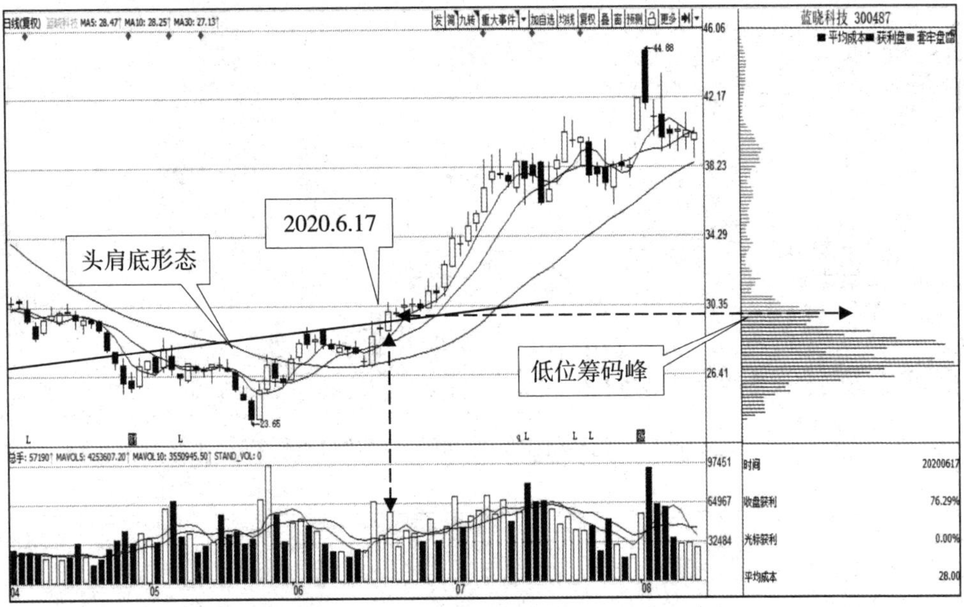

图 5-14 蓝晓科技（300487）筹码分布图四

2020 年 6 月 17 日，蓝晓科技的股价 K 线成功向上突破头肩底颈线位，说明股价已经走出了头肩底区域。观察此时的筹码分布图可知，顶部筹码中又有一部分向底部转移，且当日股价已经站在了底部筹码峰上沿，说明未来股价上攻的概率很高，投资者可考虑追涨买入该股。

第二节 主升浪：加速上行与筹码发散

主升浪是市场中经常听到的一种说法，指的是股价启动的一波强势上升行情。事实上，主升浪本身指的是波浪理论中的第三浪。在波浪理论中，第三浪是所有浪中涨幅最大的一浪，因而也被称为主升浪。

一、波浪理论与主升浪的识别

按照艾略特波浪理论，股价由一个完整的八浪循环构成，其中前五浪为驱动浪，后三浪为调整浪，如图 5-15 所示。

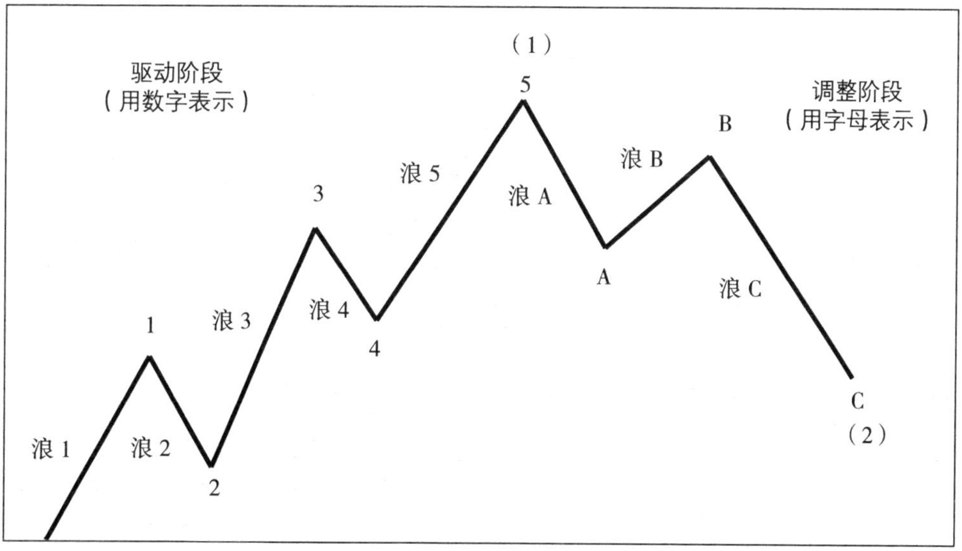

图 5-15 八浪循环结构

驱动阶段的五浪全部用数字表示，即浪 1、浪 2、浪 3、浪 4、浪 5；调整阶段的三浪全部用字母表示，即浪 A、浪 B、浪 C。在八浪循环中，前五浪是推动股价向上的主要力量，也是我们重点研究的对象。正因如此，有些时候，大家提及波浪理论时，常常只提及前五浪形态。

艾略特认为，五浪形态中存在三个永恒的法则：第一，浪 2 永远不会低于浪 1 的起点；第二，浪 3 永远不是最短的一浪；第三，浪 4 永远不会进入浪 1 的价格领地。这三个法则也是投资者数浪的重要依据。

由于第二浪回调持续的时间短促，力度很大，很多投资者出于对股价走势的恐惧而不敢介入其中。这时候，主力突然大幅拉升股票，使得股价在短期内大幅上涨，构成了一波壮观的主升浪。

图 5-16 所示为楚天科技在 2020 年 4 月到 2020 年 8 月的日 K 线走势图。

从图中可以看出，该股在前一波回调行情之后，走出了一波快速上升走势，这一波走势就是大家通常所说的主升浪。

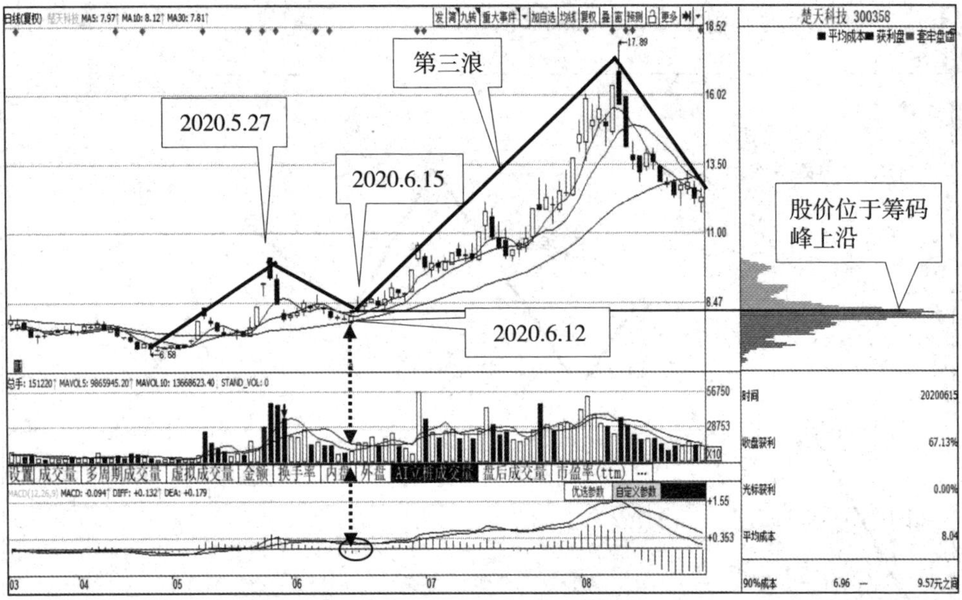

图 5-16　楚天科技（300358）日 K 线走势图

观察该股第三浪启动点可以发现以下几个特征。

第一，第三浪启动时，即在该股由回调走势转为上攻走势的过程中，从 K 线形态上来看，该股日 K 线可能会出现自下而上突破均线的形态。也就是说，第二浪结束之后，K 线必然会跌破短期均线，但一般不会跌破中长期均线。当第三浪启动后，K 线会重新向上突破均线。若股价 K 线在某条重要均线受到支撑，则可增强股价上攻的可能性。

第二，第三浪启动前，短期均线会跌破中期均线，但一般不会跌破长期均线。长期均线可能会出现放平而非拐头的走势。此后第三浪启动，短期均线重新向上穿越中期均线，形成黄金交叉形态，且各条均线会逐渐转为多头排列，这也是所有股票即将启动上升浪时的一个共同特征。

第三，第三浪启动后，随着股价的上升，成交量会呈现放大态势，但不会出现巨量情况。在主力拉升过程中，由于不断会有散户兑现利润，卖出手中的股票，因而，随着股价的升高，成交量也会逐级扩大。

第四，第三浪启动时，MACD 指标可能会出现黄金交叉形态，且这一金叉应该在 0 轴上方附近。相比于第一浪时形成的金叉，这一次的交叉点更高。另外，MACD 指标两度金叉，也是股价即将大幅上攻的信号。

第五，观察图 5-16 所示的筹码分布图可以发现，2020 年 6 月 12 日，楚天科技的股价遇 30 日均线支撑出现反弹时，2020 年 6 月 15 日，该股股价 K 线位于主要筹码峰的上方，说明该股上攻过程中，不会有太多的筹码流出，因而股价上升压力较小。

基于以上分析可知，相比第一浪，第三浪的研判更加容易，而且一旦抓住主升浪，获利相当可观。因此，作为波段交易者，最好能够将精力集中于捕捉主升浪方面。从图 5-16 来看，投资者在第三浪启动上攻时（2020 年 6 月 12 日）介入，是一个不错的选择。当然，出于谨慎的考虑，也可在股价向上突破 5 日均线和 10 日均线后，即 2020 年 6 月 15 日入场买入股票。

二、MACD 指标 0 轴上方金叉与筹码分布

通常情况下，股价由下行趋势反转进入上升趋势，总会有一个过程，而且在很多情况下，反转与反弹的区分也不是十分明显。从 MACD 指标来看，股价在低位启动时，MACD 指标可能会同步出现低位金叉；当股价上升一段后回调，再次启动上涨时，MACD 指标可能也会再度出现金叉形态，且该交叉点一般都会高于低位金叉的交叉点，甚至高于 0 轴，此时往往是波浪理论第三浪的启动点位。

从筹码分布的角度来看，第三浪的启动无疑也是背靠强大的底部筹码峰实现的。即股价快速上攻前，底部区域聚集了绝大多数筹码，上方筹码数量较少。在这种情况下，当 MACD 指标在 0 轴上方形成金叉后，若股价 K 线脚踩底部筹码峰上攻，则启动上升浪的概率会很大。

1. MACD 指标在 0 轴上方形成金叉

MACD 指标在 0 轴上方出现金叉时，操作要点包括如下几项。

第一，DIFF 快线自下而上穿越 DEA 慢线时，交叉点应位于 0 轴附近（以上方附近位置为宜），说明此时多头已经占据主导地位。

第二，股价经过一波下跌之后，MACD 指标出现低位金叉，尽管也可能会带动股价上行，但这一波段行情很可能属于反弹走势，投资者需要谨慎操作。

第三，投资者交易时，尽量在 0 轴上方出现第一个金叉时买入。交叉点距离 0 轴不能太远，太远则有超买迹象，股价存在回调风险。也就是说，金叉距离 0 轴越近，成色越好。

第四，出现金叉时，如果 K 线呈现突破形态，成交量同步放大，则可增强金叉的可信度。

下面来看泉峰汽车的案例，如图 5-17 所示。

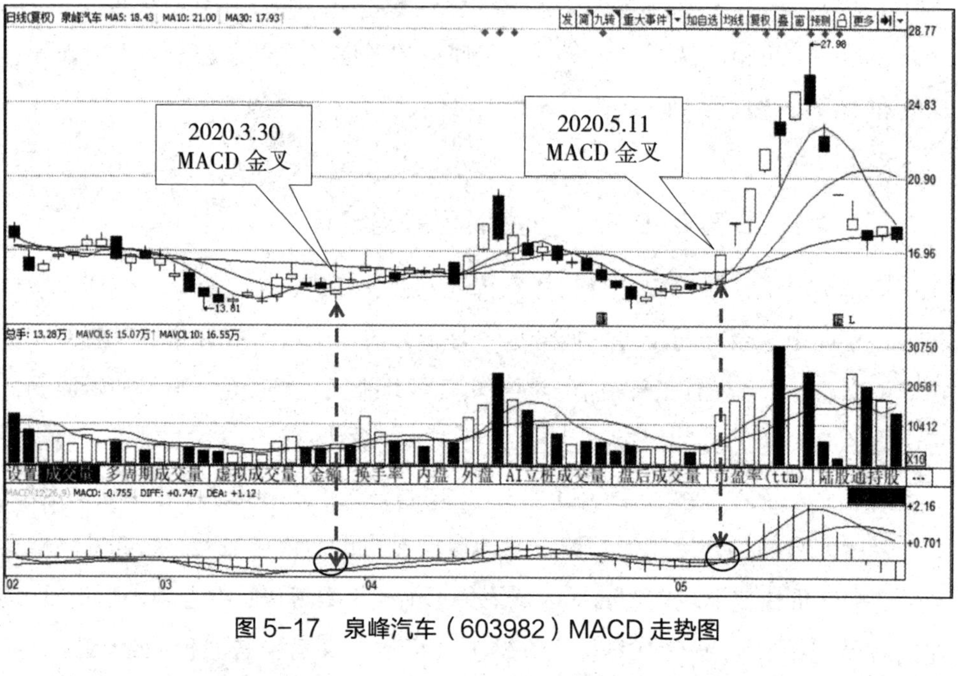

图 5-17　泉峰汽车（603982）MACD 走势图

泉峰汽车的股价自 2020 年 3 月中旬开始触底反弹。2020 年 3 月 30 日，该股股价收出一根带长上影线的中阳线，DIFF 线完成了对 DEA 线的穿越，形成了低位金叉。投资者观察该金叉可以发现，该交叉点位于 0 轴下方，且距离 0

轴较远，说明此时仍是空方占据主导地位，此时的金叉成色不足，未来能否形成一波上升，还要看反弹的高度如何，以及股价能否突破重要阻力位。

其后，该股股价经过短暂的反弹，重新进入调整行情。2020 年 5 月 11 日，该股股价再度发力上攻，MACD 指标在 0 轴附近形成金叉，由于该交叉点就在 0 轴附近，属于成色较高的金叉，投资者可积极入场。

此后，该股股价掀起了一波快速上升走势。

2. 通过 0 轴上方金叉与筹码分布组合识别主升浪

股价自低位启动，经过一段时间的上涨后，MACD 指标来到 0 轴附近。此后股价出现回调，MACD 指标同步回落，但随着股价的反弹，MACD 指标很快在 0 轴附近形成金叉。此时的筹码分布图中，底部主筹码峰肯定不会上移，这是股价继续前行的基础。投资者见到此类筹码分布形态，可在 MACD 指标在 0 轴附近出现金叉时坚定入场做多。

下面来看南山控股的案例，如图 5-18 所示。

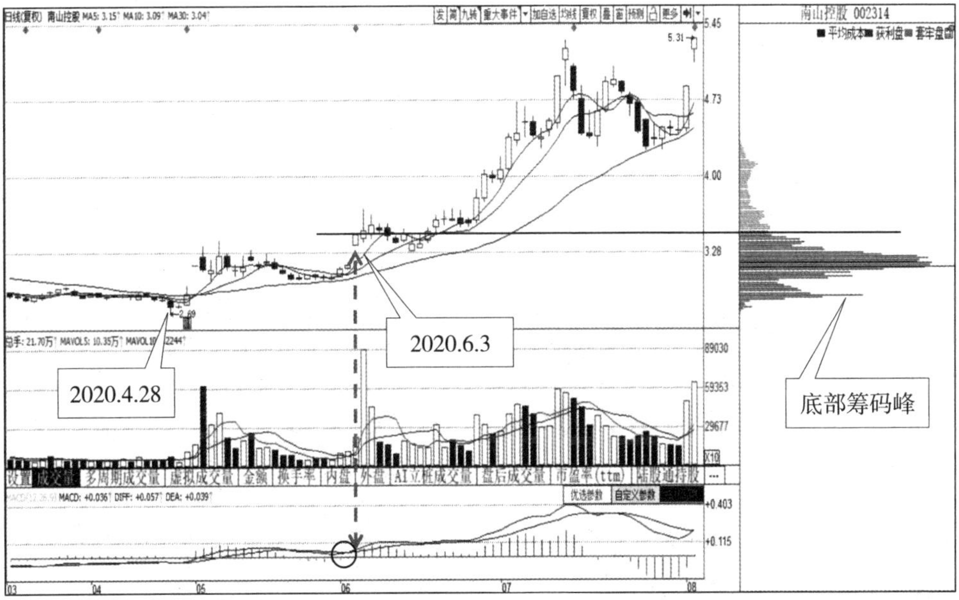

图 5-18　南山控股（002314）日 K 线走势图

南山控股的股价自2020年4月28日创下阶段新低后启动上升走势，MACD指标同步向上运行。进入5月中旬，该股股价出现调整走势，MACD指标同步出现调整。

2020年6月3日，该股股价放量上涨，突破了多条均线，并站到底部筹码峰上沿，上方区域已经没有规模较大的筹码峰阻碍股价上行了，即市场上的筹码绝大部分集中于股价K线下方区域。与此同时，MACD指标在0轴附近形成了黄金交叉形态。

之后股价上行，几个交易日后开始了振荡走势，投资者此时应该观察一下筹码分布情况。从右侧的筹码分布图可以看出，尽管在股价调整区域集中了较多筹码，但底部筹码峰仍然存在，说明底部入场的主力并未出货，这也意味着此时股价的回调很可能是主力的洗盘动作，未来股价继续上升的概率极大。

基于以上分析，投资者见到MACD指标在0轴附近形成黄金交叉时，可积极入场。此后，该股股价出现了一波幅度较大的上涨行情。

三、K线整理形态与主升浪

按照波浪理论的说法，股价启动主升浪前，都会有一波调整行情，即第二浪。也就是说，股价经过第一浪上行后，很快会转入一个调整格局。在股价调整过程中，K线经常会呈现一些经典的整理形态，如三角形、楔形、旗形、矩形。

从筹码分布角度来看，在各类K线整理形态形成过程中，筹码都会向整理区域密集，尤其是上方筹码峰，几乎会全部转入整理区域。与此同时，底部筹码峰也会出现萎缩并上移的情况。不过，主力一般会在底部吃进较多的筹码，一直到股价调整结束，底部筹码峰都会保持相当的规模，这也是股价未来上升的保障。

在股价整理过程中，K线会形成各类整理形态。这些整理形态比较相似，这里仅以下降楔形为例进行讲解。

下降楔形常常出现在上涨行情中，是一种典型的上涨中继形态。出现该形态时，很多散户都将其看成股价下跌过程中的波动，因而纷纷清仓，但接着股价突然上涨，常常让散户踏空行情。

1. 下降楔形

下降楔形又称下倾楔形，通常出现在上涨行情中。该形态表现为：在股价上升过程中，出现了一小段向下的振荡整理行情，将反弹的高点和回落的低点分别用直线相连，两条直线方向相同且呈收敛状，从而形成一个向下倾斜的楔子形态，如图 5-19 所示。

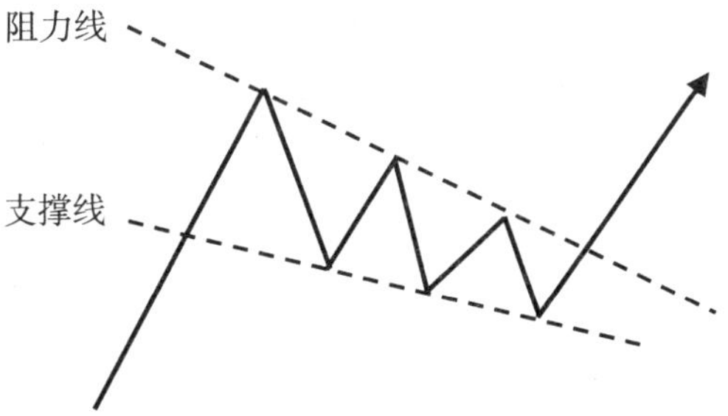

图 5-19　下降楔形

下降楔形是向下倾斜的，似乎说明市场的承接力不强，但新的回落较前面的回落波幅呈缩小态势，说明卖盘力量正在被消化。成交量同时逐渐萎缩，也有效证明上方抛压在减弱。据此可以认为这种形态只是上涨行情中的获利回吐，并没有强力的空头想要打压股价。

有时候，下降楔形会成为庄家制造诱空陷阱的一种手段。庄家会利用这一形态清洗掉市场中的浮筹，将大部分筹码集中在自己手中，以达到为股价大幅上扬夯实基础的目的。

在上涨行情中出现下降楔形，只是前期获利的投资者的卖出行为所致，一般不会影响上升趋势的发展，因此，该形态通常表现为上涨中继信号。

第一，在下降楔形形成的前半段，投资者可以按照楔形的上下边线进行高抛低吸操作，即在股价涨到上边线时卖出，等股价跌到下边线时再买入。但是到了后半段，股价波动幅度已经很小，获利空间受限，投资者就必须捂牢股票了。

第二，在下降楔形的后半段，也就是形态快要完成之前，无论是持股还是持币，都应该保持观望状态，最好不要轻举妄动。日后，一旦发现股价突破下降楔形的上边线，投资者便可以积极买入。

第三，下降楔形完成向上突破后，可能会出现一次向下回抽，如图 5-20 所示。如果股价在楔形上边线获得支撑，则证明突破有效，投资者可再度买入股票。如果股价跌破这一位置，投资者则需要考虑斩仓止损。

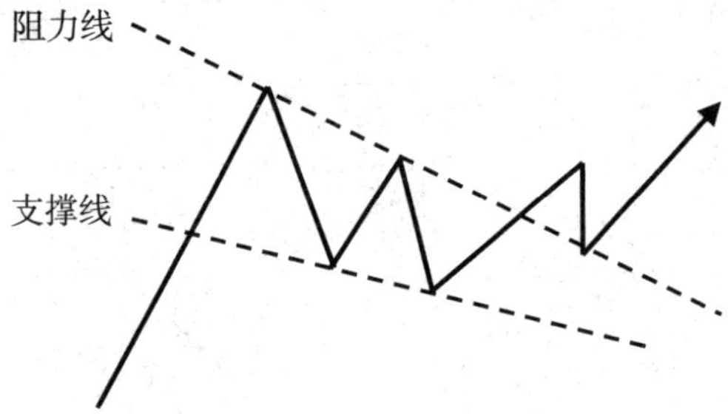

图 5-20　下降楔形的扩展形态

第四，参照下降楔形买入股票的投资者，应该将止损位定在楔形的上边线上。

第五，下降楔形形成过程中，成交量一般会呈持续萎缩状态，但是在突破上涨时，应该有成交量的放量配合，否则会影响看涨信号的可靠性。

第六，下降楔形的形成时间较上升楔形稍短一些，但也至少需要两周（10 个交易日）时间。

2. 下降楔形与筹码分布技术结合分析

利用下降楔形与筹码分布技术结合研判股价趋势时，需要注意以下几点。

第一，形成下降楔形的过程，往往是筹码由发散形态向密集形态转化的过程。也就是说，随着股价在下降楔形中不断地振荡运行，筹码逐渐向股价所在区域集中。

第二，随着股价的波动，筹码呈单峰密集形态时，往往就是股价即将选择突破方向的时候。在这里投资者需要注意一点：不要预判股价的运行趋势，一定要等到股价完成突破后再确定自己的交易策略。

第三，通常情况下，下降楔形完成后，股价会呈上升态势。从筹码分布角度分析，在股价振荡整理过程中，筹码逐渐聚集于低位，这类似于形成低部筹码单峰，即主力通过振荡调整用较低价格拿到散户手中的筹码。从另一角度来看，主力采用这种振荡方式收集筹码，很可能是由于启动上涨时自身收集的筹码不够多，因此需要借助这种振荡来提高仓位。

第四，有些时候，股价走出下降楔形后，发散的筹码仍未完全转移至振荡区域，主力可能还会选择再次小幅打压股价以迫使散户抛出筹码，这也是下降楔形形成扩展形态的原因。

下面来看华凯创意的案例，如图 5-21 所示。

图 5-21 华凯创意（300592）下降楔形与筹码分布一

自 2020 年 2 月初开始，华凯创意的股价就进入了上行通道。随着该股股价持续走高，低位筹码逐渐上移，并形成发散状态，说明已经有部分散户获利了结了。主力为了后面的拉升能够顺利进行，一方面需要提高自身持仓量，另一方面也需要将不牢靠的筹码清除，以提升筹码的牢靠程度。

2020 年 3 月 25 日，华凯创意的股价启动了一波回调走势。鉴于当时筹码发散程度较高，投资者可以做出如下预判：随着股价的拉升，筹码发散速度较快，说明主力持股仓位可能不高，因为主力没有将股价拉升到目标位时是不会大量出货的。基于前面的分析，未来股价回调时，筹码走向集中多数情况下属于主力的再次吸筹行为，未来上涨的概率很高。当然，股市中任何预判都只是一种分析猜测，投资者一定要等到股价确实走出上升形态时才能入场。

之后，K 线走出了下降楔形整理形态，如图 5-22 所示。

图 5-22 华凯创意（300592）下降楔形与筹码分布二

从图 5-22 的筹码分布图可以看出，发散的筹码峰已经消失，整理区域集中了一个新的筹码单峰，说明随着回调幅度的增加，筹码重新开始密集。基于前面的介绍可知，该筹码峰将会对股价产生较大的支撑或阻力作用。也就是说，股价向上或向下突破该筹码峰，将会决定股价未来的运行方向。2020 年 5 月 29 日，华凯创意的股价向上突破了下降楔形上沿的同时，也站到了筹码单峰的上沿，说明该股将重新启动一波上涨行情，投资者宜迅速追涨。

第三节 滞涨位：股价回落与高位筹码峰

所谓滞涨位，是指股价上涨到高位后，出现持续的横向振荡行情。也就是说，股价在某一价格区域反复振荡，成交量居高不下，但股价并未持续创出新高。一般来说，出现这种情况多是因为主力为了顺利出货而采取的一种迷惑散户的控盘策略。股价振荡实质上是主力刻意制造的一种走势，目的是为了在该区域更好地完成出货。

当然，并不是所有高位振荡都是主力在出货，有些时候，这种振荡仅仅是一种横向整理与洗盘，目的是为了后面能进一步拉升股价。从这里也可以看出，区分出货与洗盘非常重要。

一般来说，无论主力如何隐藏其真实意图，都会在盘面留下出货的痕迹，投资者可追踪的迹象包括以下几方面。

第一，当股价进入高位后，股价K线很可能会呈现典型的顶部形态，如头肩顶、双重顶、三重顶、圆弧顶等。股价K线跌破长期盘整区域或顶部形态的颈线，则意味着下跌行情展开。

第二，筹码形成高位单峰形态后，股价K线一旦向下跌破筹码峰，则意味着主力出货完毕。

第三，均线系统发出卖出信号，包括股价K线跌破中期均线、均线死叉、均线空头发散等。

第四，很多技术指标也会发出典型的卖出信号，如MACD指标顶背离、MACD指标死叉、KDJ指标低位双死叉等。

一、量价背离、死叉与高位筹码峰

股价上升过程中，会有部分投资者选择获利了结，因而，在筹码分布图中，筹码峰会逐渐出现向上移动的现象，但底部主筹码峰是一个重要的研判和参照标准。随着股价上升，若底部筹码峰不动，则说明主力并未出货，未来仍可看高一线；反之，若股价上升，底部筹码峰随之发散，则说明主力有出货迹象，未来走势不定。与此同时，股价与成交量也可能会出现放量滞涨现象，甚至出现量价顶背离，而均线系统则会呈现死亡交叉甚至空头发散排列。

1. 量价顶背离

量价背离是指股价和成交量的变化方向是相反的，因此也称“量价反向”。量价顶背离，是指在股价连续创出新高的同时，成交量却呈现萎缩状态，这是一种不可持续的状态，这也意味着股价可能很快转入下行通道。

量价顶背离形态经常出现在上升趋势尾声，提示投资者股价运行趋势要反转，如图 5-23 所示。

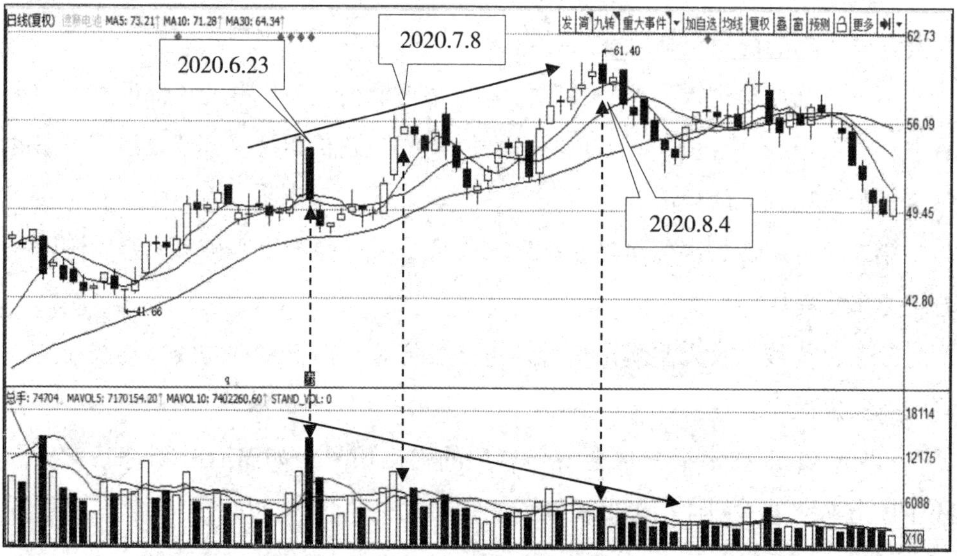

图 5-23 德赛电池（000049）日 K 线走势图

德赛电池的股价自2020年年中随着大盘的上涨开始了一波振荡上升趋势。

2020 年 6 月 23 日前，德赛电池的股价与成交量同步放大，说明股价与成交量配合良好，股价还将继续上升。2020 年 7 月 8 日，该股股价又创下一个新的高点，不过，该价格对应的成交量要低于 2020 年 6 月 22 日的成交量，说明该股出现了量价背离形态，未来股价有反转向下的风险。

2020 年 8 月 4 日，该股股价再次创下一个高点，但成交量比前两个高点都要低，该股又一次发出量价背离的信号，随后股价转入下跌趋势。

由此可见，出现量价背离说明股价运行趋势可能会反转，但并不一定会立即反转。

2. 均线空头发散

投资者根据均线高位黏合进行操作时，应注意以下几点。

第一，股价经过长时间上涨后出现滞涨迹象，均线才会开始黏合，说明股价正在选择突破方向。

第二，股价黏合期间，成交量可能会居高不下或不规则放量与缩量，这往往属于主力出货的形态，投资者务必提高警惕。

第三，均线高位黏合过程，很有可能属于主力借机出货的时段。由于主力出货速度远比消化套牢盘快，这也使得均线高位黏合持续的时间相对较短。一旦主力出货完毕，股价下行，各条均线就会呈空头发散排列。

第四，均线高位黏合后下跌的可能性较大，一旦股价向下跌破形态，则意味着股价将进入下行通道。

第五，通常情况下，均线黏合的时间越长，未来上涨或下跌的幅度也越大。

下面来看江淮汽车的案例，如图 5-24 所示。

江淮汽车的股价在 2020 年 7 月中旬触顶回落后，开始出现均线高位黏合情况。

该股股价经过一段时间的盘整后，5 日、10 日和 30 日均线逐渐黏合在一起。经过较长时间的蓄势（实质上是主力通过股价高位振荡完成出货任务），2020

年 8 月 25 日，市场已经聚集了足够的打压能量，空方纷纷卖出，带动股价下跌并跌破支撑线区域，均线系统也呈明显的空头发散排列。这种 K 线图上的均线黏合向下发散形态，极有可能导致股价在短期内暴跌，投资者宜远离这样的股票。

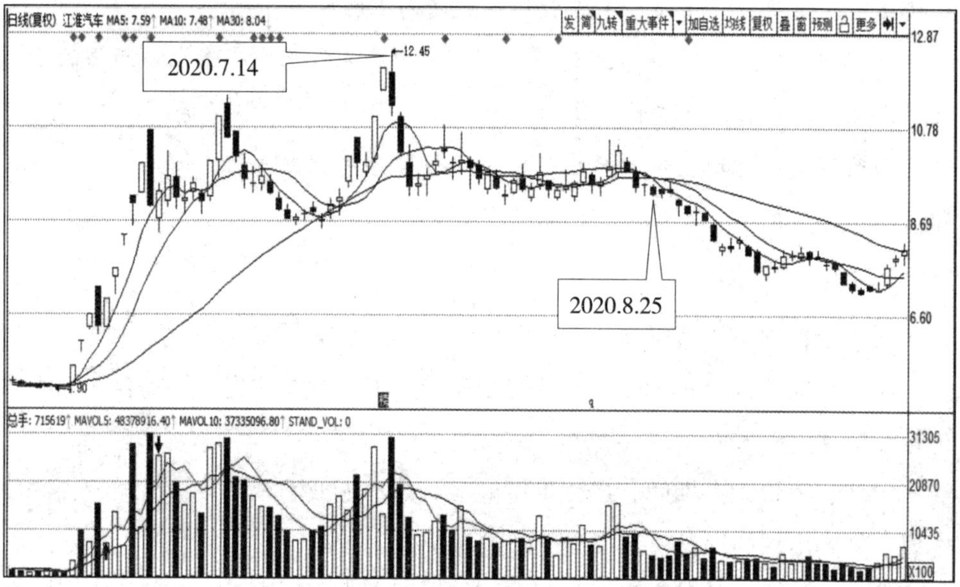

图 5-24　江淮汽车（600418）日 K 线走势图

3. 量价背离、均线空头与高位筹码峰

股价上涨至顶部区域然后终结上升趋势转入下跌，通常需要较长的时间，均线系统、量价系统以及筹码分布系统也会呈现出典型的筑顶迹象。通过识别这些经典的顶部特征，可以及时确认顶部来临，并做出卖出决策。

一般来说，当股价进入顶部区域，会表现出以下典型特征。

第一，随着股价逐渐上升，底部筹码峰开始逐渐上移。特别是底部筹码峰开始向上发散并上移，意味着主力已经开始出货。

第二，随着股价进入顶部区域，短期均线开始回调并向中长期均线靠拢，形成了典型的均线黏合形态。

第三，在股价筑顶过程中，可能会形成新的高点，与此同时，成交量并未创出新高，这意味着股价与成交量存在顶背离的情况，这属于典型的滞涨信号。

第四，随着顶部形成密集的筹码峰，股价 K 线向下跌破均线系统，均线死叉后呈空头发散排列，则意味着下跌趋势正式确立。

随着股价的上升，若该股主筹码峰并未上移，则说明主力仍然没有出货。此后，若股价到达顶部区域后开始振荡，同时底部筹码峰逐渐消失，则说明这个筑顶过程就是主力不断出货的过程。

下面来看明德生物的案例，如图 5-25 所示。

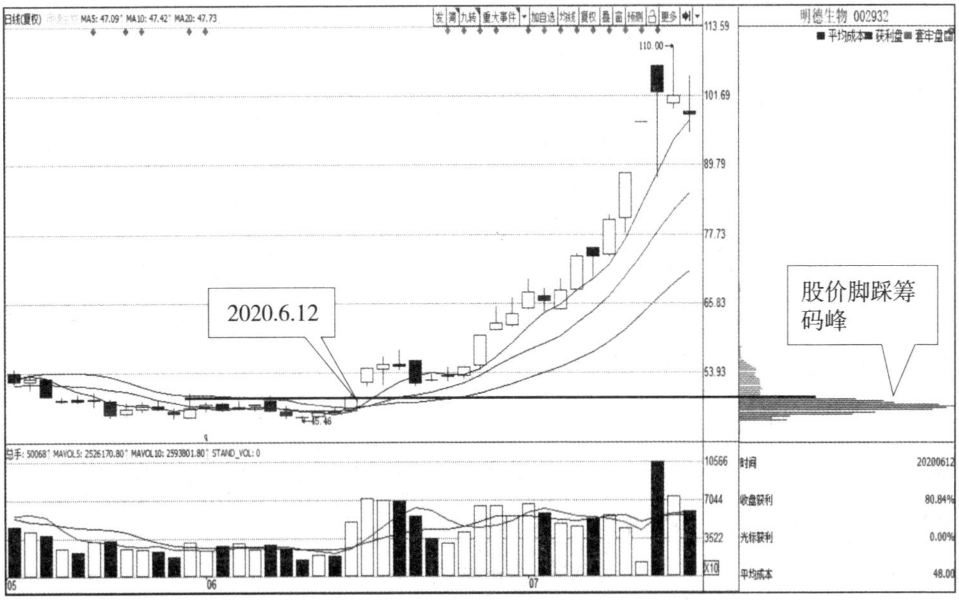

图 5-25　明德生物（002932）日 K 线走势图一

明德生物的股价经过一段时间的横盘，于 2020 年 6 月 12 日启动了上升行情。观察当日筹码分布图可知，股价位于主筹码峰上方，且该股股价上方的筹码很少，未来上攻的阻力较小。

此后，该股一路振荡上行。不过，随着股价的上升，主筹码并未随着上移，如图 5-26 所示。

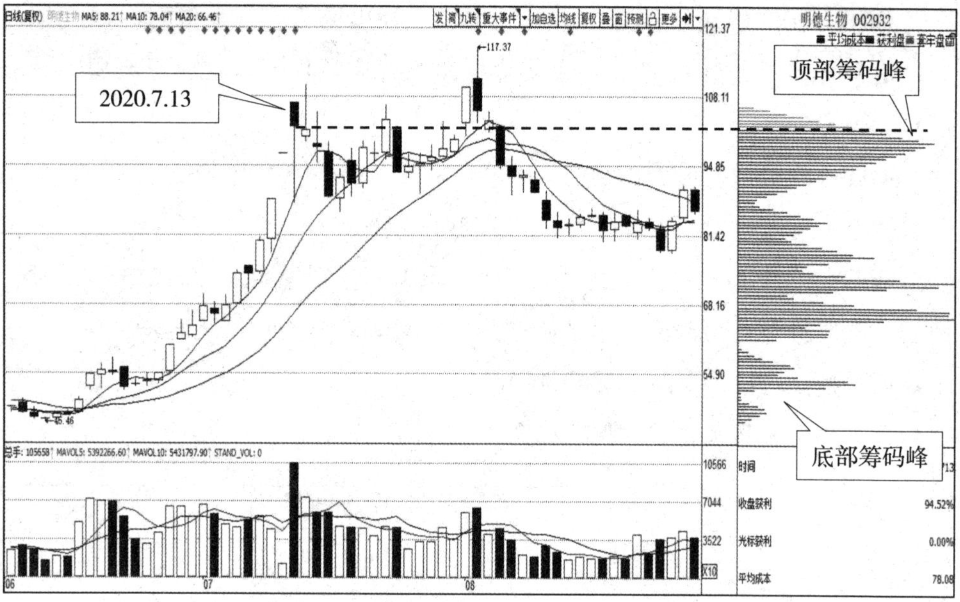

图 5-26　明德生物（002932）日 K 线走势图二

从图 5-26 中可以看出，明德生物的股价连续上升并在 2020 年 7 月 13 日创下短期高点时，底部启动上升时的筹码峰仍然存在，高位筹码峰也已经形成。也就是说，随着成交量的增加，部分筹码已经兑现利润，但主筹码峰仍在，说明主力未完成出货。主力在出货完成前，不会大幅打压股价。

该股未来走势存在两种可能：其一，股价在短期高点位置横向盘整一段时间后重新上升；其二，股价在短期高点位置继续振荡，直至将手中的筹码全部出清，然后再向下打压股价。

如图 5-27 所示，明德生物的股价自 2020 年 7 月 13 日创下短期高点后出现回调走势。

该股股价经过一段时间的下跌后重新上升，并在 2020 年 8 月 4 日创下新的高点。观察该日的筹码分布图可知，该股从底部启动时股价所对应的主筹码峰已经全部移至顶部位置，说明主力已经出货完毕。与此同时，随着股价振荡走高，成交量并未创出新的高点，说明该股出现了量价顶背离形态，这是股价即将反转的信号。均线系统也开始呈现黏合状态，说明股价正在选择突破方向。

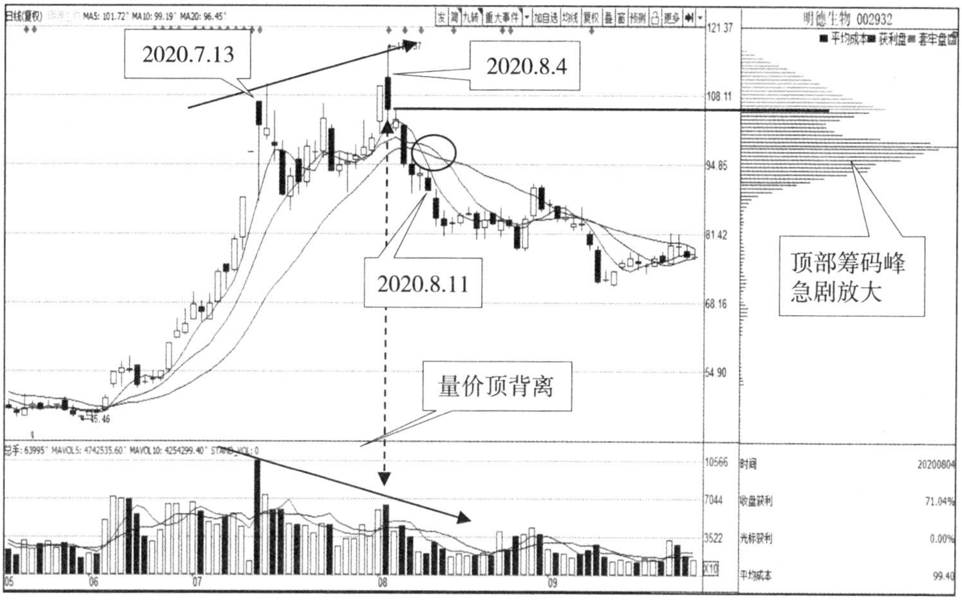

图 5-27　明德生物（002932）日 K 线走势图三

基于以上分析可知，明德生物的波段顶部已经出现，未来该股下跌的概率极大。2020 年 8 月 11 日，该股股价大幅走低。同时，均线出现死叉后，开启空头发散排列，这也是典型的下跌信号，持有该股的投资者宜立即清仓。

二、MACD 指标顶背离与筹码分布

通常情况下，MACD 指标出现顶背离，意味着股价即将迎来反转行情，若此时筹码在顶部已经密集成筹码单峰，则未来股价出现趋势反转的概率更高。

1. MACD 指标顶背离

MACD 指标顶背离，是指在股价上涨过程中，创下的高点一个比一个高，但 MACD 指标却没有创出新高的现象。

通常情况下，股价进入上行趋势后，由于越来越多的投资者认可这一运行趋势，于是买盘就会占据主导地位，且买盘越来越多，这就使得 MACD 指标与股价同步走高。但是，随着股价的上涨趋势延续，买方资金势必无法持续放大，

此时，MACD 指标就会出现触顶回落现象，而此时股价还处于继续上涨态势，这就使得股价创新高时，MACD 指标反向走低，从而形成了顶背离。

出现顶背离有如下几个交易含义。

第一，通常情况下，出现顶背离，是股价上升趋势难以长久持续的一种信号，但这并不意味着股价会立即下跌。有时顶背离出现一次股价就会下跌；有时顶背离需要出现两次甚至三次后股价才会下跌。

第二，股价与 MACD 指标出现顶背离的次数越多，说明股价下跌的可能性越大。

第三，股价与 MACD 指标出现顶背离时，如与成交量指标同步出现顶背离，则意味着股价回落的可能性非常大。

第四，形成顶背离后，MACD 指标出现死叉时，保守型投资者可立即清仓离场；激进型投资者可保留少量仓位，若 MACD 指标继续走低并跌破 0 轴，则应坚决清仓。

下面来看嘉欣丝绸的案例，如图 5-28 所示。

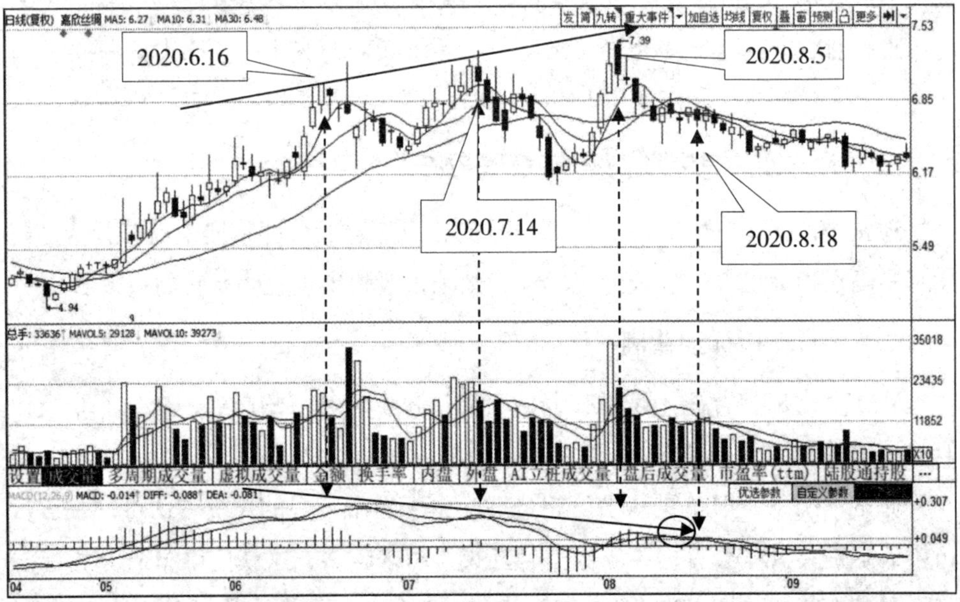

图 5-28　嘉欣丝绸（002404）日 K 线走势图

嘉欣丝绸的股价经过一段时间的振荡上升后，2020 年 6 月到 8 月期间出现筑顶态势，分别于6 月 16 日、7 月 14 日和 8 月 5 日形成了三个明显的高点，且后一个高点均高于前一个高点。观察此时的 MACD 指标走势可知，MACD 指标虽然也同步形成了三个高点，但后一个高点要低于前一个高点，说明股价与 MACD 指标之间存在顶背离形态。

一般情况下，出现顶背离后，股价上涨趋势有终结的可能，投资者可密切关注其后的股价走势。图 5–28 中连续出现两次顶背离，更可说明股价下行风险极高。2020 年 8 月 18 日，该股股价小幅走低，MACD 指标在 0 轴附近出现死叉。鉴于此时交叉点在 0 轴附近位置，极富杀伤力，投资者宜立即清仓。

2. MACD 指标顶背离与顶部筹码峰

对于投资者来说，顶背离形态确实有助于识别顶部的来临，但也有一个明显的缺点，即无法确定股价与 MACD 指标背离多少次趋势才能反转。

利用筹码分布技术，对 MACD 指标的顶背离进行确认，是一个不错的选择。MACD 指标出现顶背离后，股价 K 线并未出现反转，仅仅是回调一下又开始了二度背离。从筹码分布角度来探究原因可以发现，之所以股价没有反转，主要还是因为底部筹码峰并未移到顶部，也就是说，主力还没有出货或出货未完成。此时，主力是不愿意让股价下跌的，而且股价一旦开启下行通道，很多投资者都会出逃。主力为了让投资者安心在顶部“站岗放哨”，会制造一些“诱多”走势，给人一种股价即将启动上行的假象，这也是各类 K 线顶部形态的形成原因。

下面来看莱宝高科的案例，如图 5–29 所示。

莱宝高科的股价自 2020 年 4 月启动了上涨行情之后，MACD 指标也随之不断走高。2020 年 7 月 15 日，该股股价高开低走，收出了一根大阴线，且 MACD 指标出现高位死叉。一般来看，这是一个典型的看跌信号。不过，此时股价位于 10 日均线、30 日均线上方，而且从筹码分布图可以看出，此时底部筹码峰仍在，说明主力并未完成出货，投资者仍可继续持股。

基于以上判断，激进型投资者可继续持股，保守型投资者可少量减仓。此后，该股股价出现了振荡回调走势，MACD 指标同步出现了回调。当股价回调至 30 日均线位置时，因受均线支撑而重新上攻，如图 5-30 所示。

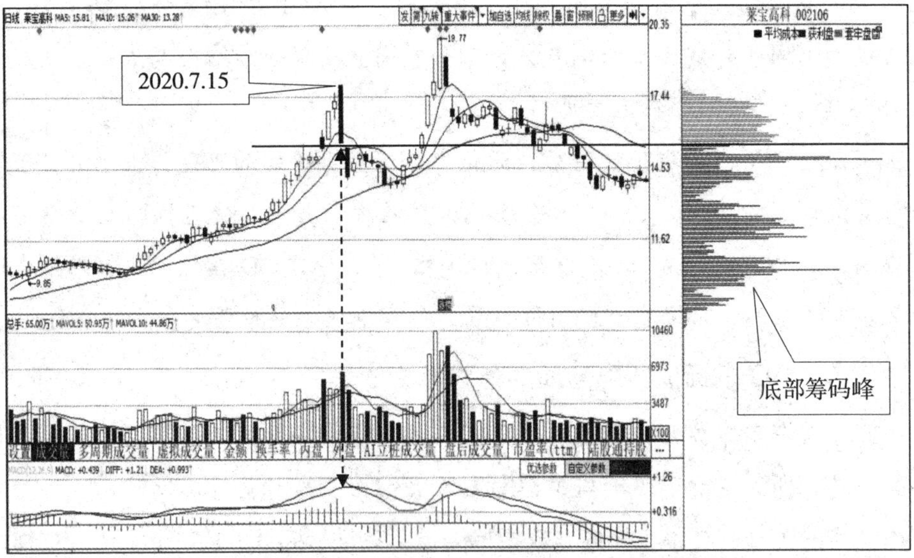

图 5-29　莱宝高科（002106）日 K 线走势图一

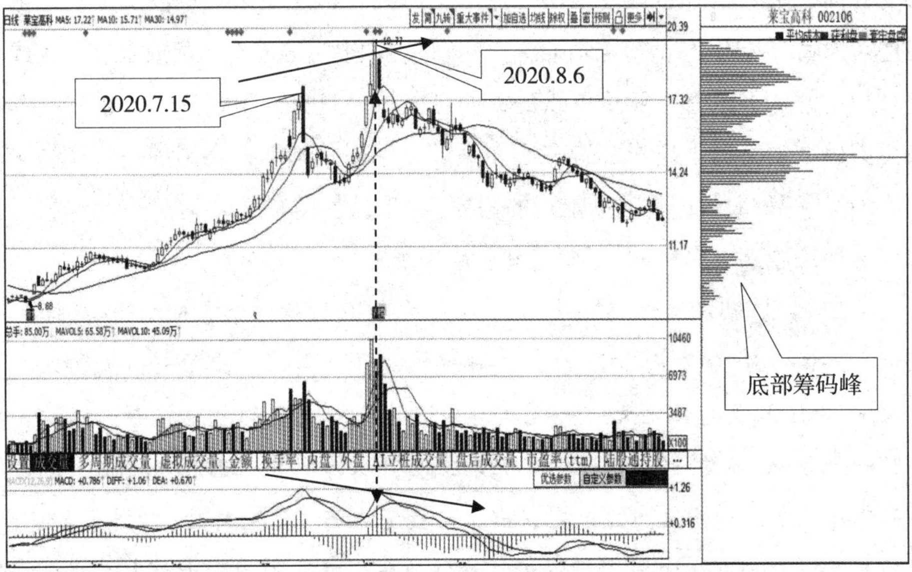

图 5-30　莱宝高科（002106）日 K 线走势图二

莱宝高科的股价从30日均线反弹向上，并于2020年8月6日创出新高，该高点明显高于2020年7月15日的高点。观察此时的MACD指标可知，尽管MACD指标也随着股价的反弹出现了第二个高点，但8月6日的高点明显低于7月15日的高点，说明股价K线与MACD指标出现顶背离。

观察此时的筹码分布图可知，底部筹码峰已经消失，说明主力出货接近完成，未来股价下跌的概率很大。此后，MACD指标出现了高位死叉，此时投资者宜立即执行减仓操作，待MACD指标跌破0轴时，再执行清仓操作。

在图5-30中，股价与MACD指标出现了一次顶背离后，股价就开始反向下跌，这与主力完成出货，即底部筹码峰完成上移有关。若顶背离形成后，主力并未完成出货，那么股价可能出现第三个高点，甚至出现二次顶背离形态。

三、K线顶部形态与筹码分布

股价K线在顶部振荡盘整期间形成的一些特殊形态，称为K线顶部形态。出现这些形态，往往预示着股价即将启动下跌。很多时候，K线顶部形态没有完成时，即股价正式启动下跌前，投资者是无法准确判断股价到底会形成何种顶部形态的。例如，顶部出现倒V形顶后，会不会发展成M形顶，抑或是头肩顶或三重顶，等等。

将筹码分布技术与K线顶部形态结合分析，往往能够准确地判断K线筑顶是否完成，并及时做出决策。

从筹码分布角度来看，各类K线顶部形态形成过程中，筹码都会出现高位单峰形态，而且顶部形态的成立都需要股价K线向下跌破颈线位来确认。顶部形态形成过程中，筹码移动的路径基本相似，下面以头肩顶形态与筹码分布技术组合分析为例，介绍顶部形态与筹码分布技术组合判断卖点的方法。

顶部形成头肩顶形态的过程中，当左肩和头部出现时，低位筹码峰仍未完成上移。当右肩出现时，高位筹码峰增大，低位筹码峰接近消失。

1. 头肩顶

头肩顶出现在上涨行情中，由三个高峰组成，左右两个高峰相对较低，基本处在同一水平位置上，中间一个高峰的高点明显高于左右两个高峰的高点，其形态就像一个人的头部和两肩，如图 5-31 所示。

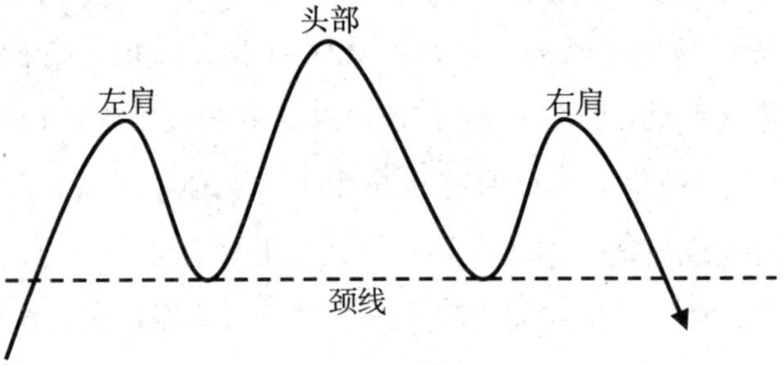

图 5-31　头肩顶形态

头肩顶形态是这样形成的：股价上涨到一定高度后开始回落，下降到一定程度后又出现反弹，于是形成了“左肩”；接着股价再度上冲，创出新高后回落，构筑了“头部”；股价下跌到前一次回调的低点位置附近再次向上，这次回升的高点低于头部的高点，形成了“右肩”。在两次回调的过程中，股价基本在同一价位受到支撑，这个价位上的直线就是颈线。

头肩顶形态是一种较为强烈的反转形态，表示多方力量不断消耗，空方逐渐占据主动。

第一，头肩顶形态是较为可靠的熊市信号，该形态出现之后，常常会走出一波较为显著的下跌行情，因此，投资者看到头肩顶形态后，应果断卖出股票，持币观望。

第二，如果第二个高点的成交量较第一个高点大幅缩减，就暗示有出现头肩顶的可能性，“先知先觉”的投资者可以在右肩形成过程中卖出股票。

第三，当股价跌破支撑线（颈线）位置，表示头肩顶形态构筑完成，这是头肩顶形态第一个较为明确的卖出信号。如果颈线向下倾斜，表示后市下跌的可能性更大，投资者更应该选择离场。

第四，股价突破头肩顶支撑线（颈线）后，往往会回抽到颈线附近，如图5-32所示。如果股价上探回落，则向下突破的有效性得到确认，这是第二个明确的卖出信号。但是这样的回抽有时不会出现，因此，投资者切不可把它作为自己唯一的卖出点，以免被深度套牢。

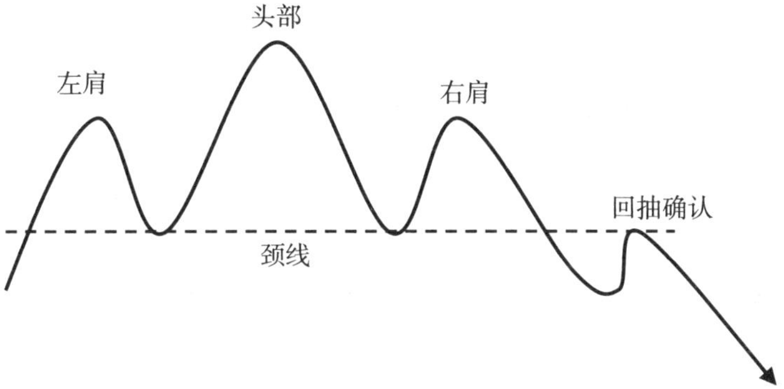

图5-32　头肩顶的扩展形态

第五，股价完成向下突破后，原来的支撑位就变成了阻力位。当股价上升到这一位置时，投资者应加倍小心。

第六，成交量是表征头肩顶形态信号强弱的一个重要指标。在形成左肩和头部的过程中，如果成交量显著放大，在冲破颈线形成右肩的过程中成交量却出现萎缩，说明看跌信号的可靠性更高。

第七，一般来说，头肩顶形态较为平坦，需要较长的时间来完成。形成头肩顶所用的时间越长，后市下跌的空间很可能越大。

第八，头肩顶形态可能演变成多个头部或多个肩部形态，但是其基本的技术含义并没有改变，并不影响作为头肩顶形态来进行研判。

2. 头肩顶形态与筹码分布技术结合分析

利用头肩顶形态与筹码分布技术结合研判股价趋势时，需要注意以下几点。

第一，股价在左肩和头部形成后出现回调时，追涨散户仍将其看成上涨过程中的洗盘，因而仍会有大量跟风筹码涌入。与三重顶的操作手法不同，头肩顶的头部要高于左肩的高点，这也是主力刻意制造的一种股价将要上涨的假象，以引诱散户进场接盘。也就是说，头肩顶中第一个顶、第二个顶出现时，顶部可能仍未形成密集筹码峰，甚至低位筹码峰仍然存在，这说明主力的出货仍未完成。

第二，股价在形成第二个顶回调一段时间后，主力再次拉升股价，目的是引诱另外一批散户入场接盘。也就是说，当头肩顶中形成第三个顶时，成交量若出现明显放大，未来股价下跌的概率相对更高。观察此时的筹码分布图可知，高位筹码峰正在加速形成，也就是主力正在疯狂出货。

第三，通常情况下，头肩顶的颈线位就是顶部筹码峰所处的核心区域，当然，这也与股价几次三番往返于该价位有关。也就是说，在这个位置聚集了大量筹码，未来股价若向下跌破这一筹码密集区域，才可能迎来真正的上涨行情。

第四，有些时候，股价走出头肩顶后，低位筹码仍未完全转移至顶部区域，说明主力出货还未完成，可能会选择再次拉升股价，通过股价振荡的方式引诱散户接盘，这也是头肩顶出现扩展形态的原因。

下面来看国机汽车的案例，如图 5-33 所示。

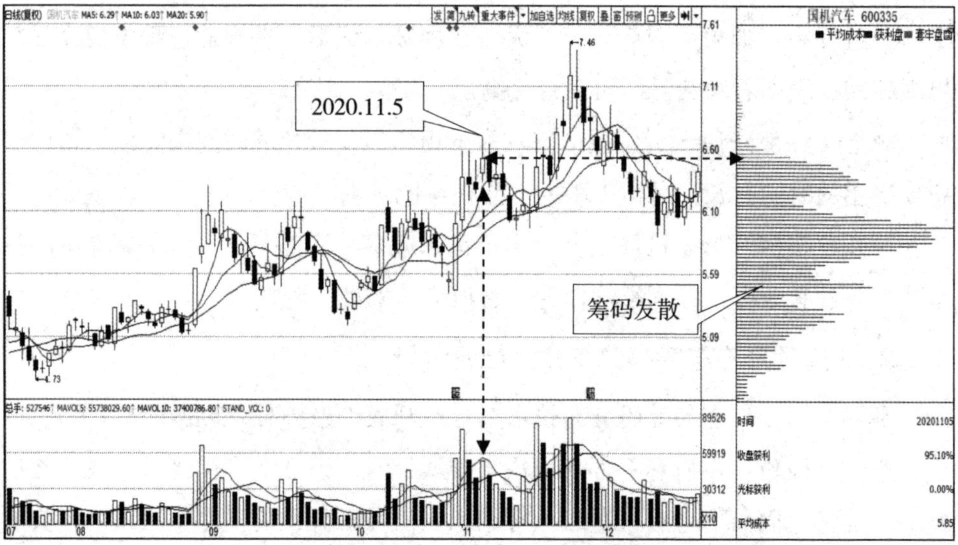

图 5-33　国机汽车（600335）筹码分布图一

国机汽车的股价自2020年下半年启动了一波振荡上涨行情。2020年11月5日，该股股价触及短期高点后出现回调。观察筹码分布图可知，随着股价的上涨，筹码逐渐向上移动并呈发散分布，此时该股的主要筹码集中于高点附近，说明此时主力并未完成出货，未来股价上涨的可能性较高。

其后，该股经过几个交易日的回调后重归涨势，如图5-34所示。

图5-34　国机汽车（600335）筹码分布图二

国机汽车的股价经过调整后，于2020年11月24日再次创下新的高点。观察筹码分布图可知，此时低位筹码峰持续向高位转移，说明此时主力正在不停地出货，股价上涨行情随时有可能结束。

2020年11月24日之后，该股股价在创下高点后开始下跌。下跌一段时间后，重新开始上涨，如图5-35所示。

国机汽车股价三度启动上攻，并于2020年12月21日创下第三个高点后下跌，这个高点要低于第二个高点，至此，头肩顶形态基本成型。观察此时的筹码分布图可知，筹码形成了高位单峰形态。尽管此时底部还有部分筹码，但顶部区域的筹码已经占据了绝对优势，未来下跌的风险极大。

此后，该股连续下跌，如图5-36所示。

图 5-35　国机汽车（600335）筹码分布图三

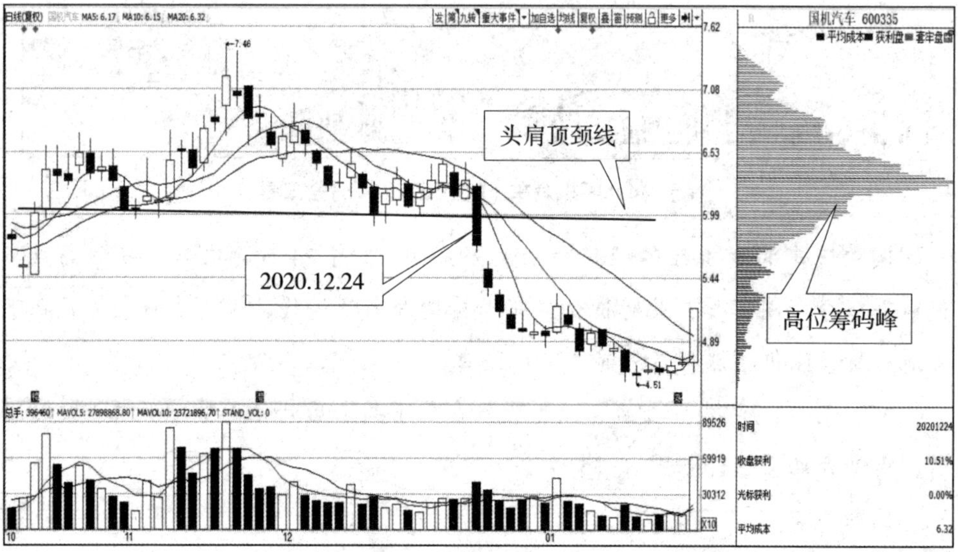

图 5-36　国机汽车（600335）筹码分布图四

2020 年 12 月 24 日，国机汽车的股价向下跌破头肩顶的颈线位，说明股价已经走出了头肩顶区域。观察此时的筹码分布图可知，底部筹码又有一部分转移至顶部，当日股价已经站在了顶部筹码峰的下沿，说明未来股价下跌的概率很高，投资者可卖出该股。

第四节 趋势识别：趋势线与筹码分布技术

趋势识别是大波段交易的一项基本技能。对于趋势的研究，可以追溯到查尔斯·道提出的“道氏理论”。查尔斯·道曾经为趋势下过这样一个定义：

“只要平均指数的高点突破了距离它最近的一个高点，随后回调的低点位于前一个低点的上方，它就处于牛市趋势；当最低点跌破前一个低点，随后反弹的高低点位于前一个高点的下方，它就处于熊市趋势。通常很难判断前进的过程是否已经结束，因为只有基本趋势发生变化时，价格运动才会随之出现。当然，这种变化也可能只是一次毫不起眼的折返运动引发的。”

实战中，很多技术研究者根据“道氏理论”对趋势的定义，开发出了描述股价运行趋势的技术，即趋势线技术。趋势线，从本质上来说就是描述股价运行趋势的直线，因其描述的趋势不同，又可分为上升趋势线和下降趋势线两类。不过，通过趋势线描述股价 K 线运行趋势，有时存在一定的滞后性和准确性不足的问题，将筹码分布技术与趋势线技术组合分析，则可以极大地提升趋势识别的有效性和准确性。

一、上升趋势线与筹码分布技术识别趋势

上升趋势线，是指在股价上涨趋势中，连接明显的支撑区域（最低点）的直线。一般情况下，上升趋势线一旦形成，就会对股价产生一定的支撑作用。

当股价进入高位后，筹码会迅速向高位转移。因此，当筹码在高位形成单峰密集形态后，股价 K 线向下跌破上升趋势线，基本可以认定股价上升趋势终结。

1. 上升趋势线的基本画法

画上升趋势线时，需要掌握以下几项要领。

第一，上升趋势线是以两个回调低点为关键点位所画的直线，投资者所选择的第二个低点必须高于第一个。通常情况下，这两个回调低点应该是股价两次回调后重新上涨的转折点。

第二，两个下跌低点之间必须有一定的距离，不能是两个紧紧相邻的低点。

第三，通过两个上升的低点连线所画的上升趋势线，必须经过第三个低点确认方为有效。该K线实体或影线触及趋势线均可，稍有距离也不影响上升趋势线的有效性。

第四，画上升趋势线时，必须以K线实体最低点为出发点，即以阳线的开盘价或阴线的收盘价为基点。

下面来看宇通客车的案例，如图5-37所示。

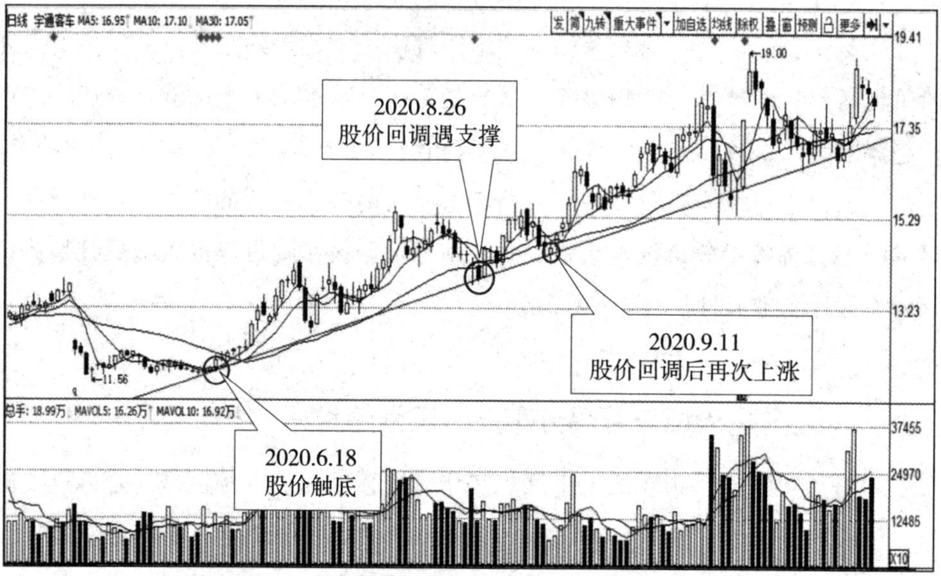

图5-37　宇通客车（600066）日K线走势图

宇通客车的股价自2020年2月下旬出现振荡下跌走势，2020年6月18日触底后反弹向上，并于2020年8月26日创下一段时间内的回调低点。同时，

8 月 26 日形成的低点要高于 6 月 18 日形成的低点，说明该股处于上升趋势。此时，投资者可以用 8 月 26 日的低点与 6 月 18 日的低点画出一条上升趋势线。2020 年 9 月 11 日，股价回调后到达趋势线附近时，因受趋势线的支撑重新上涨，说明此趋势线具有一定的支撑作用。

画上升趋势线时，还需注意以下几个要点。

第一，上升趋势线画好后，可能会穿越一根或多根 K 线实体，但只要该 K 线实体没有完整地位于趋势线以下，就可以认定该趋势线是有效的。事实上，股价在回调过程中形成的短期底部，往往相邻的几根 K 线价格趋近，这时，我们选择其中的最低价与其他的低点相连时，不可避免地会穿越某根 K 线实体。图 5–37 中，我们选择以 2020 年 6 月 18 日的 K 线收盘价（该价格为临近的几根 K 线实体的最低价）为基点，而趋势线穿越了后一个交易日的 K 线实体。

第二，在基准日价格的选择方面，历来有很多不同的意见。比如，有的投资者喜欢单纯地选择收盘价，包括阳线收盘价，甚至是最低价即下影线最低点。这些选择本身没有对错之分。不过，笔者仍倾向于使用实体的最低点，即阳线的开盘价或阴线的收盘价。

第三，绘制上升趋势线时，还要考虑股价的除权、除息等问题。如果一只股票近期（即绘制趋势线所跨越的周期）出现除权或除息时，投资者在绘制股价上升趋势线前，应该将其复权，然后再绘制上升趋势线。

第四，为了保险起见，针对一波上涨行情，投资者可画出多条上升趋势线，之后随着股价的变动来不断修正、取舍，直至确认趋势线对股价确有支撑作用为止。

第五，绘制技术指标的上升趋势线时，可以直接以技术指标线两次回调后上涨的转折点为关键点位。同时，第二个转折点必须高于第一个，否则不能称为上升趋势线。

2. 利用上升趋势线与筹码分布技术结合判断股票买卖点

将股价 K 线上升过程中形成的最低点和次低点相连，就得到一条 K 线的上升趋势线。当K线向下跌破上升趋势线前，该股的筹码已经呈现出经典的高位单峰形态，则意味着股价下跌概率极高。

具体判断标准如下。

第一，当股价沿着上升趋势线上行时，底部筹码峰仍然存在，说明主力仍旧拥有较高的持仓量。此后，随着股价的不断上升，筹码逐渐上移。当股价进入顶部区域后，底部筹码峰已经全部或绝大部分上移，说明主力已经出货完毕。

第二，当K线跌破这条上升趋势线时，预示着股价可能会出现一定幅度的下跌。

下面来看天舟文化的案例，如图5-38所示。

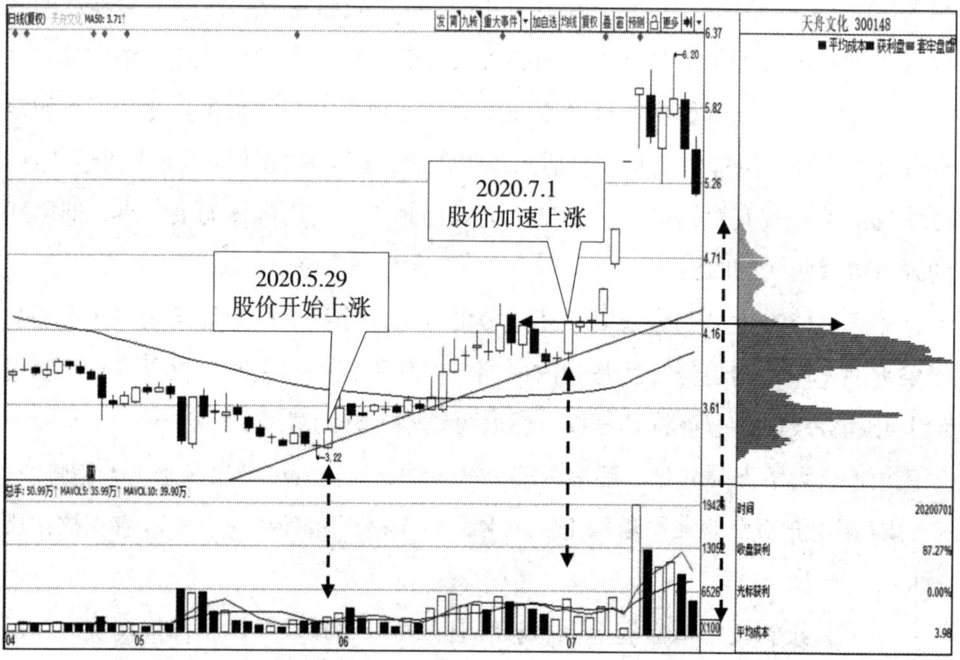

图5-38 天舟文化（300148）筹码分布图一

2020年5月29日，天舟文化收出一根中阳线后，启动了一波上涨行情。投资者可以绘制一条上升趋势线。

2020年7月1日，该股K线在回调至上升趋势线位置时，因受到趋势线的支撑大幅上涨，由此可以证明趋势线对股价具有支撑作用。观察此时的筹码分布图可知，该股筹码全部集中于K线下方，并形成了两个典型的筹码峰，说明股价未来上升所遇的阻力不大，投资者可积极入场加仓。

此后，该股股价进入快速上升通道，如图 5-39 所示。

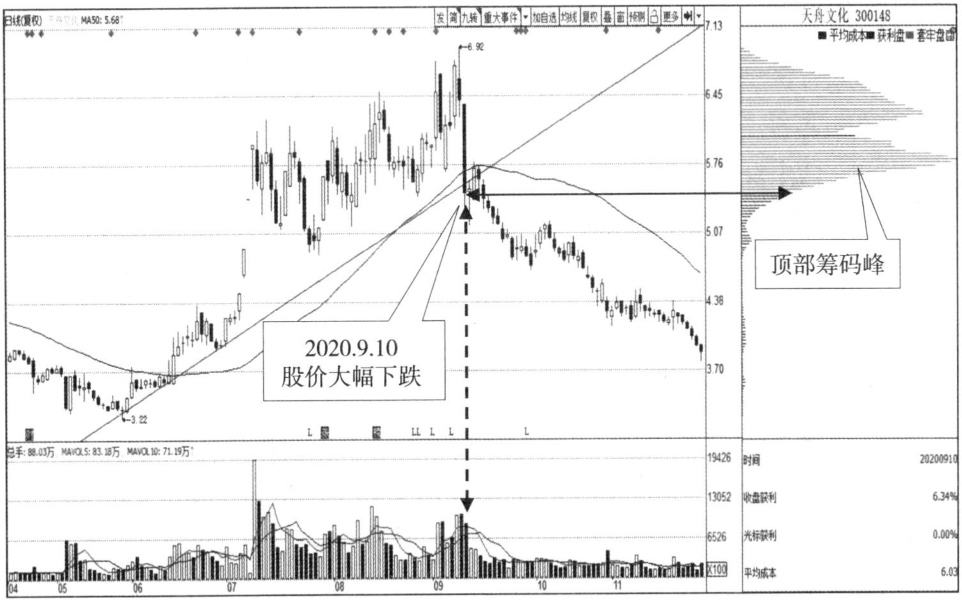

图 5-39　天舟文化（300148）筹码分布图二

天舟文化的股价在顶部区域振荡一段时间后大幅下挫，2020 年 9 月 10 日跌破了上升趋势线。观察此时的筹码分布图可知，该股筹码已经全部上移至顶部区域，说明主力已经完成出货。此时，股价的下挫很可能就是股价进入下行通道的信号，投资者宜迅速远离这类股票。

二、下降趋势线与筹码分布技术识别趋势

下降趋势线，是指在股价下跌趋势中，连接明显的阻力区域（最高点）的直线。一般情况下，下降趋势线一旦确认，就会对股价产生一定的阻力作用。

当股价进入低位后，筹码就会迅速向低位转移。因此，当筹码在低位形

成单峰密集形态后，K 线向上突破下降趋势线，基本可以认定股价上升趋势开启。

1. 下降趋势线的基本画法

画下降趋势线时，需要掌握以下几项要领。

第一，下降趋势线是以两个反弹高点为关键点位所画的直线，投资者选择的第二个高点必须低于第一个高点。通常情况下，这两个反弹高点应该是股价两次反弹后重新下跌的转折点。

第二，两个反弹高点之间必须有一定的距离，不能是两个紧紧相邻的高点。

第三，通过两个下跌高点连线所画的下降趋势线，必须经过第三个高点确认。该 K 线的实体或影线触及趋势线均可，稍有距离也不影响下降趋势线的有效性。

第四，画下降趋势线时，必须以 K 线实体为出发点，即以阳线收盘价或阴线开盘价为基点。

下面来看羚锐制药的案例，如图 5-40 所示。

图 5-40　羚锐制药（600285）日 K 线走势图

羚锐制药在2020年8月3日创下阶段高点后，开始走出一波下跌行情，股价沿下降趋势线运行。

2020年9月3日，羚锐制药延续了前几日的反弹行情，但盘中遭到强力打压，在K线图上留下了长长的上影线。其后，该股股价再度回归下跌通道。9月3日所创的高点明显低于8月3日所创的高点，投资者可将9月3日的高点与8月3日的高点连接，绘制一条下降趋势线。

2020年10月19日，该股股价直接高开于趋势线之上，但被反向大幅打压，重新转为下跌，说明此趋势线具有一定的阻力作用。

此后，该股一路沿着趋势线下跌，股价每次反弹到趋势线附近时，都因受到趋势线的阻力而重新下跌。

画下降趋势线时，还需注意以下几个要点。

第一，与上升趋势线相似，下降趋势线画好后，可能会穿越一根或多根K线实体，但只要该K线实体没有完整地位于趋势线之上，就可以认定该趋势线是有效的。事实上，股价在反弹过程中形成的短期顶部，相邻的几根K线价格往往趋近，这时，我们选择其中的最高价与其他高点相连时，不可避免地会穿越某根K线实体。

第二，与上升趋势线相似，在下降趋势线基准日价格的选择方面，也有很多不同的意见。比如，有的投资者喜欢单纯地选择收盘价，包括阳线收盘价甚至是最高价，即上影线最高点。这些选择本身没有对错之分。不过，笔者仍倾向于使用实体的最高点，即阴线的开盘价或阳线的收盘价。

第三，绘制下降趋势线时，还要考虑股价的除权、除息等问题。如果一只股票近期（即绘制趋势线所跨越的周期）出现除权或除息时，在绘制股价下降趋势线前应将其复权，然后再绘制下降趋势线。

第四，为了保险起见，针对一波下降行情，投资者可画多条下降趋势线，之后再随着股价的变动不断修正、取舍，直至确认趋势线对股价确有阻力作用为止。

第五，绘制技术指标的下降趋势线时，可以直接以技术指标线两次反弹后下跌的转折点为关键点位，同时，第二个转折点必须低于第一个转折点，否则不能称为下降趋势线。

2. 利用下降趋势线与筹码分布技术结合判断股票买卖点

将股价K线下跌过程中的最高点和次高点相连，就得到一条K线的下降趋势线。当K线向上突破下降趋势线前，该股筹码已经呈现出经典的底部单峰形态，意味着股价上升的概率极高。

具体判断标准如下。

第一，当股价沿着下降趋势线下行时，顶部筹码峰仍然存在，说明仍有被套牢的散户继续持仓。此后，随着股价不断下跌，筹码逐渐下移。当股价进入底部区域后，顶部筹码峰已经全部或绝大部分下移，说明绝大多数套牢盘已经割肉，主力已经开始入场。

第二，当K线向上突破这条下降趋势线时，预示股价可能会出现一波上涨行情，投资者可积极追涨买入。

下面来看隆华科技的案例，如图5-41所示。

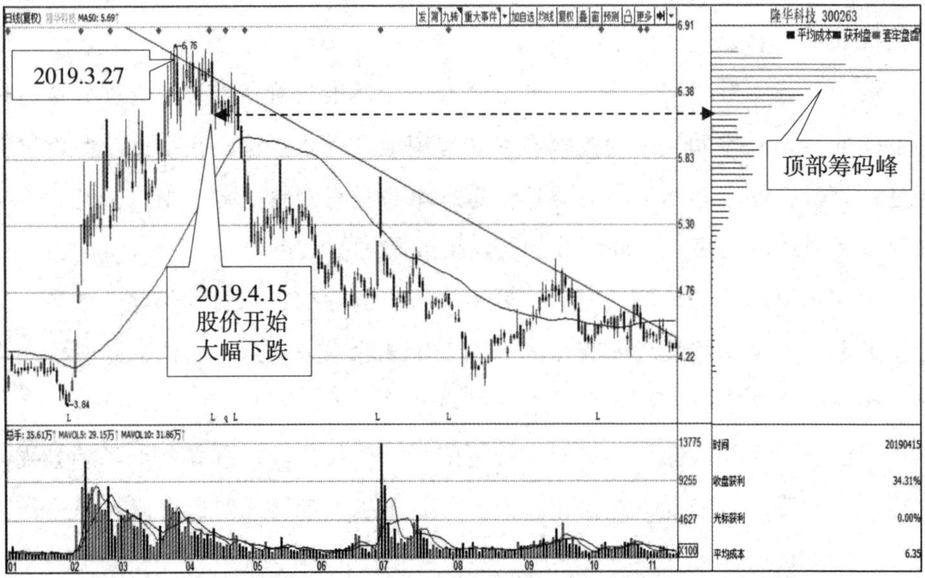

图5-41　隆华科技（300263）筹码分布图一

2019 年 3 月 27 日，隆华科技收出一根带上影线的阳线后，股价进入高位区间振荡。2019 年 4 月 15 日，该股 K 线高开低走，收出一根大阴线，启动了一波下跌行情。观察此时的筹码分布图可知，该股筹码几乎全部集中于顶部区域，说明主力已经完成了出货，未来股价走低的概率极高。

此后，该股股价启动了振荡下跌行情。将 2019 年 3 月 27 日的高点与其后股价反弹的高点相连接，可以绘制一条下降趋势线。其后，该股股价一直运行于下降趋势线下方，如图 5-42 所示。

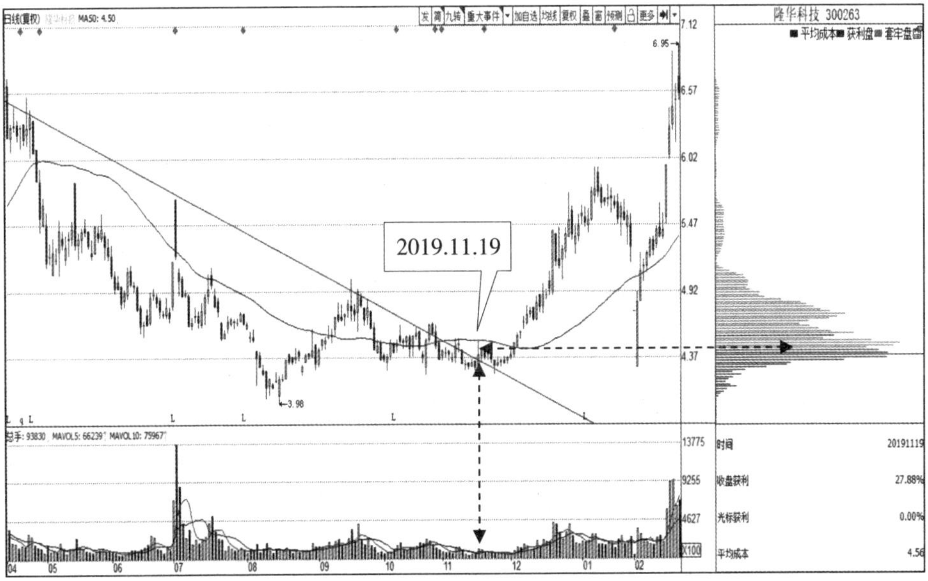

图 5-42 隆华科技（300263）筹码分布图二

隆华科技的股价经过一段时间的振荡下跌后，在 2019 年 8 月中旬进入底部区域，与此同时，该股的筹码加速向底部密集。

2019 年 11 月 19 日，该股股价小幅上攻，并成功突破了下降趋势线。观察此时的筹码分布图可知，该股筹码绝大部分已经聚集于底部区域，并形成了底部筹码单峰，说明高位套牢的散户已经割肉离场，主力很可能已经入场建仓了。此时，K 线向上突破了下降趋势线，意味着股价很可能会结束下行，进入上升趋势，投资者可考虑分批入场建仓。

第六章

进退自如——筹码交易形态解读

实战中，短线信号的准确性一直困扰着投资者。事实上，通过将 K 线短线交易技术与筹码分布技术相结合，无疑可以增强短线信号的可信度。

第一节　筹码分布形态与日常交易规则

筹码分布与运动态势，在某种情况下可以反映股价的运行趋势与方向。当筹码呈现典型的短线交易形态时，投资者需要把握机会进行买入或卖出操作。

一、下峰不移，筹码上行

下峰不移，是指股价经过一段时间的振荡盘整之后，筹码已经全部或绝大多数密集于底部区域，形成了低位单峰形态。此后，股价启动上行，一部分筹码也逐渐上行，但底部筹码峰并未出现明显萎缩或消失，说明主力并未出货或并未大量出货，股价上行的基础仍然存在，投资者可耐心持股待涨。

1. 盘面特征

第一，股价启动前，往往会在底部区域盘整很长时间，这属于主力建仓的时间点。在此期间，K 线往往呈现横向振荡状态或经典的底部整理形态。

第二，当主力获得了拉升所需的筹码后，就会向上拉升股价。随着股价的上行，一些获利盘势必会兑现利润。当然，主力一般不会过早兑现利润，主力砸盘、建仓需要耗费很长的时间，持仓成本也要高于很多普通的投资者，因而，主力对盈利的预期也会远远高于普通的投资者，这就是股价上升初期主力很少出货的原因。

第三，当股价上攻至某一阶段后，底部筹码峰开始明显萎缩或消失，说明主力已经开始出货了。此后，若股价出现调整，投资者可考虑出货或部分出货。

2. 操盘要点

基于这类股票的运行特点，投资者可有针对性地设计操盘计划。

第一，基础仓位的建立。由于普通投资者不清楚主力建仓花费的时间，因此最好不要在主力建仓过程中入场，要等到底部筹码峰密集，即上方已经没有明显的筹码峰后再入场建仓，同时要控制好仓位。

第二，股价 K 线开始上攻后，必然会出现一定的洗盘动作，若股价短线涨幅过大，可进行少量的高抛低吸操作。只要底部筹码峰没有明显萎缩或消失，一般不建议清仓。

第三，当底部筹码峰全部转移至高位后，投资者应该将大部分筹码卖出或清仓。股价跌破高位筹码峰，是投资者最后的清仓机会。

下面来看东方生物的案例，如图 6-1 所示。

东方生物的股价在 2020 年 3 月到 5 月期间一直处于底部盘整状态，观察筹码分布图可知，此时底部筹码已经形成了低位单峰形态，说明主力很可能在等待一个拉升的契机。

2020 年 5 月 26 日，该股股价放量上攻，且股价站在了筹码峰的上沿，说明主力已经开始拉升股价，投资者可考虑追涨买入。

此后该股一路上攻，成交量也出现了温和放大，如图 6-2 所示。

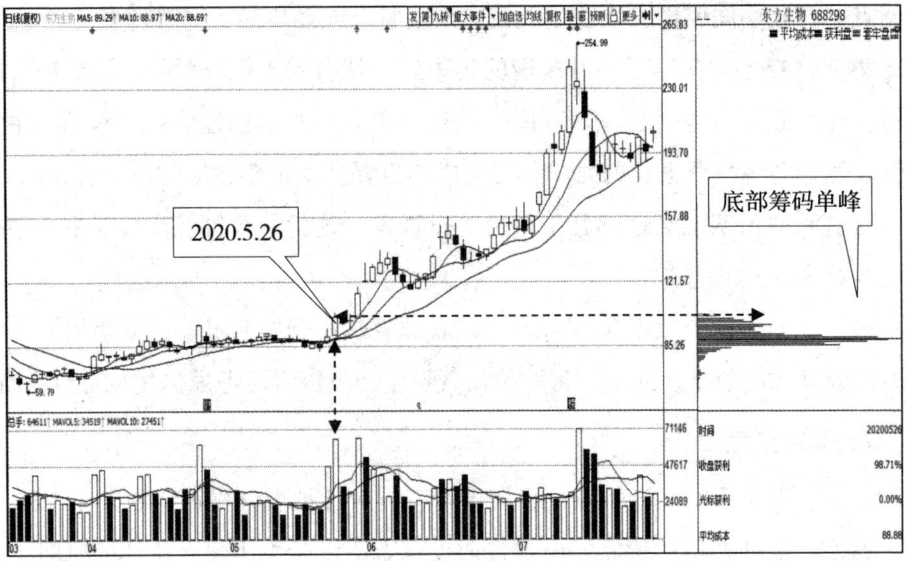

图 6-1　东方生物（688298）筹码分布图一

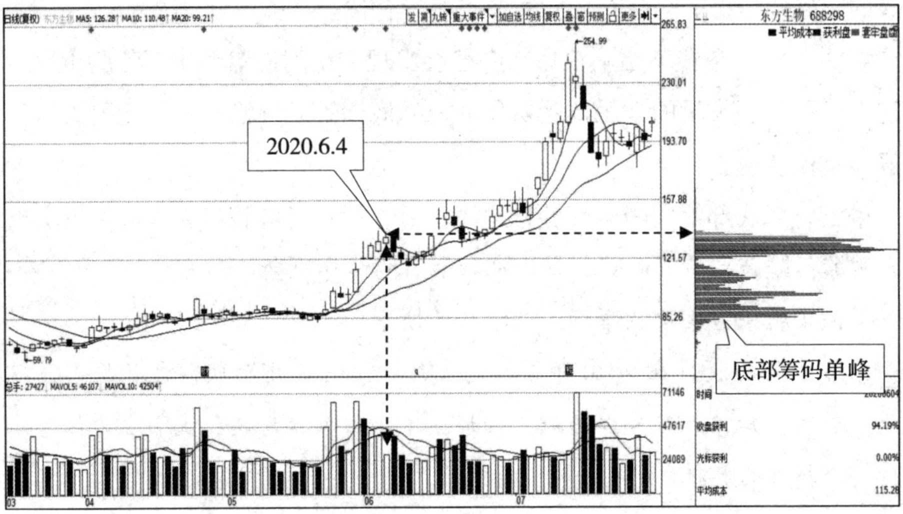

图 6-2　东方生物（688298）筹码分布图二

2020 年 6 月 4 日，东方生物的股价上涨至短期高点后出现回调，观察筹码分布图可知，此时该股的底部筹码单峰仍然存在，并未向上移动，说明主力并未出货。股价出现调整，很可能是主力的一次洗盘行为。此时，投资者可密切关注筹码分布的变化情况，一旦发现底部筹码峰明显减少，应立即出货。

此后，该股经过几个交易日的调整后重新上涨，如图 6-3 所示。

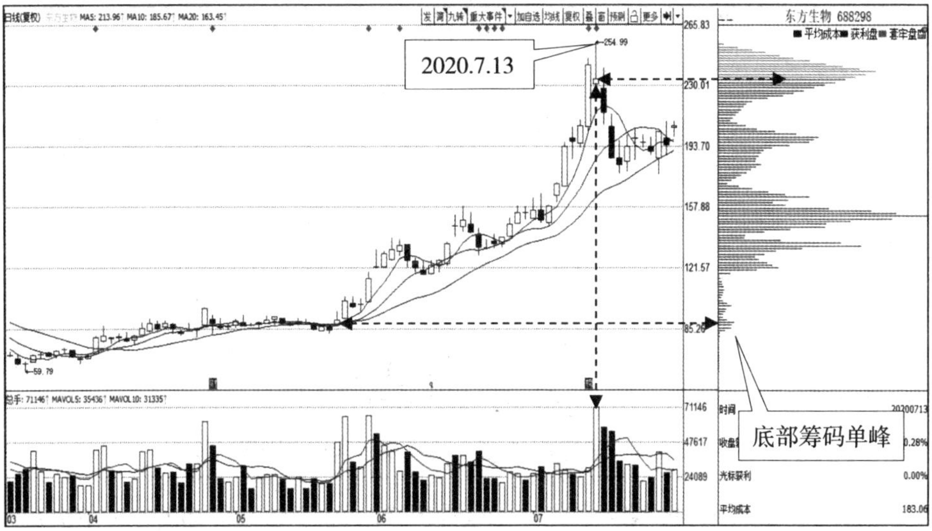

图 6-3　东方生物（688298）筹码分布图三

2020 年 7 月 13 日，东方生物的股价再次创出新的高点。观察筹码分布图可知，此时筹码进一步呈发散状态，大部分筹码都已转移至顶部，底部筹码峰仍然存在，但有所减小，说明主力已经开始出货了，投资者宜谨慎。保守型投资者可在此时卖出全部股票，激进型投资者可卖出部分股票，并进一步观察该股其后的走势。

此后，该股出现了一波振荡回调走势，筹码也在迅速向高位转移，如图 6-4 所示。

东方生物的股价在 2020 年 7 月 13 日创下阶段高点后重新开始调整。其后，该股股价再度上升，并于 2020 年 8 月 6 日又创下一个新高点。观察此时的筹码分布图可知，底部筹码峰完全消失，顶部筹码峰成型。与此同时，观察该股的成交量也可以发现，在股价创出新高时，成交量却并未同步放量，说明股价与成交量之间存在顶背离，这也是股价见顶的信号。基于以上分析，此时手中仍有股票的投资者宜进行清仓操作。

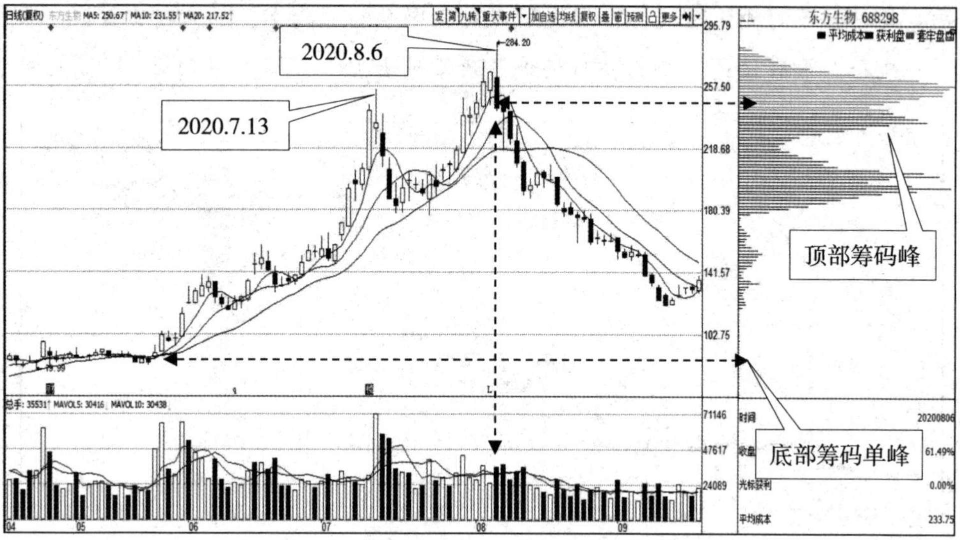

图 6-4　东方生物（688298）筹码分布图四

在这里投资者需要注意一点：顶部筹码峰成型后，通常情况下，股价会出现下跌走势，不过，如果股价能够站到这一筹码峰的上沿，并继续上攻，则该筹码峰的阻力作用就会变成支撑作用，也就意味着该股可能会启动新一轮上涨行情。

二、上峰不移，下跌不止

股价被拉升至顶部区域后，通常会形成一个顶部密集筹码峰，也就是前面所讲述的高位单峰形态。

其后，股价启动下跌。随着股价的下跌，有些股票的筹码峰会逐渐发散下移，不过，有些股票的顶部筹码峰仍保持不动。这些顶部的筹码峰就是被主力套牢在高位的散户持仓。一般来说，只要这部分筹码没有转移至下方，股价的运行趋势很难改变。

1. 盘面特征

第一，股价下跌前，往往会在顶部区域盘整一段时间（通常短于在底部横盘的时间），这属于主力出货的时间段。在此期间，股价 K 线往往会出现横向振荡走势或经典的顶部整理形态。

第二，当主力将手中的筹码全部转移给散户后，股价在顶部的横盘就会结束，股价也将进入下跌通道。

第三，很多投资者喜欢在股价下跌一定幅度后入场抄底。可是，如果此时顶部筹码峰仍在，说明在顶部套牢的散户并未割肉离场。此时，由于上方有较大的套牢盘，主力也不可能拉升股价。换句话说，投资者此时入场抄底，未来被套在“半山腰”的概率极高。

2. 操盘要点

基于这类股票的运行特点，投资者可有针对性地设计操盘计划。

第一，随着股价的下行，筹码峰也会连续地向下发散排列，这也是股价处于下行趋势的典型特征，投资者需持币观望。

第二，投资者应坚持上峰不移，坚决不入场的原则，耐心等待合适的入场时机。

下面来看中源协和的案例，如图 6-5 所示。

图 6-5　中源协和（600645）筹码分布图一

中源协和的股价在2020年7月13日创下阶段高点后出现了筑顶迹象。该股股价在顶部振荡过程中，筹码逐渐上移。2020年8月24日该股股价大幅下跌，观察之后的筹码分布图可知，已经形成明显的高位密集形态，说明主力已经出货完毕，未来股价存在下跌的可能。投资者若持有股票，应及时清仓。

此后，该股开始了一波下跌行情，如图6-6所示。

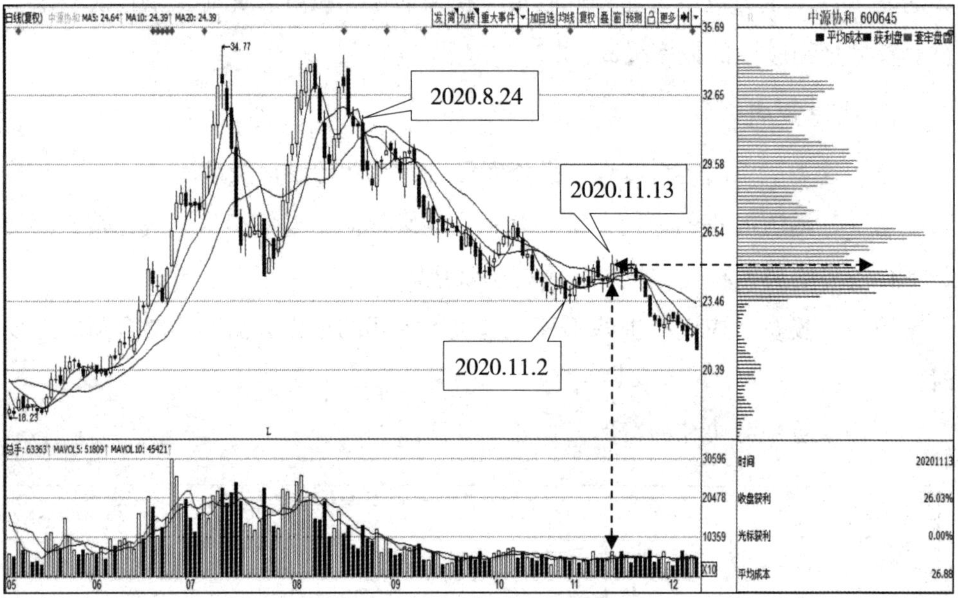

图6-6　中源协和（600645）筹码分布图二

2020年11月2日，该股股价经过一轮猛烈下跌后出现了横向振荡走势。随着股价的横向振荡，各条均线也开始放平。2020年11月13日，该股股价放量向上突破多条均线，给人一种股价即将大幅上攻的感觉。

不过，观察该股此时的筹码峰可知，顶部筹码峰并未下移，说明高位套牢的散户大部分并未割肉离场，在这种情况下，主力是不可能入场的，投资者当然也不能轻易入场。

此后，该股股价反弹几个交易日就重新转为下跌。投资者宜继续持币观望，直至新的底部筹码峰形成，高位筹码峰全部下移。

三、新筹码峰，跳空之后又一春

股价经过一段时间的底部横盘后，底部已经形成了较大的筹码单峰，此后，若股价突然大幅跳空上扬，并在跳空位上方形成一个新的筹码峰，这就意味着股价将进入新一轮上升走势，股价走强的概率很高。

1. 盘面特征

第一，股价启动前，往往会在底部区域盘整一段时间，这属于主力建仓的时间段。在此期间，股价 K 线往往会出现横向振荡或经典的底部整理形态。

第二，当主力建仓接近完成时，K 线已经开始呈现明显的趋势性变化，有些 K 线可能开始缓慢上升，有的则可能反向下跌，制造出一种股价即将下跌的“假象”。

第三，某一交易日，受利好消息刺激，股价跳空高开，并在跳空区域上方形成了一个新的筹码峰，那么该筹码峰可能成为新的股价上升基地。

2. 操盘要点

基于这类股票的运行特点，投资者可有针对性地设计操盘计划。

第一，股价跳空上扬后，若在跳空区域上方形成了规模相对较大的筹码峰，底部筹码峰并未明显萎缩，那么投资者可以此为基础入场建仓。

第二，股价跳空后，若出现回调走势，只要没有跌破跳空形成的筹码峰，就可以适当地进行加仓操作。

第三，当底部筹码峰和跳空后的筹码峰出现明显萎缩或消失时，可考虑进行减仓或清仓操作。

下面来看美迪西的案例，如图 6-7 所示。

美迪西的股价自 2020 年末一直处于底部盘整状态，观察筹码分布图可知，此时底部筹码已经形成了低位单峰形态，说明主力很可能在等待一个拉升的契机。

2021 年 1 月 7 日，该股股价放量上攻，股价站在了筹码峰的上沿，说明主力已经开始拉升股价了，投资者可考虑追涨买入该股。

两个交易日后，该股突然跳空高开高走，如图 6-8 所示。

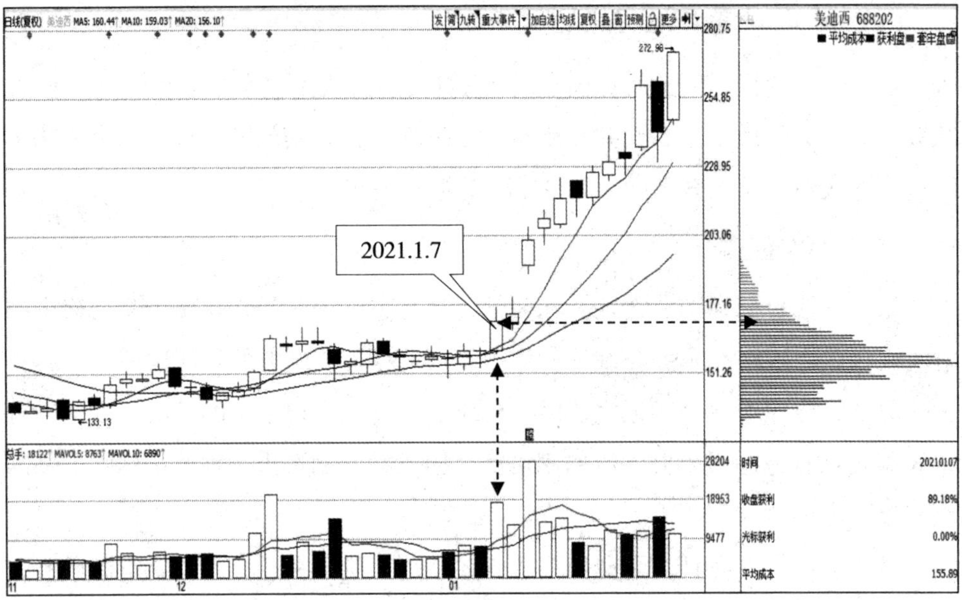

图 6-7 美迪西（688202）筹码分布图一

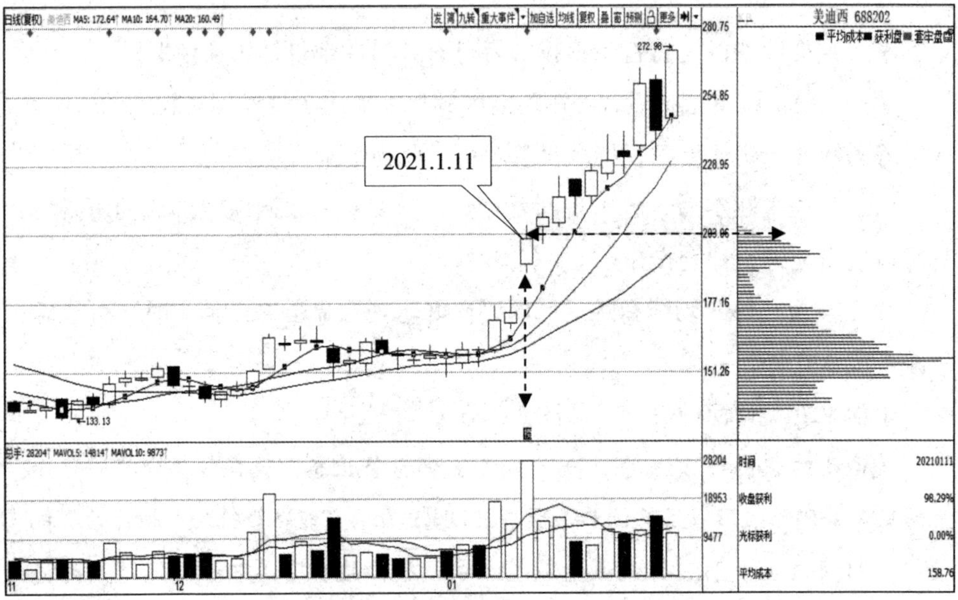

图 6-8 美迪西（688202）筹码分布图二

美迪西在2021年1月11日发布公告称：该公司2020年净利润同比增长80%～100%。受此利好消息影响，该股股价当日直接跳空高开高走，在K线图上留下一个大大的跳空缺口。

观察当日的筹码分布图可知，筹码在原来底部筹码峰上方，形成了一个新的筹码峰。此后，该股股价脚踩这个新形成的筹码峰上行，说明该股已经启动了新的上涨趋势，投资者可积极入场买入股票。

四、上峰卖，下峰买

在典型的筹码双峰分布形态中，股价的波动范围也同样被锁定在两个筹码峰之间的区域，这就为投资者进行短线波段式操作提供了绝佳的机会。一般来说，投资者在底部筹码峰买入股票，在顶部筹码峰卖出股票，即可实现短线或超短线获利。

1. 盘面特征

第一，随着股价的振荡，筹码分布图上呈现了典型的双峰分布形态，且两个筹码峰之间的距离较远，这就为投资者进行小波段操作提供了空间。

第二，股价来到顶部筹码峰后，可能会出现回调走势。当其下行至底部筹码峰位置时，又会因底部筹码峰的支撑而重新上升。

第三，随着股价在两个筹码峰之间波动，筹码谷逐渐会被填平。一旦“双峰填谷”完成，股价将会进入新一轮的上升或下跌行情，投资者只需顺势操作即可。

2. 操盘要点

基于这类股票的运行特点，投资者可有针对性地设计操盘计划。

第一，股价K线脚踩底部筹码峰上行，可作为投资者买入股票的条件。当股价从顶部筹码峰启动下跌，则可作为卖出条件。

第二，股价K线运行于两个筹码峰之间时，投资者需要合理控制仓位，预防股价K线对筹码峰的突破。一旦股价突破了筹码峰的价位，则需重新制订交易计划，即股价向上突破上方筹码峰加仓，股价向下跌破下方筹码峰则清仓。

第三，随着股价在两个筹码峰之间来回波动，筹码谷逐渐趋于填平时，投资者必须降低仓位，或在新的突破方向确认后再采取相应的交易行动。

下面来看华银电力的案例，如图 6-9 所示。

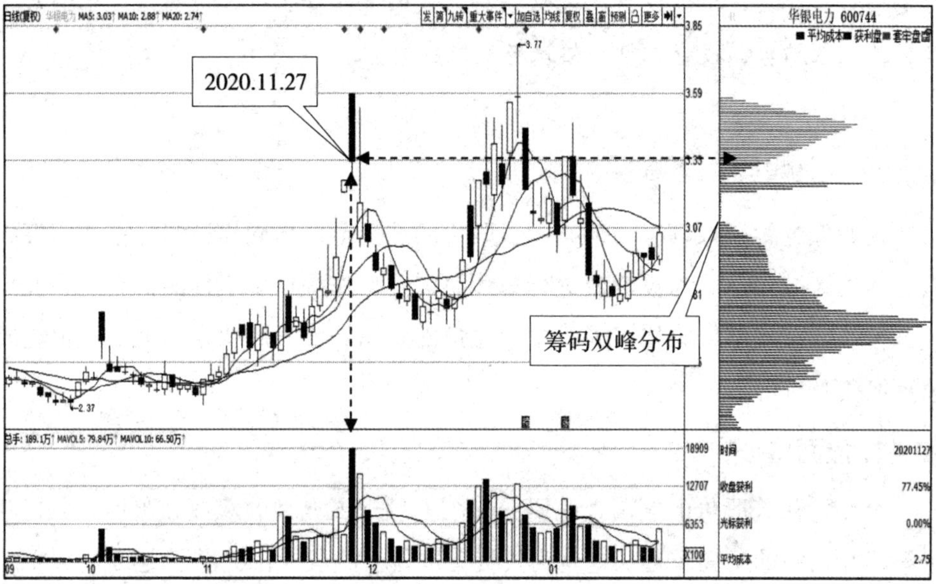

图 6-9　华银电力（600744）筹码分布图一

华银电力的股价自 2020 年 11 月启动了一波上升走势，并于 2020 年 11 月 27 日创下阶段高点。

观察此时的筹码分布图可知，该股筹码呈典型的双峰分布，且底部筹码峰与顶部筹码峰之间距离较大。若股价在两个筹码峰之间振荡，则比较适宜进行短线小波段操作。

其后，该股股价开始了一波回调走势。到了 2020 年 12 月中旬，该股股价回调至底部筹码峰附近，如图 6-10 所示。

华银电力的股价回调至底部筹码峰附近时，因受该筹码峰的支撑而出现横向振荡走势。投资者此时需要密切关注股价的波动情况，一旦其向上突破，即可追涨入场。

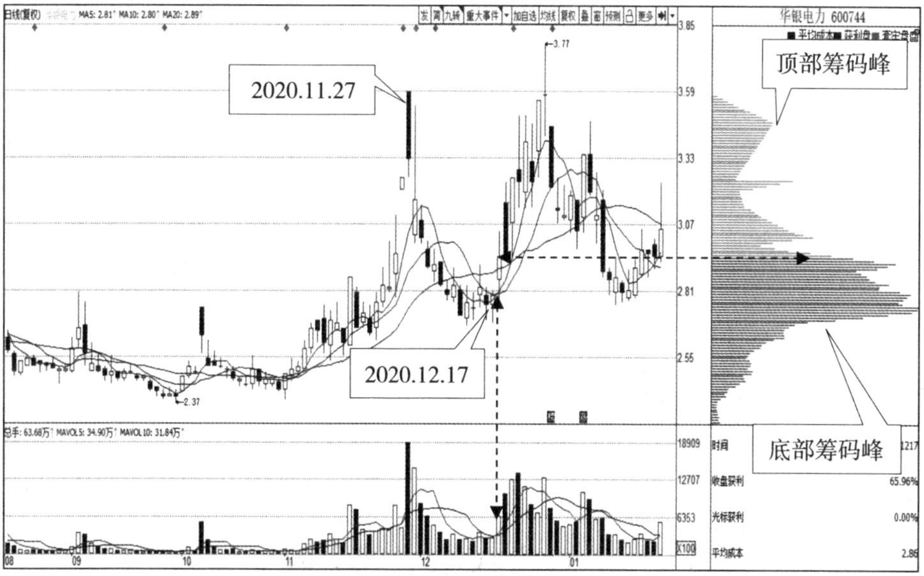

图 6-10　华银电力（600744）筹码分布图二

2020 年 12 月 17 日，该股股价 K 线脚踩底部筹码峰开始上行，说明该股股价重新开启了上涨之路，喜欢短线小波段操作的投资者可入场买入该股。

其后，该股股价振荡上升，如图 6-11 所示。

华银电力的股价经过一段时间的振荡上升，于 2020 年 12 月 28 日到达阶段顶部后再度回落。观察此时的筹码分布图可知，K 线触及了顶部筹码峰位置，说明此时股价上攻遇阻，未来有继续回落的可能，投资者可卖出先前买入的股票。

此后，该股股价连续下跌，如图 6-12 所示。

2021 年 1 月中旬，华银电力的股价再度回调至底部筹码峰附近时，因受该筹码峰的支撑而出现横向振荡走势。2020 年 1 月 19 日，该股股价重新放量上攻，喜欢短线小波段交易的投资者可再度入场买入。

只要股价没有确立新的运行趋势，投资者就可以继续执行这种交易。不过，观察该股的筹码分布图可以发现，该股顶部的筹码峰有下移的倾向，即该股的两个筹码峰有向中间集中的趋势，投资者应控制好仓位，一旦股价出现下跌趋势，则应及时离场。

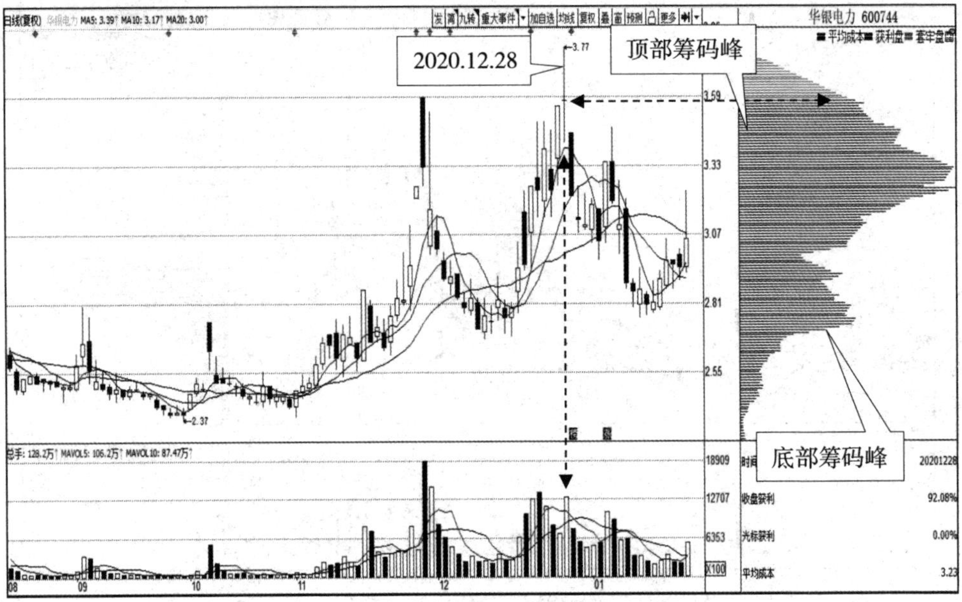

图 6-11　华银电力（600744）筹码分布图三

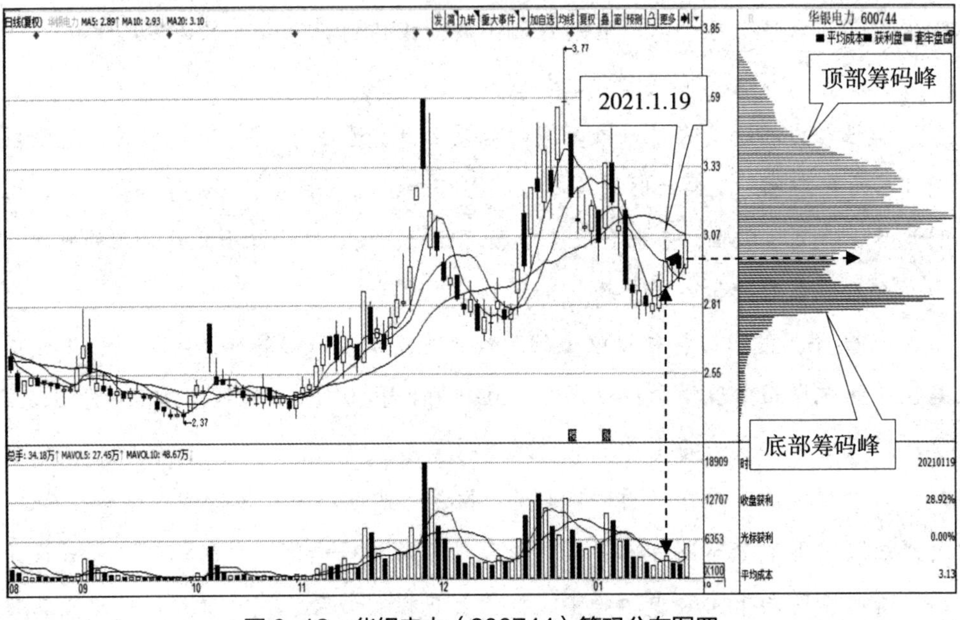

图 6-12　华银电力（600744）筹码分布图四

第二节　短线波动与筹码分布形态

一般来说，筹码峰特别是顶部或底部主要筹码峰形成后，对股价都会有较强的阻力或支撑作用。当股价完成对筹码峰的突破后，往往意味着股价将进入新一轮的上涨或下跌行情。

一、突破主峰又一春

放量突破筹码峰，是指股价创下一个高点后出现回调，但筹码峰并未随之下移。其后，股价重新启动上涨，且放量突破了前期筹码峰，这是一个主力强势拉升的信号。通常情况下，股价回调之后，在高位形成的筹码峰会阻碍之后股价的上攻，如主力不再顾忌前期的筹码峰，则存在两种可能：其一，前期的筹码峰本身就是主力自己的筹码；其二，主力已经做好了强势拉升的准备，根本不惧上方阻力。

1. 盘面特征

第一，股价放量创出新高后出现回调，且回调时成交量出现萎缩。观察筹码分布图可知，高位筹码峰并未随股价的下跌而下移，按照通常的理解，股价未来上涨的可能性不大。

第二，股价在底部区域经过几个交易日的盘整后重新启动上攻，且根本不惧上方筹码峰的阻力，说明主力已经做好了拉升准备。投资者此时只需耐心等待，待股价向上突破高位筹码峰再入场。

第三，通常情况下，股价到达前期筹码峰附近时，会出现几个交易日的振荡盘整，这是主力在消化前期的筹码峰。

2. 操盘要点

基于这类股票的运行特点，投资者可有针对性地设计操盘计划。

第一，股价自下而上完成对筹码峰的突破时，往往也是对前方某一重要阻力位（如中期均线、前期高点）的突破，这是较佳的追涨入场时机。

第二，当重新出现的筹码峰足够大时，也就是主力吸纳了足够的筹码，之后主力就会快速拉升股价，这也是投资者较佳的介入点。

下面来看洋河股份的案例，如图 6-13 所示。

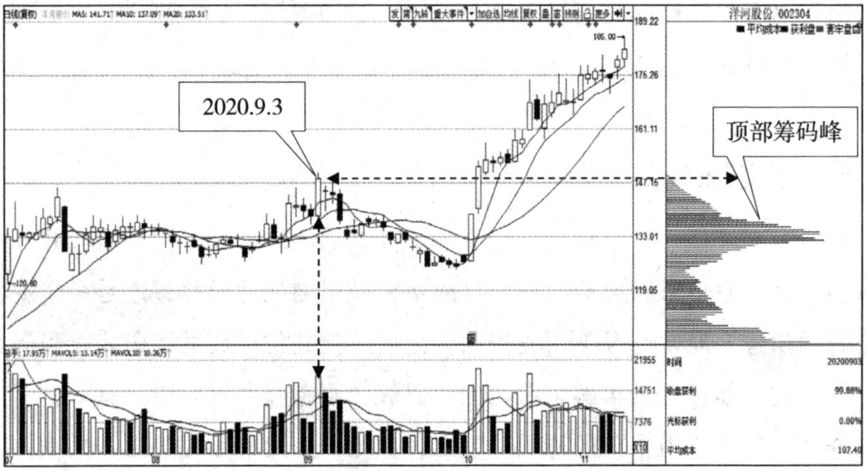

图 6-13　洋河股份（002304）筹码分布图一

洋河股份的股价在 2020 年 3 月下旬启动了一波上涨行情，股价在 2020 年 9 月初创下短线高点后出现回调。该股在筑顶期间，出现了明显的放量情况，因而在顶部区域聚集了大量筹码，不过在股价回调时，筹码峰并未随之出现下移。

投资者应该清楚，如果该筹码峰不能在将来随之下移，未来将会对股价的上攻产生相当大的阻力作用。正因如此，投资者只需保持关注而无须介入。

此后，该股出现了回调，股价连续缩量下行，如图 6-14 所示。

2020 年 9 月 30 日，洋河股份的股价经过多日的连续下行后出现企稳迹象。观察此时的股价与成交量可以发现，股价已经跌破了 20 日均线，成交量在前几日连续缩量的基础上出现了小幅放量，说明存在新主力入场的可能性。观察此时的筹码分布图可知，股价已经跌破筹码主峰，并下行至筹码峰下方位置。这种情况下投资者需要保持观望，不可轻易入场。

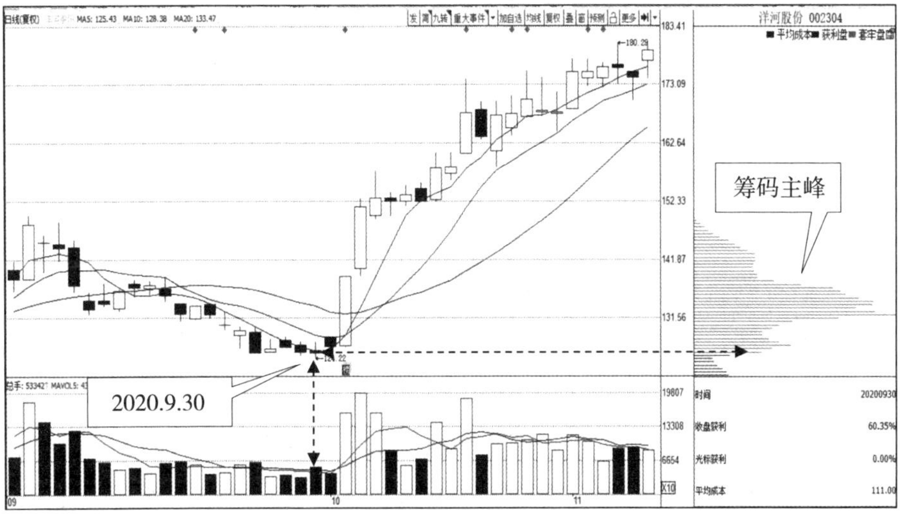

图 6-14　洋河股份（002304）筹码分布图二

此后，该股股价企稳反弹，并连续大幅上攻，如图 6-15 所示。

图 6-15　洋河股份（002304）筹码分布图三

2020年10月中旬，洋河股份的股价启动大幅上攻走势，K线连续拉出放量大阳线。2020年10月13日，该股股价向上突破筹码主峰，说明该筹码峰对股价的阻力作用已经转为支撑作用，未来股价继续走高的概率极大，投资者宜迅速追涨买入。

二、无量穿越筹码峰

前面介绍的突破筹码峰的交易技巧，涉及的是一种比较经典的形态，即股价放量突破筹码密集区。也就是说，成交量放大，往往是股价成功突破筹码密集区的重要条件。但在实战中，还存在另外一种情形，即股价无量突破筹码峰的情形。

筹码峰，必然是由大量筹码聚集而成。如果这些筹码是散户的，那么，当股价自上而下穿越筹码峰时，势必会引起散户的恐慌，选择跟风卖出股票。当股价自下而上穿越筹码峰时，又必然会促使部分投资者抛出股票。也就是说，股价穿越筹码峰时，成交量必然会出现放大态势。如果这些筹码是主力的，那么，无论股价是向上穿越还是向下穿越，筹码峰根本不用成交量放大相配合。

当股价无量突破筹码峰时，意味着先前的筹码峰密集的筹码都是主力筹码，股价下行，往往属于主力的洗盘动作。因此，当股价重新向上拉升时，也不需要过度放量。

1. 盘面特征

第一，与之前的技巧相似，股价放量创出新高后出现回调，且回调时成交量呈现萎缩状态。观察筹码分布图可知，高位筹码峰并未随着股价的下跌而下移，按照通常的理解，股价未来上涨的可能性并不大。

第二，股价在底部区域经过几个交易日的盘整后重新启动上攻，且根本不惧上方筹码峰的阻力，说明主力已经做好了拉升准备。

第三，股价向上突破主筹码峰非常容易，甚至成交量还出现了明显的萎缩。出现这种非典型的情况，说明主力已经完全控盘，未来股价大幅上攻的概率极高。

2. 操盘要点

基于这类股票的运行特点，投资者可有针对性地设计操盘计划。

第一，股价自下而上完成对筹码峰的突破时，往往也是对前方某一重要阻力位（如中期均线、前期高点）的突破，这是较佳的追涨入场时机。

第二，股价突破主筹码峰后，若立即形成新的筹码峰，且新出现的筹码峰足够大时，表明主力吸入了足够多的筹码，主力很快会快速拉升股价，这也是投资者较佳的加仓点。

下面来看先惠技术的案例，如图 6-16 所示。

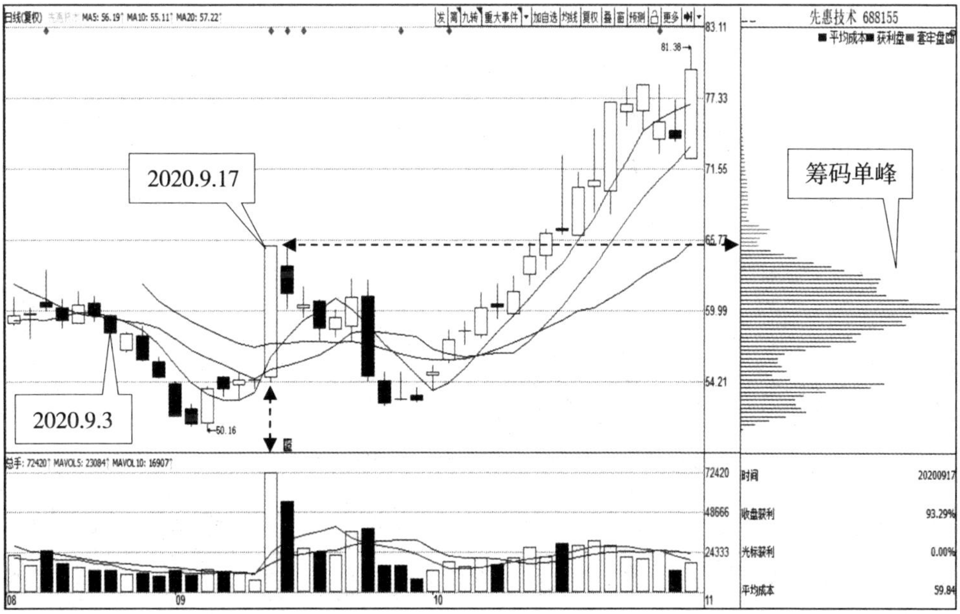

图 6-16 先惠技术（688155）筹码分布图一

先惠技术的股价在 2020 年 9 月初经过一段时间的横向振荡后，启动了下跌走势。此后，该股股价重新放量上攻，并于 2020 年 9 月 17 日形成了阶段高点。观察此时的筹码分布图可知，该股股价已经在阶段高点的下方密集了较多的筹码，给人一种即将突破上升的感觉，不过，此后股价不涨反跌，再度开启了调整模式。

从此时的筹码分布图来看，投资者很难判断筹码主峰的筹码是否已经大部分落入主力之手，因而投资者需要继续观望。

其后，该股股价经过一段时间的底部盘整后，重新启动上攻。不过，这时的上攻与之前所讲述的上攻并不相同，此次上攻成交量虽有放大，但整体水平较低，如图6–17所示。

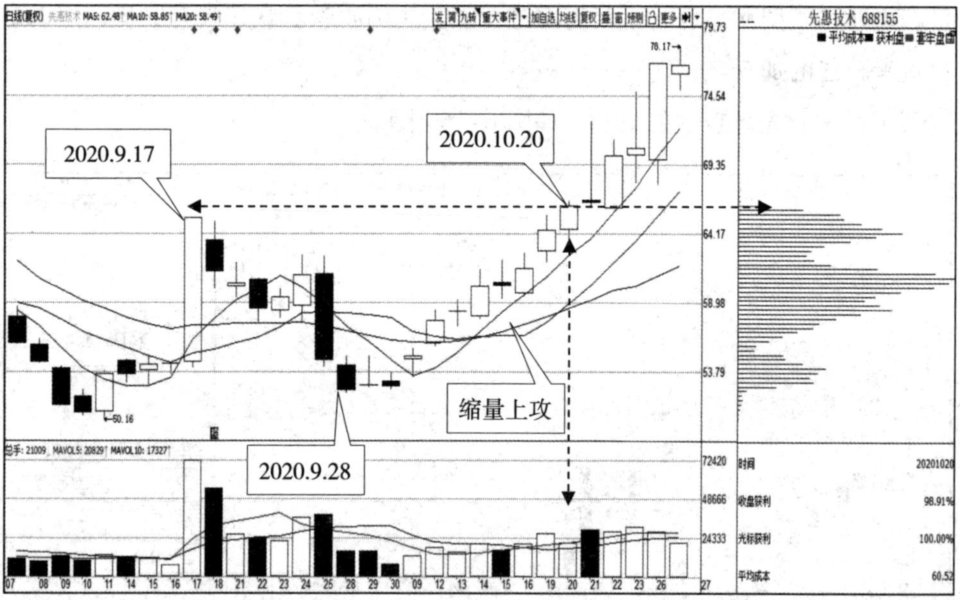

图6–17　先惠技术（688155）筹码分布图二

先惠技术的股价自2020年9月28日结束调整，开始启动上行。随着股价的上升，成交量虽时有放大，但整体上放量规模较小，相比2020年9月17日前后的成交量明显呈现缩量态势。

2020年10月20日，该股股价向上突破前期高点和高位筹码峰，不过成交量相比前一交易日明显缩量，说明上方主筹码峰的筹码大部分为主力筹码，而非散户筹码。这样，主力向上拉升根本不用费力即可形成突破。

对于此次突破，也可以进行倒推式分析。2020年9月3日之前，该股股价已经横向振荡了一段时间，此时的高位筹码峰就是以该时段的横盘位为中心密集而成的，因此，主力很可能在此阶段收集了较多筹码。其后，又通过向上拉升与向下打压并用的方式，吸收了大量散户手中的筹码。到了主力拉升前，市场上的筹码大部分已被主力掌控，其后主力再向上拉升股价，就会容易很多。

基于以上分析，未来股价上升的阻力较小，上涨的空间很大，投资者可积极入场追涨。

三、股价跳空穿越筹码峰

股价跳空穿越筹码峰，是指股价创下一个高点后出现回调，但筹码峰并未随之下移，其后股价重新启动上涨，且以跳空的方式直接越过了前期筹码峰，这也是一个主力强势拉升的信号。

通常情况下，股价回调之后，在高位形成的筹码峰会阻碍其后股价的上攻，一旦股价直接以跳空的形式穿越前期的筹码密集区，则等于告诉投资者前期筹码密集区的筹码都是主力自己的，未来股价上涨的概率极高，也可能会出现超级大牛股。

1. 盘面特征

第一，股价放量创出新高后出现回调，回调时成交量呈萎缩状态。观察筹码分布图可知，高位筹码峰并未随着股价的下跌而下移，按照通常的理解，股价未来上涨的可能性并不大。

第二，股价在底部区域经过几个交易日的盘整后重新启动上攻，根本不惧上方筹码峰的阻力，直接以跳空上扬的方式越过前期筹码峰，说明主力已经做好了拉升准备。

第三，通常情况下，股价跳空越过筹码峰后，有时会连续向上拉升，有时则会调整几个交易日后再度拉升。

2. 操盘要点

基于这类股票的运行特点，投资者可有针对性地设计操盘计划。

第一，坚守入场原则，即只有股价向上突破高位筹码峰才能入场。

第二，理论上，股价跳空越过前期筹码峰后，投资者就可考虑追涨买入，并将跳空位置作为止损位。若之后股价跌破该位置，则可考虑止损卖出。

第三，股价跳空越过前期筹码峰后，如果出现振荡盘整走势，股价回落至主筹码峰位置后遇支撑启动上涨，则可将上涨的启动点作为一个加仓点位。

下面来看迎驾贡酒的案例，如图 6-18 所示。

图 6-18　迎驾贡酒（603198）筹码分布图一

迎驾贡酒的股价在 2020 年 3 月中旬启动了一波上涨行情，2020 年 7 月中旬该股股价上涨遇阻，出现了筑顶迹象。此后，该股股价开始回落。观察筹码分布图可知，在盘整区域出现了多筹码峰发散形态，且顶部筹码峰规模最大。投资者应该清楚，如果该筹码峰不能在将来随之下移，未来将会对股价的上攻产生相当大的阻力作用。正因如此，投资者只需保持关注，无须介入。

此后，该股股价出现了回调，如图 6-19 所示。

迎驾贡酒的股价自 2020 年 7 月 15 日开始回调整理。在振荡整理过程中，形成了两个明显的低点，下方筹码峰逐渐上移，与高位筹码峰融合，形成了一个新的大筹码峰。

2020 年 11 月 2 日，迎驾贡酒的股价重新上涨至前期高点附近，与此同时，成交量明显出现了温和放大态势。2020 年 11 月 3 日，该股股价放量跳空越过了前期筹码峰。观察此时的筹码分布图可知，新的筹码峰与原来的高位筹码峰形成了明显的界限，该界限未来会对股价产生相当大的支撑作用。也就是说，投资者如果在 2020 年 11 月 3 日买入该股，可将该跳空区域设置为止损位，若股价跌破该区域，可卖出止损。

图 6-19　迎驾贡酒（603198）筹码分布图二

四、主力诱空，反向上攻

股价经过一段时间的振荡整理后，筹码逐渐趋向于集中。从筹码分布图可知，股价附近区域形成了一个较大的密集筹码峰，其他区域分布的筹码都很少，说明主力已经完成了建仓或出货。此后，股价突然缩量下跌，给投资者造成一种股价即将结束盘整，进入下跌通道的感觉，而后，经过几个交易日的下跌，重新开始放量上攻。

1. 盘面特征

第一，股价经过一段时间的横向盘整后，波动幅度变小。观察筹码分布图可知，此时筹码向股价波动区域集中，其他区域分布的筹码很少。

第二，股价横盘一段时间后，突然大幅下跌，很快跌破了筹码密集区，不过成交量并未明显放大。通常情况下，筹码密集区被认为具有较强的支撑作用，当股价运行在筹码密集区上方时，下跌很可能会伴随着成交量的放大。如果股价跌穿了筹码密集区，且成交量很少，则筹码属于主力所有的可能性极高。

第三，股价在筹码密集区下方运行一段时间后，重新开始放量上攻，并很快回到甚至突破下跌之前的位置，这属于股价启动的典型信号。

2. 操盘要点

基于这类股票的运行特点，投资者可有针对性地设计操盘计划。

第一，股价向下跌破筹码单峰时，投资者只需保持对股价走势的关注，不应该提前介入，以免判断错误。

第二，股价调整之后，重新向上突破筹码峰和下跌之前的位置时，可以考虑入场。有些股票会立即启动上攻，有些股票则会盘整数日后再上攻。只要股价自下跌之前的位置放量上攻，投资者就应该坚决跟进。

下面来看聚杰微纤的案例，如图 6-20 所示。

聚杰微纤的股价在 2020 年 4 月底触底反弹后，开始了一波横向振荡走势，筹码逐渐向股价附近区域集中，形成了单峰密集形态。正当所有投资者认为股价有可能上涨时，2020 年 9 月 24 日，股价结束盘整，启动下跌走势。不过，股价在跌破筹码密集区域时，成交量并未出现明显放大，说明该区域大部分筹码可能都是主力的。

此后，该股下跌几个交易日后又重拾升势，如图 6-21 所示。

2020 年 10 月 15 日，聚杰微纤的股价重新上攻至下跌之前的位置，且原来的筹码单峰并未发生移动，说明股价的下跌完全是主力的一次诱空行为，也是为了让意志不坚定者赶紧下车，为未来的拉升铺平道路。

图 6-20　聚杰微纤（300819）筹码分布图一

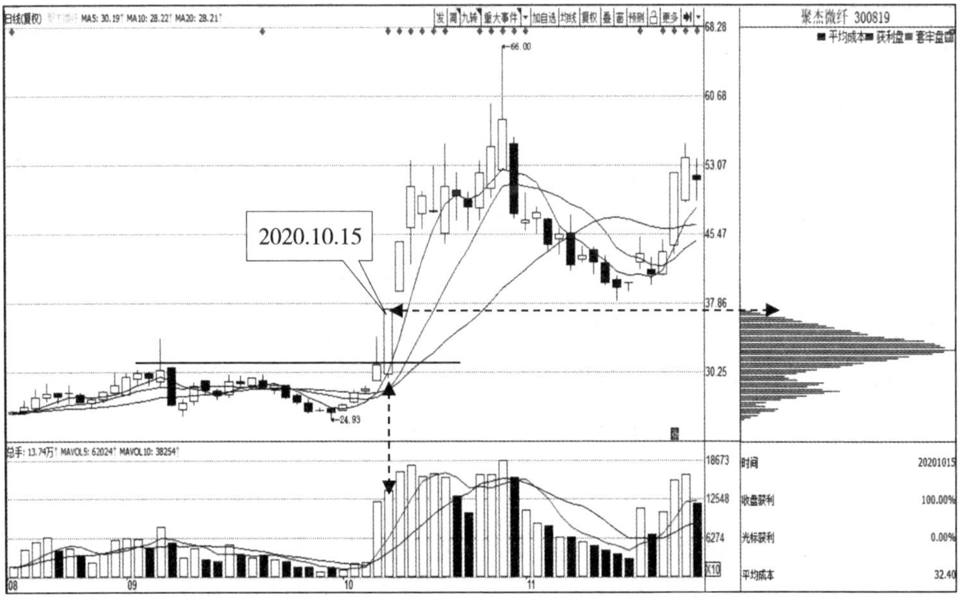

图 6-21　聚杰微纤（300819）筹码分布图二

此后，聚杰微纤的股价放量上攻，一举突破多条均线，走出盘整区域，同时还站在了筹码密集区的上沿，说明主力的拉升行动已经开始，投资者宜迅速追涨买入。

第三节　K 线与筹码峰的支撑与阻力

实战中，由于主筹码峰往往具有很强的支撑与阻力作用，这就使得 K 线运行至筹码峰位置，有可能改变原先的运行态势。

一、回落单峰再出发

股价在底部盘整一段时间后，筹码在底部区域密集成一个典型的单峰形态。此后，K 线脚踩单峰上升。股价上升一段时间后出现调整，当调整至底部主筹码峰附近时，因受到主筹码峰的支撑重新上行，则意味着股价将进入新一轮上升行情。

1. 盘面特征

第一，股价脚踩底部筹码峰上行，可能会在更高的位置形成一个新的筹码峰，但该筹码峰要小于底部的主筹码峰。

第二，股价自高点回落过程中，成交量应该会呈现明显的萎缩状态。若成交量持续放大，则有下破筹码峰的可能。

第三，股价遇底部筹码峰支撑后重新开始上行，说明底部托盘力量很大，也说明底部筹码峰是主力建仓的筹码，这也是股价未来上攻的基础。

2. 操盘要点

基于这类股票的运行特点，投资者可有针对性地设计操盘计划。

第一，K 线遇底部筹码峰获得支撑后重新启动上攻时，往往就是投资者入场的最佳时机。

第二，股价回调过程中，若跌破了中短期均线，遇筹码峰支撑重新向上突破这些均线时，往往可以确立上行趋势，此时可以追加仓位。

下面来看圣龙股份的案例，如图 6-22 所示。

图 6-22　圣龙股份（603178）筹码分布图一

圣龙股份的股价在 2020 年 5 月下旬之前一直于底部横向振荡，该股的筹码也在此期间加速向底部区域密集，形成了典型的底部筹码峰。

2020 年 5 月 27 日，该股 K 线脚踩底部筹码峰大幅上攻，此后反向进入调整行情。观察该股的走势可知，在股价调整过程中，成交量呈现了持续萎缩状态，如图 6-23 所示。

圣龙股份的股价自 2020 年 6 月 2 日出现回调走势，成交量同步萎缩。2020 年 6 月 29 日，该股股价下跌至底部筹码峰附近，因受底部筹码峰支撑重新上攻，说明该股股价存在重新上攻的可能，投资者可考虑入场建仓。

股价经过一波振荡后，重新启动上升走势，投资者可在股价向上突破 20 日均线后进行加仓操作。

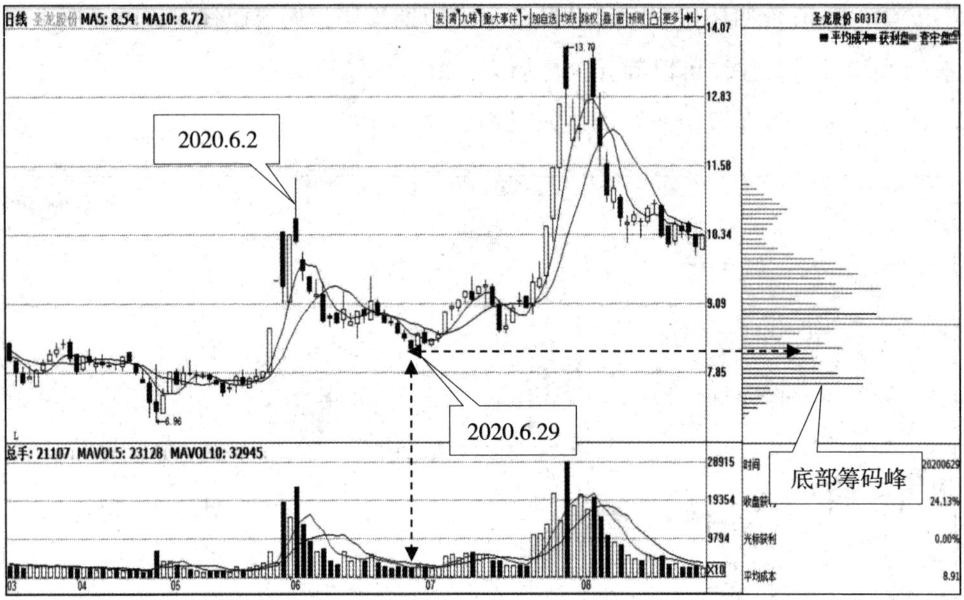

图 6-23　圣龙股份（603178）筹码分布图二

二、筹码峰遇股价触及解套位而不动

股价自高位下跌后，往往会在高点留下一个筹码峰，即高位筹码峰，该筹码峰往往会对股价造成很大的阻力作用。在前面讲过，只有这个高位筹码峰消失，主力才有可能向上拉升股价。不过，这里还有一个特例，即股价在高位留下一个筹码峰后，如果股价再次反弹向上，并上涨至筹码峰位置时，该筹码峰的筹码并未外逃，也并未对股价造成压力，则说明之前在高位的筹码峰是主力的。该股股价如能越过筹码峰，将会发动一波较大幅度的上涨行情。

1. 盘面特征

第一，股价在相对高位形成一个规模较大的筹码峰后下行，不过，顶部筹码峰并未随股价的下行而下移。

第二，股价在底部振荡或触底反弹时，顶部筹码峰并未出现松动迹象，按照之前介绍的理论，一般情况下，此时股价是不会上涨的，毕竟顶部筹码峰并末下移。不过，这里大家需要注意一点，此高点只是股价在下跌途中形成的相对高点，而非绝对高点。

第三，股价启动反弹后，遇到上方筹码峰后，股价并未受到相应的阻力，甚至非常轻松地突破了这一筹码峰。股价在顶部筹码峰附近振荡一段时间后，启动上涨行情。这说明此位置的筹码峰并非散户的套牢盘，若为散户套牢盘，当股价来到该位置附近时，这些筹码会蜂拥而出。

2. 操盘要点

基于这类股票的运行特点，投资者可有针对性地设计操盘计划。

第一，K 线遇顶部筹码峰并未受阻，顺利向上突破筹码峰后，投资者可考虑入场建仓该股。

第二，股价拉高后若出现回调，回调至高位筹码峰上沿获得支撑后股价重新上行，则可追加仓位。

下面来看丹化科技的案例，如图 6-24 所示。

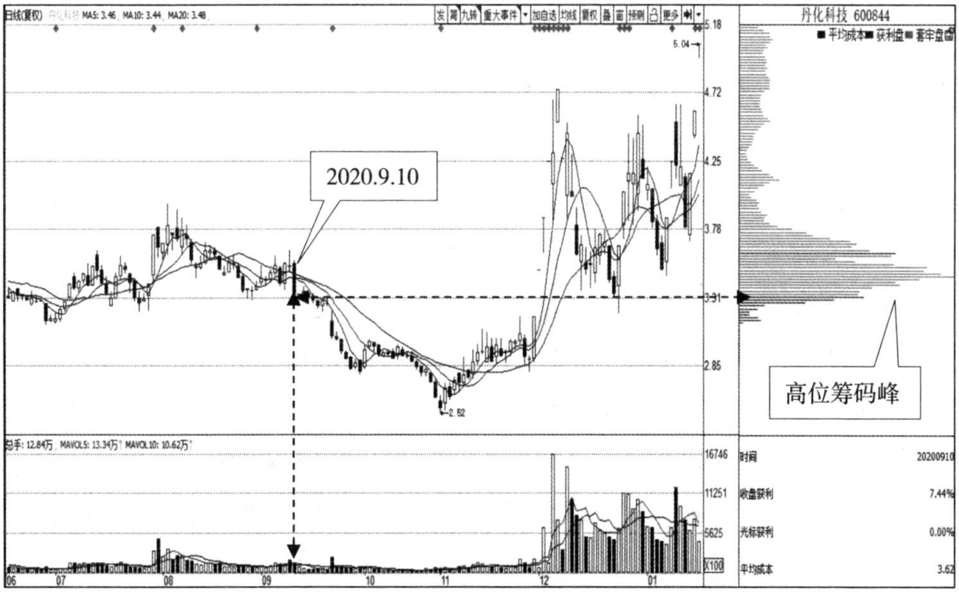

图 6-24 丹化科技（600844）筹码分布图一

丹化科技的股价在2020年8月上旬到达短期反弹高点位置后，于2020年9月10日开始启动大幅下跌走势。观察筹码分布图可知，此时该股的筹码呈单峰密集形态。此后，股价进入下跌走势，按照通常理解，高位筹码多属于散户，即在高位由主力派发给散户的筹码，股价继续走低的概率很大，如图6-25所示。

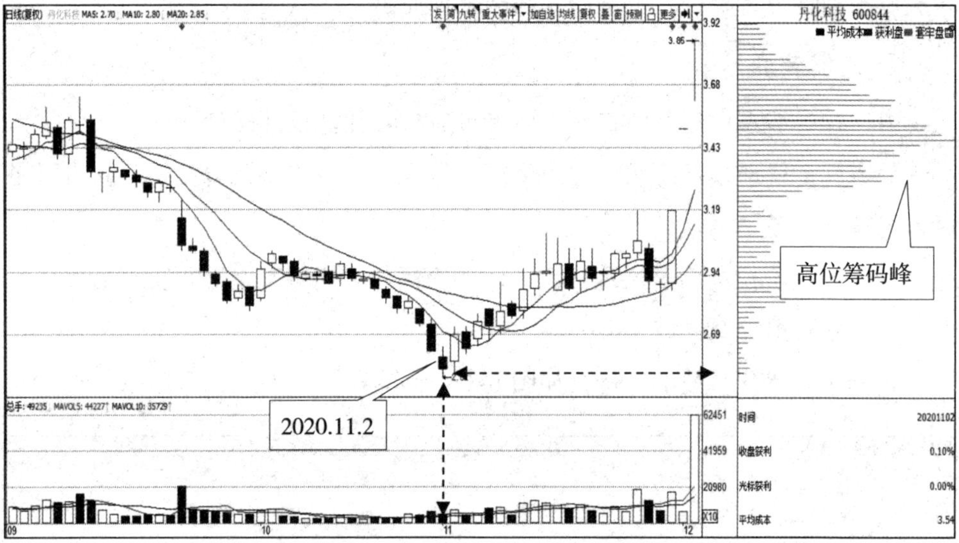

图6-25 丹化科技（600844）筹码分布图二

丹化科技的股价经过一段时间的下跌后，筹码开始向低位发散，不过高位筹码峰仍然存在。2020年11月2日，该股股价自底部启动向上反弹。前面已经讲过，高位筹码峰如果仍然存在，那么股价很难反弹，由此可见该股走势有些反常。其后，该股股价又连续上攻，如图6-26所示。

2020年11月30日，丹化科技的股价放量涨停，并来到顶部筹码峰附近。观察此时的筹码分布图可知，顶部筹码峰并未因股价在底部振荡盘整而下移。当股价来到筹码峰附近时，该筹码峰仍然不动，说明该筹码峰为主力筹码的概率很高，未来股价很可能继续走高，投资者可积极入场建仓。

其后，该股股价上攻了几个交易日，随后出现调整走势，如图6-27所示。

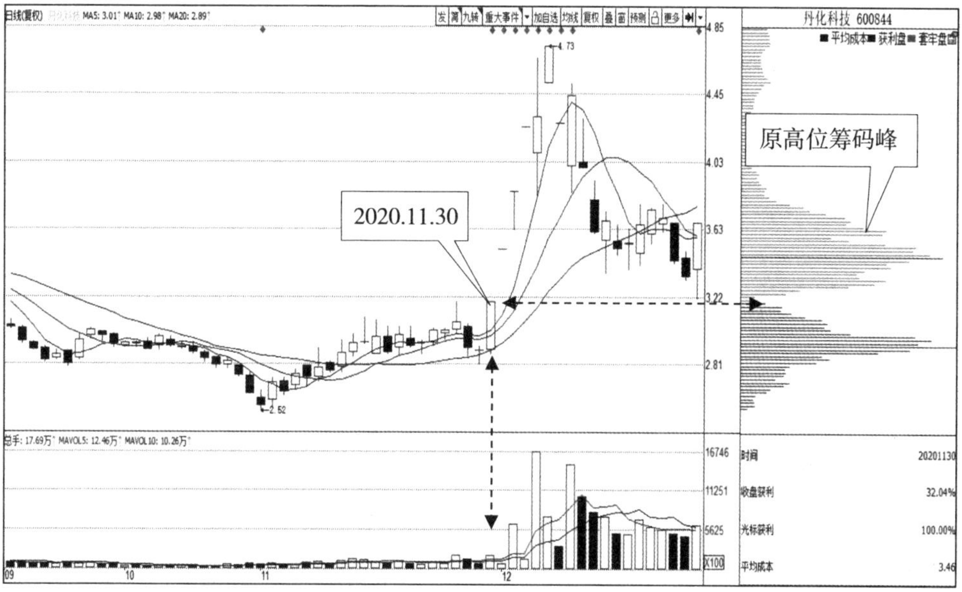

图 6-26　丹化科技（600844））筹码分布图三

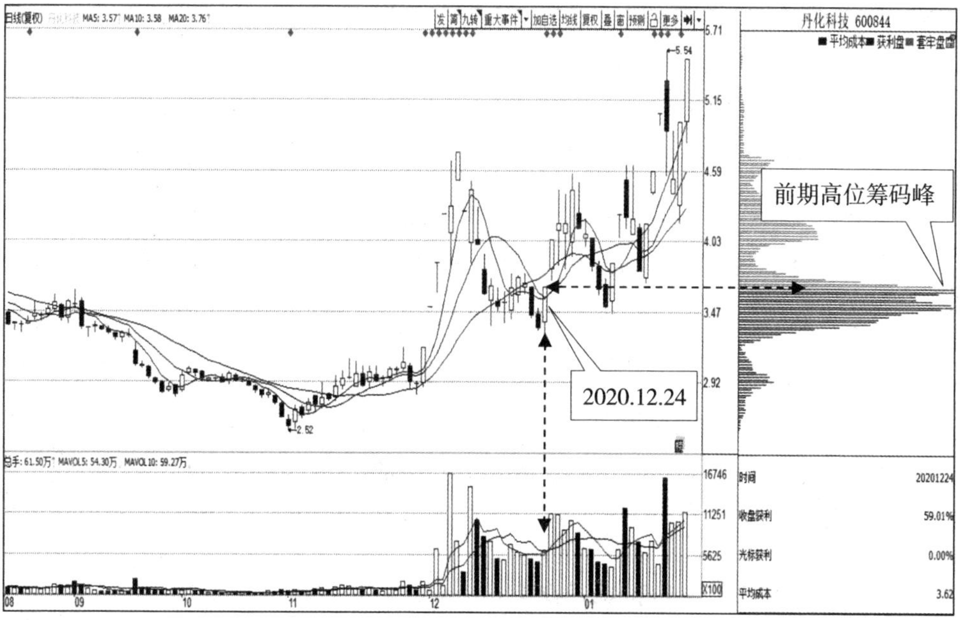

图 6-27　丹化科技（600844）筹码分布图四

丹化科技的股价在回落至前期高位筹码峰附近时，因受筹码峰支撑于2020年12月24日重新启动上攻，这更印证了原来的高位筹码峰为主力筹码，投资者可在此时追加仓位。

此后，该股重新开始了振荡上升走势。

三、低位筹码峰大幅下跌再创新低

股价经过一波大幅下跌之后，在某一低位开始出现筑底迹象，高位筹码迅速向低位密集。此后，当低位筹码峰形成规模较大的单峰时，很多投资者认为股价将会启动反弹走势，然而此时，主力却发力向下打压股价，并在新的低位形成了一个筹码峰。此后，当股价重新向上突破快速下跌前的筹码峰，则意味着股价筑底完成，未来股价可看高一线。

1. 盘面特征

第一，股价在相对低位形成一个规模较大的筹码峰后突然大幅下行，并在短期内将股价打压至较低价位。

第二，股价突然下跌时，顶部还存在部分套牢筹码，也就是说，主力在横向振荡无法将上方套牢盘挤出后，采用了恐吓的方式，逼迫上方投资者卖出手中的股票。

第三，股价在新的底部会通过横向振荡形成新的底部筹码峰，且上方筹码峰出现了明显的萎缩，说明主力的恐吓起到了一定的作用，很多散户已经将手中的筹码吐了出来。

第四，当股价重新穿越快速下跌前的筹码峰后，意味着主力已经掌握了拉升所需的足够筹码，未来股价将会进入上升通道。

2. 操盘要点

基于这类股票的运行特点，投资者可有针对性地设计操盘计划。

第一，K线在底部横盘过程中，会呈现逐渐上升状态。当其向上突破了快速下跌前的筹码峰位置，则意味着股价将开启一波新的上涨行情，投资者可积极追涨买入。

第二，股价拉高后若出现回调，回调至高位筹码峰上沿获得支撑后股价重新上行，则可以追加仓位。

下面来看金科文化的案例，如图 6-28 所示。

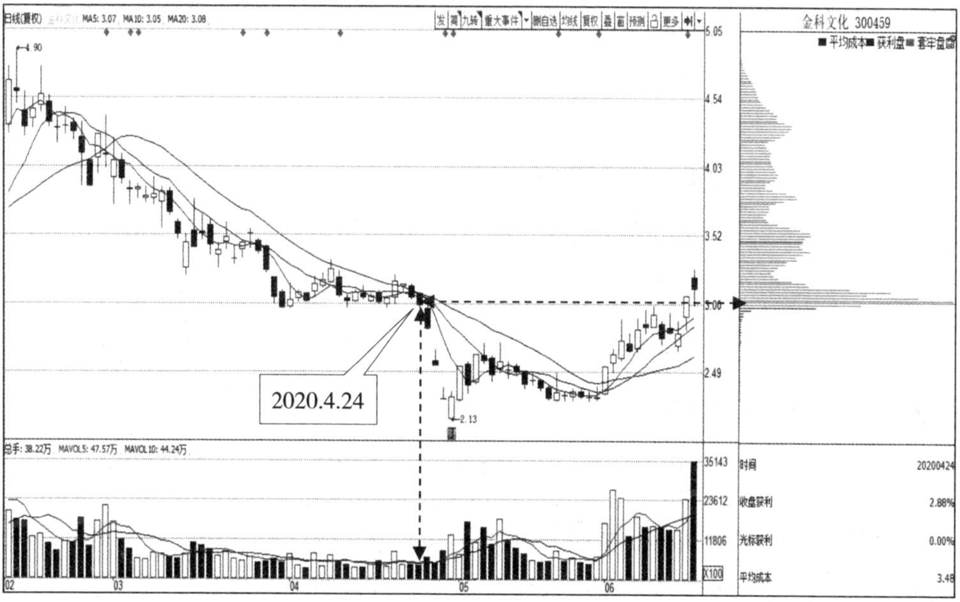

图 6-28　金科文化（300459）筹码分布图一

金科文化的股价在 2020 年 3 月底到达下跌的低点位置后开始横向筑底走势。随着股价在底部横向振荡，筹码也加速在底部区域密集，高位筹码同步下行。

2020 年 4 月 24 日，该股股价突然大幅走低，给人一种行情走坏的感觉。观察此时的筹码分布图可知，该股大部分筹码密集于下跌前的位置，不过，顶部区域仍然存在大量筹码，说明主力还没有开始筹码收集工作，而且顶部筹码不愿意割肉离场。在这种情况下，主力为了达到威慑投资者的目的，会采取刻意向下打压股价的行动。

随后，该股股价短期内即被打压至较低水平，进而再度开启横向振荡走势，如图 6-29 所示。

图 6-29　金科文化（300459）筹码分布图二

金科文化的股价在底部区域盘整一段时间后，大部分筹码已经重新密集于底部区域，其上方筹码峰有了较大幅度的萎缩，说明主力的恐吓起到了一定的效果。2020 年 6 月 1 日，该股股价大幅上攻，同步突破了多条均线，说明股价很可能会启动上升走势，投资者可考虑入场建仓。

此后，该股股价开始振荡上升，如图 6-30 所示。

2020 年 6 月 15 日，该股 K 线脚踩筹码主峰上行，且该股绝大多数筹码已经密集于股价下方。此时，该股上方的筹码峰已经大部分移到下方，说明此时的上攻很可能是主力开始拉升的信号，投资者可积极入场加仓。

图 6-30　金科文化（300459）筹码分布图三